CHINA PAYMENT INDUSTRY REPORT(2015)

中国支付清算行业运行报告
(2015)

中国支付清算协会 编著

中国金融出版社

责任编辑：孔德蕴　王素娟
责任校对：张志文
责任印制：裴　刚

图书在版编目（CIP）数据

中国支付清算行业运行报告.2015（Zhongguo Zhifu Qingsuan Hangye Yunxing Baogao）（2015）/中国支付清算协会编著.—北京：中国金融出版社，2015.7
ISBN 978 - 7 - 5049 - 7974 - 2

Ⅰ.①中… Ⅱ.①中… Ⅲ.①支付方式—研究报告—中国—2015②货币结算—研究报告—中国—2015　Ⅳ.①F832.6

中国版本图书馆CIP数据核字（2015）第113677号

出版
发行　中国金融出版社

社址　北京市丰台区益泽路2号
市场开发部　　（010）63266347，63805472，63439533（传真）
网 上 书 店　http://www.chinafph.com
　　　　　　　（010）63286832，63365686（传真）
读者服务部　　（010）66070833，62568380
邮编　100071
经销　新华书店
印刷　北京侨友印刷有限公司
装订　平阳装订厂
尺寸　169毫米×239毫米
印张　17.75
字数　259千
版次　2015年7月第1版
印次　2015年7月第1次印刷
定价　70.00元
ISBN 978 - 7 - 5049 - 7974 - 2/F.7534
如出现印装错误本社负责调换　联系电话（010）63263947

CHINA PAYMENT INDUSTRY REPORT(2015)

中国支付清算行业运行报告 (2015)

编委会

编委会主任： 易会满

编委会成员（按姓氏笔画排序）：

于亚利　王吉绯　王关荣　王静颖　卢　鸿　刘亚东
刘国源　关国光　孙陶然　杜志红　励　跃　李　浩
李财林　李晓峰　杨文升　杨文杰　肖　风　时文朝
沈根伟　张　斌　邵海峰　林云山　周清玉　赵国栋
唐　彬　彭　蕾　赖智明　蔡华相　蔡洪波　熊文森
穆海洁

编写组

编写组组长： 蔡洪波

编写组副组长： 马国光　王素珍　亢　林

编写组成员（按姓氏笔画排序）：

丁华明　于　沛　王　瑛　王玉雄　刘　艳　许　江
牟增岩　杜晓宇　李　阳　杨志宁　张英萍　张鲁君
陆强华　陈　凌　苗永旺　胡　晓　欧阳明　袁　钢
麻　冲　靳慧杰　詹　欣

CHINA PAYMENT INDUSTRY REPORT(2015)

中国支付清算行业运行报告(2015)

序

  支付体系是为实现社会经济生活中货币转移行为而作出的制度和技术安排，是现代经济金融基础设施的重要组成部分。与国家经济发展和金融改革相适应，过去十余年来我国的支付体系沿着高效率、市场化的方向不断发展，对加速资金流转、提高资源配置效率、促进经济增长发挥了重要的作用。当前，我国经济进入新常态，未来一个时期经济增长的重心由依靠资源投入转向提高资源配置效率和创新驱动，需要更加富有弹性的金融体系来增加市场活力，也需要更加高效、安全的支付清算体系来承担微观运行基础设施的责任。

  近年来，随着我国经济金融体系的发展和各类经济主体支付需求的不断变化，支付体系已经融入社会生活的方方面面，各项业务呈现持续增长的态势。2014年，我国共发生非现金支付业务627.52亿笔，金额1 817.38万亿元，同比分别增长25.11%和13.05%。其中，银行卡业务保持快速增长态势，截至年末，全国人均持有银行卡3.64张，全年共发生银行卡交易595.73亿笔，金额449.90万亿元，银行卡渗透率达47.70%；票据业务量虽略有下降，但实际结算商业汇票业务同比稳步增长；电子支付业务持续快速增长，全年共发生电子支付业务333.33亿笔，金额1 404.65万亿元，同比分别增长29.28%和30.65%；网络支付业务飞速发展，其中，支付机构累计发生网络支付业务374.22亿笔，金额24.72万亿元，同比分别增长143.98%和168.11%。

创新是2014年支付清算行业发展的主旋律。支付行业的创新，源自对更高支付效率的追求和对日益多元化支付服务需求的满足，并逐渐成为从业机构积极适应整体经济形势转变和市场变化、保持发展动力和提升行业竞争力的内生需求。支付创新不仅促进了金融与技术的融合，为金融创新提供了更加便利的平台和机会，而且其本身就构成了金融创新的重要内容。综观2014年支付清算行业的发展，从NFC、HCE、生物识别、令牌化Token等技术创新，到大数据、云计算、支付+等业务模式的创新，再到管理方式和监管理念的创新，创新无处不在，无时不有，极大地推动了支付清算行业的快速发展，使我国支付清算行业在全世界范围内赢得优势地位。

当然，在支付清算行业快速发展的同时，我们也注意到一些制约行业发展的深层次矛盾和问题亟待破解。如利于创新的市场环境和政策框架如何完善，深度融合的业务条线如何统筹管理，支付的效率和风险如何平衡把握，市场化、多样化和差异化的支付行业发展如何推动，支付行业的社会责任和市场效益如何有机统一，政府与市场发挥作用的边界如何厘清等，这些问题的解决要有改革的视野和发展的思维，要有合作共赢的智慧和行动的决心，需要支付行业的规划者、监管者、从业者、消费者的共同努力。

支付清算行业的健康有序发展，需要全面的行业分析、深入的研究思考作为支撑。《中国支付清算行业运行报告（2015）》（以下简称《报告》）是中国支付清算协会基于行业统计和市场分析的运行报告。报告内容全面、信息量大，从国内外视角，理论与实践、现状与未来、市场与政策等多个维度，系统地分析了2014年我国支付清算行业发展状况和特点，集中展示了行业发展的创新成果和趋势，对一些制约行业发展的热点、难点问题进行了深入思考，并建言献策。《报告》致力于为支付清算行业监管部门及其他经济主管部门提供重要的决策参考，为支付清算从业机构经营决策提供信息基础，为支付清算领域的研究者提供研究数据和信息，为支付服务消费者提供系统了解行业状况的教育资料。作为全面性的行业发展报告，难免存在疏漏失误，中国支付清算协会企盼各界同人的批评帮助，并希望以此报告为载体促进业内展开广泛的思想交流和合作，以此报告为窗口使社会各界更加深入全面地了解支付清算行业，从而促进我国支付清算体系的建设与发展。

中国支付清算协会会长
中国工商银行行长

CHINA PAYMENT INDUSTRY REPORT (2015)

中国支付清算行业运行报告 (2015)

编写说明

支付是金融服务开展的基础和平台。过去一年，经济环境复杂严峻，但我国支付清算行业蓬勃发展，持续变革，不断创新，成为新兴服务业和现代金融领域最为活跃的部分之一，也成为金融服务创新发展的一抹亮色，受到了社会各界的广泛关注。

《中国支付清算行业运行报告（2015）》（以下简称《报告》）是中国支付清算协会（以下简称协会）成立后推出的第三期行业运行报告，旨在加强行业研究和思考，交流行业发展经验，宣传行业发展成果，为会员单位经营决策和监管机构政策制定提供信息参考。

《报告》基于协会自律和服务职责，从会员单位需求和市场视角出发，对行业运行情况进行分析、判断，密切贴近市场目前存在的各类支付业务，从市场视角对其运行状况进行客观分析，全面总结了我国2014年度支付清算行业运行发展情况及特点，提示支付清算市场存在的风险及缺陷，揭示行业未来发展趋势。《报告》主体部分共分为十章（内部穿插25个专栏），并附加了两个专题和6张业务数据附表。

《报告》第一章分析了国际经济环境、全球支付清算行业发展的总体情况和监管态势，以及中国支付行业发展环境及态势。第二章介绍了我国支付产业格局。第三章到第七章结合大量数据和图表，对支付清算的各个业务类型，包括票据、银行卡支付以及新兴的互联网支付、移动支付、预付卡支付等业务领域的发展概况、运行特点、行业风险及问题、热点以及发展趋势进行了详细介绍和分析。第八章对互联网金融进行了专门分析和研究，总结了中国互联网金融发展总体概况，并对P2P网络借贷、股权众筹、互联网理财、网络银行的基本情况、发展特点以及监管态势分门别类进行了梳理，提出我国互联网金融行业发展趋势和建议。第九章对支付清算行业政策与监管环境进行了梳理分析，主要评述了2014年支付清算领域的重要政策和监管措施，并展望了支付行业政策及监管环境。第十章对支付行业的技术创新热点与发展进行了分析。

《报告》在主体章节之后附有《清算市场》及《条码技术在支付领域的应用和风险防范》两个专题研究报告，深入剖析了当年度行业热点及行业主体共同关心的问题。希望能回应清算市场全面开放这一形势和需求，厘清典型条码支付产品的安全性及技术风险点防范，探讨其业务管理模式，以供大家参考。

《报告》最后附有票据、银行卡、互联网支付、移动支付、预付卡等业务的主要数据统计表，以及国内主要支付清算系统业务量统计表，以方便读者查询。

在《报告》编写过程中，中国人民银行支付结算司给予了大力支持，中国金融出版社为本报告的出版做了大量的编排工作，协会各会员单位为《报告》编写提供了大量的数据和资料，部分会员单位的专家和业界学者还对报告进行了审阅并提出了宝贵建议，在此一并表示感谢。

我们希望通过这份《报告》，能让读者全面了解我国支付清算行业发展的概况，深入把握一些行业热点问题。但因编写组理论水平和实践经验有限，《报告》难免存在疏漏不足之处，欢迎有关单位、专家学者及各位读者对我们的工作提出宝贵意见和建议，我们将认真总结，不断改进，努力使《报告》日臻成熟和完善。

《中国支付清算行业运行报告（2015）》编写组
2014年5月28日

CHINA PAYMENT INDUSTRY REPORT(2015)

中国支付清算行业运行报告(2015)

概 述

2014年,全球经济环境复杂严峻,经济复苏艰难曲折,主要经济体走势分化。支付清算服务在全球范围内快速发展,成为全球金融危机后新技术革命与新兴产业的重要着力点,尤其是零售支付成为创新发展的热点,支付清算行业在金融体系中的地位也不断提升。世界各国和地区都加大了对支付清算行业的监管和规划。

过去的一年,恰逢我国经济改革和结构调整加速布局,支付清算行业作为新技术、新商业模式的代表正不断构建和完善其产业链,蓬勃发展,持续变革,不断创新,并与互联网生态和电子商务发展相互融合,成为新兴服务业和现代金融领域最为活跃的部分之一,也成为我国金融服务创新发展的一抹亮色。在电子化、信息化的趋势下,围绕"支付便利"的直观特征和"安全高效"的核心目标,我国支付产业发展日益多元化、专业化和开放化,依托丰富的场景和新电商模式,产业链不断延伸,产业分工更加专业,较好地满足了市场经济下日益多元化的支付需求。

2014年,我国票据市场业务规模总体有所下降,但商业汇票业务继续保持增长,票据电子化进程不断推进。全国共办理票据业务5.78亿笔,金额269.99万亿元,同比分别下降16.56%和6.16%。银行卡市场保持平稳、较快发展,各项业务指标继续保持增长态势。截至2014年底,全国累计发行银行卡49.36亿张,同比增长17.13%,其中,信用卡累计发卡4.55亿张,同比增长16.45%;银行卡交易595.73亿笔,金额449.90万亿元，同比分别增长25.16%和6.27%；银行卡跨行支付系统联网商户达1 203.40万户，同比增长57.62%，联网POS机具达到1 593.50万台，同比增长49.88%，联网ATM设备累计达到61.49万台，同比增长18.25%，受理市场进一步完善；全年银行卡渗透率达47.70%。

新兴支付业务保持快速发展，互联网支付交易规模稳步提升，呈现出"新业态、深融合"的发展态势，移动支付业务规模持续爆发式增长，移动支付生态圈逐步建立。2014年，商业银行共处理网上支付业务285.74亿笔，金额1 376.02万亿元，同比分别增长20.7%和29.72%，支付机构共处理互联网支付业务215.30亿笔，金额17.05万亿元，同比分别增长43.52%和90.29%；移动电话支付业务量成倍增长，商业银行共处理移动电话支付业务45.24亿笔，金额22.59万亿元，同比分别增长170.25%和134.30%，支付机构共处理移动支付业务153.31亿笔，金额8.24万亿元，同比分别增长305.9%和592.44%；受国家宏观经济环境变化的影响，2014年预付卡行业步入深度调整期，预付卡机构积极寻求转型途径，商户数量和网点数量呈现稳步增长，但在宏观经济下行、客户需求萎缩及行业转型多重压力作用下，发卡规模下降明显，受理规模也受到一定程度影响。根据中国支付清算协会统计，166家预付卡发卡机构合计发卡2.39亿张，较上年下降62.65%；发卡金额740.88亿元，较上年下降14.82%。

2014年，我国互联网金融爆发式增长，在全球赢得领先优势，不断渗透，逐步深入金融核心，对金融市场格局产生了一定影响。2014年全国成交金额3 291.94亿元，同比增长268.83%，全年新增P2P平台1 825家，参与人数日均7.65万人，同比增长201.18%；股权众筹面临多重利好，发展动力强劲；互联网理财市场得以快速发展，截至2014年底，市面上共有"宝宝"类货币基金理财产品79个，市场规模15 081.47亿元。

在支付清算行业政策与监管环境方面，互联网金融首次被写入政府工作报告，国家政策对互联网金融鼓励、包容和支持的态度基本明确。与此同时，支付清算行业经过多年高速发展积累的风险也逐步显现，信用卡预授权套现、预付卡企业挪用客户备付金等风险事件，以及伴随互联网金融出现的跨机构、跨业务、跨市场的交叉创新产品都对行业监管提出了新的挑战。2014年，一系列针对支付清算业务细分领域的制度安排相继出台，行业进入规范化管理的阶段。

另外，大数据、云计算、移动互联网等新技术与金融支付领域融合，引起业务创新和技术创新层出不穷，尤其是在移动支付方面，技术创新呈现了百花齐放的态势，包括NFC、条码（二维码）支付、可信服务平台（TSM）、令牌化技术(Token)、生物识别技术、主卡仿真模拟技术(HCE)等，同时各种新技术的使用逐步发展深化，TSM平台建设在全国大范围铺开，生物识别技术在移动支付领域的应用开始起步，令牌化技术和HCE技术被支付行业逐步吸纳接受。新技术的出现为支付市场的高速发展带来了持续的动力，有力地支持了支付的业务创新和模式创新。

支付清算体系是金融基础设施的核心部分，其发达及稳健程度是一个国家金融市场发展水平和发展状况的重要标志及衡量指标。随着人民币国际化进程的不断推进，以及我国金融全球化步伐的加快，支付清算行业正在以信息技术为代表的新技术推动下，业务不断延伸，服务日益多元化，在"互联网+"基础上形成独有的"支付+"模式，面临前所未有的发展机遇。下一阶段，支付清算行业的发展应主动适应和引领经济发展的新常态，新兴支付服务创新中效率与安全平衡、政策和管理创新以及其他深层次矛盾是支付清算行业亟须解决的课题。希望本书能为支付清算行业的研究搭建一个平台，吸引支付清算行业以及其他相关行业的参与主体与从业人员来关注我国支付清算行业发展，共同探讨交流，将我国的支付清算行业研究推向新高度。

CHINA PAYMENT INDUSTRY REPORT(2015)

中国支付清算行业运行报告(2015)

目 录

第一章　支付清算行业总体发展状况及趋势 ···································· 01

 第一节　国际经济环境 ·· 01
  一、美国经济保持强劲增长 ·· 01
  二、欧元区经济弱于预期 ·· 01
  三、日本经济宽幅震荡 ·· 02
  四、新兴市场经济体在调整中回落 ·· 02
 第二节　全球支付清算行业发展的总体态势 ······································ 02
  一、支付清算行业成为后危机时代新技术革命与新产业的
    重要着力点 ·· 02
  二、小额零售领域非现金化支付成为主流 ···································· 03
  三、移动支付继续独领风骚 ·· 03
  四、零售支付体系运营加速市场化、管理趋于自律化 ························ 04
  五、互联网金融席卷而来，支付业务水涨船高 ······························ 05
 第三节　全球支付清算行业的监管态势 ·· 06
  一、系统重要性支付系统成为全球支付行业监管的重点 ······················ 06
  二、区域一体化经济体内支付监管标准和规则趋于统一 ······················ 07
  三、支付体系建设趋于重塑和调整 ·· 07
 第四节　中国支付行业发展环境及态势 ·· 08
  一、经济新常态为支付行业创造了有利的发展契机 ·························· 08
  二、电子商务高速发展继续使支付行业享受发展红利 ························ 08
  三、新型支付习惯将成为行业发展的强大动力 ······························ 09
  四、支付创新加速从产品端向应用端演进 ·································· 09

五、行业进入资源整合并购重组阶段……………………………………… 10
六、支付清算行业全球化进程加速………………………………………… 10
七、互联网金融监管机制逐渐完善………………………………………… 11

第二章　我国支付产业格局…………………………………………………… 13

第一节　支付业务的技术和市场特性……………………………………… 13
一、现代支付业务电子化需要多元化的分工合作………………………… 13
二、现代支付业务"轻资产、重互联"…………………………………… 14
三、支付业务规模效应和互联网"赢者通吃"特征明显………………… 14

第二节　支付形成多元化和快速发展的产业体系，
　　　　 竞争激烈，热度不减，发展升级……………………………… 15
一、支付链条延长、支付产业主体更加丰富……………………………… 15
二、支付产业主体和竞争的不对称性特征明显…………………………… 16
三、支付产业吸引力依然不减，存在实际和潜在的竞争者……………… 17
四、支付产业发展环境变迁和驱动转变开始加速………………………… 18
五、支付产业竞争格局的变化……………………………………………… 18

第三节　支付产业发展变革之道路在探索中延伸………………………… 19
一、突破产业发展"天花板"，支付产业内源价值结构转变…………… 19
二、支付业务结构调整趋势日益明显……………………………………… 20
三、支付产业未来发展的路径在探索中趋于清晰………………………… 20

第三章　票据……………………………………………………………………… 21

第一节　发展概况…………………………………………………………… 21
一、票据业务量同比下降，实际结算商业汇票同比持续增长…………… 21
二、电子商业汇票业务保持快速增长，贴现、转贴现业务增长
　　明显………………………………………………………………………… 23
三、未贴现银行承兑汇票增长放缓，各地区间存在明显差异…………… 24
四、政策环境不断优化，票据支持实体经济力度进一步增强…………… 26
五、行业自律管理有效推进，工作成果初显……………………………… 26

第二节　运行特点…………………………………………………………… 28

  一、市场集中度较高，国有银行及经济发达地区占据市场较高份额……28

  二、票据融资快速增长，中小企业银行承兑汇票签发量占比较高……30

  三、全年利率呈下降态势，第四季度探底回升……31

  四、互联网票据业务加速发展，创新业务不断涌现……32

 第三节　风险特点分析……33

  一、受宏观经济下行压力的影响，票据业务传统风险防控形势严峻……34

  二、监管部门规范同业投融资业务，票据业务需加强合规风险控制……36

  三、市场票据错配交易频繁，票据流动性风险加剧……37

  四、票据理财业务发展迅猛，蕴藏的风险值得关注……37

  五、票据中介机构业务经营缺乏规范管理，风险程度居高不下……40

 第四节　发展趋势……40

  一、新常态经济环境下票据融资业务将持续平稳增长……41

  二、信息科技应用成为票据业务创新发展的主要推动力……41

  三、利率市场化有助于商业银行票据业务盈利模式更加多元……41

  四、票据风险更趋复杂，管控难度加大……42

  五、法律法规逐步完善，法制环境将得到逐步优化……42

第四章　银行卡……45

 第一节　银行卡市场总体情况……45

  一、银行卡发卡量保持快速增长，信用卡增速放缓明显……46

  二、银行卡交易量持续增长，交易金额增速放缓……47

  三、市场参与主体持续增加，受理环境不断完善……49

  四、境外银联卡发卡量保持较快增长，国际化整体步伐加快……51

 第二节　运行特点……53

  一、发卡及收单市场行业集中度较高，前十大发卡机构应偿信贷余额仍占较大比重……53

二、发卡银行及收单机构持续深挖市场潜力，致力于提升产品和
　　　服务内涵 ··· 56
　　三、银行卡走进"芯"时代，金融IC卡逐步替代磁条卡 ········· 59
　　四、银行卡清算市场开放政策业已明朗 ······················· 65
　　五、预授权风险事件暴露行业风险，监管部门及行业自律组织
　　　连续采取措施强化风险监管 ····························· 65
第三节　热点剖析 ··· 68
　　一、银行卡刷卡手续费定价机制改革进入实质推进阶段 ········· 68
　　二、支付机构依托新型支付方式切入线下收单市场，引致市场
　　　格局变化 ··· 71
　　三、银行卡收单机构积极探索转型发展道路 ··················· 71
　　四、信用卡分期付款业务成为商业银行信用卡业务新的利润
　　　增长点 ··· 72
第四节　存在的问题及应对措施 ··································· 75
　　一、信用卡风险防控难度加大，不确定性增强 ················· 75
　　二、预授权风险事件拉高收单市场风险水平，部分市场主体
　　　合规经营能力亟待提升 ································· 76
第五节　行业发展趋势及展望 ····································· 77
　　一、市场开放背景下，银行卡清算服务主体同台竞争，将进一步
　　　提升服务效率 ··· 77
　　二、在技术变革和市场需求的推动下，银行卡支付业务模式不断
　　　创新升级 ··· 78
　　三、银行卡产品趋向多元化和个性化发展 ····················· 78

第五章　互联网支付 ··· 81
第一节　发展概况 ··· 81
　　一、业务规模持续较快增长，银行机构主导地位凸显 ··········· 81
　　二、传统支付机构挖潜扩面，新兴主体加快战略布局 ··········· 83
　　三、客户规模保持稳定增长，支付账户规模庞大 ··············· 83

四、市场主体深入多领域拓展特约商户，网络购物类商户居多……84
第二节　运行特点…………………………………………………………85
　　一、市场集中度略有下降，主要机构竞争优势仍然明显…………85
　　二、商业银行发挥技术及资本优势，构建新互联网发展战略
　　　　模式……………………………………………………………86
　　三、第三方支付业务向高附加值行业渗透，互联网支付金融化
　　　　趋势明显………………………………………………………87
　　四、跨境电子商务外汇支付试点工作持续推进，取得阶段性
　　　　成果……………………………………………………………92
　　五、监管政策引导市场主体合规经营，权责定位更为清晰………93
第三节　行业风险及问题…………………………………………………94
　　一、市场主体在创新发展进程中突破业务边界，面临潜在的政策
　　　　和法律风险……………………………………………………94
　　二、网络支付实名制未得到有效落实，业务管理存在安全隐患……94
　　三、互联网支付技术安全层面存在风险隐患，配套的安全环境和
　　　　技术标准有待改善……………………………………………95
　　四、客户信息存在泄露或被用于非法用途的风险，信息安全管理
　　　　机制亟待健全…………………………………………………95
　　五、部分市场主体权责义务尚未清晰界定，风险偿付机制有待进
　　　　一步完善………………………………………………………96
第四节　发展趋势…………………………………………………………96
　　一、互联网支付市场主体数量趋于稳定，业务规模保持平稳增长
　　　　态势……………………………………………………………97
　　二、市场结构将发生一定程度的调整和变化，市场主体之间将
　　　　通过构建新型的战略合作关系谋求长远发展………………97
　　三、互联网支付将继续向多行业领域渗透，为产业转型和升级
　　　　提供有力支撑…………………………………………………98
　　四、跨境电子商务外汇支付业务规模实现高速增长，对国民经济
　　　　发展起到积极的促进作用……………………………………98
　　五、行业监管与自律体系进一步完善，市场安全状况逐步改善……99

第六章　移动支付 ………………………………………………… 103

第一节　发展概况 ………………………………………………… 103
一、移动支付业务规模迎来"井喷式"增长 ………………… 103
二、市场主体深入开展合作，充分发挥比较优势加大创新力度…… 105
三、客户应用基础日趋稳固，客户数量稳步提升 ……………… 106
四、监管和自律制度不断完善，引导市场主体规范发展、提升
　　风险防控水平 ……………………………………………… 106

第二节　运行特点 ………………………………………………… 107
一、移动支付深入渗透至金融及生活消费领域，成为便民服务的
　　重要手段 …………………………………………………… 107
二、个人客户使用频率显著提升，对短信、客户端等远程支付
　　方式的使用率较高 ………………………………………… 109
三、移动电话远程支付市场趋向成熟，近场支付仍处在探索发展
　　阶段 ………………………………………………………… 111
四、移动支付安全面临新的挑战和压力，亟须强化风险防范手段
　　和措施 ……………………………………………………… 111

第三节　热点剖析 ………………………………………………… 112
一、移动支付推动O2O等线上线下融合模式的创新发展，不断
　　丰富支付应用场景 ………………………………………… 112
二、HCE、Apple Pay等新技术推动移动支付产品性能和安全防范
　　水平的提升，促进移动支付业务的普及和推广 …………… 112
三、移动支付基础设施进一步完善，MTPS和企业级TSM平台建设
　　和应用取得实质性进展 …………………………………… 113
四、农村移动支付业务得到深入推广和应用，对普惠金融发展
　　起到良好的推动作用 ……………………………………… 114

第四节　趋势展望 ………………………………………………… 114
一、移动支付业务规模延续高速增长态势 …………………… 114
二、移动支付加速与相关业务领域的融合渗透，促进市场参与
　　主体积极调整优化业务经营战略 ………………………… 115

三、市场主体继续尝试将科技手段与支付应用融合，探索新的业务模式和产品服务 ………………………………………… 115

四、移动支付试点工作持续推进，农村支付服务环境建设和普惠金融发展迎来新机遇期 ………………………………… 115

第七章 预付卡 ………………………………………………… 121

第一节 市场总体情况 ……………………………………… 121

一、新获牌照机构数量较以往年度减少，机构地域分布趋向平衡 …………………………………………………… 121

二、发卡数量萎缩过半，线上充值类发卡规模下降最为明显 …… 123

三、预付卡受理逐步转向小额便民领域，大机构规模优势凸显 … 125

四、特约商户数量和网点稳步增长，民生类商户最受青睐 ……… 126

第二节 运行特点 …………………………………………… 127

一、部分行业领先机构优化业务结构，致力于提升综合服务能力 … 127

二、行业步入深度转型期，逐渐形成产品差异化竞争格局 ……… 130

三、特约商户端O2O布局加快，带动了预付卡产品的创新 ……… 132

四、继续深耕已有支付生态圈，服务领域和内容不断扩展丰富 … 133

第三节 行业发展中面临的主要问题 ……………………… 135

一、发展外部环境的变化导致行业内生发展动力相对不足，亟须寻找新的发展空间 ………………………………………… 135

二、客户备付金管理水平仍需持续提升 …………………………… 136

三、正向激励政策尚待完善，风险覆盖和转移机制及市场退出机制亟待建立 ………………………………………………… 137

四、个别特殊行业面临双重监管标准，在执行层面存在困难 …… 138

第四节 解决对策及相关建议 ……………………………… 139

一、优化现行制度办法，促进预付卡行业实现平稳转型 ………… 139

二、对预付卡机构开展风险评估，提升合规经营意识和水平 …… 141

三、发挥备付金银行的主动性，构筑客户备付金安全防线 ……… 141

四、发挥行业自律作用，引导会员合规经营，促进行业健康发展 … 148

第五节　未来发展趋势 ············ 148
一、预付卡机构与O2O大型商业集团的结合将成为行业转型升级的良好契机 ············ 148
二、机构间并购重组加剧将进一步引致行业格局发生变化 ············ 149
三、预付卡与互联网业务的融合将成为丰富业务类型和提升服务能力的重要途径 ············ 149
四、预付卡电子化和无卡化趋势更加明显 ············ 150

第八章　互联网金融 ············ 157

第一节　中国互联网金融发展总体概况 ············ 157
一、中国互联网金融迅猛发展，在全球赢得领先优势 ············ 157
二、互联网金融向金融深层渗透，逐步深入金融核心 ············ 157
三、为传统金融注入活力，对金融市场格局产生影响 ············ 158
四、投融资活动空前活跃，释放更大的爆发力 ············ 159
五、互联网金融与传统金融保持同步发展态势 ············ 160

第二节　P2P网络借贷 ············ 160
一、P2P行业发展迅猛，市场规模显著增长 ············ 160
二、业务范围不断延伸，市场进一步细分 ············ 167
三、行业规则滞后，资金安全性、流动性管理有待完善 ············ 168
四、风险进一步消释，创新推动行业发展 ············ 171
五、监管职责基本明确，行业自律成为当前重要手段 ············ 171

第三节　股权众筹 ············ 173
一、我国股权众筹面临多重利好，发展动力强劲 ············ 173
二、股权众筹是发展多层次资本市场的重要创新 ············ 174
三、股权众筹呈现出规模小、合规意识强、集中度高等特点 ············ 174
四、法规配套、投资人维权、创意保护尚待加强 ············ 176
五、监管体制相对滞后，行业自律效果有限 ············ 176

第四节　互联网理财 ············ 177
一、余额宝开启理财热潮，互联网理财优势明显 ············ 178
二、多方利好促进，创新节奏加快 ············ 178

三、理财平台百家争鸣，流量导入类、销售类、社交类成主流……179

第五节　网络银行……………………………………………………179

　　一、网络银行的分类…………………………………………180

　　二、网络银行对金融市场的影响……………………………182

　　三、中国直销银行发展特点…………………………………188

第六节　互联网金融行业前瞻………………………………………188

　　一、市场发展动力强劲，监管逐步加码……………………188

　　二、服务创新成重要驱动，移动网络成主流平台…………189

　　三、监管政策陆续出台，行业自律有待加强………………190

第九章　支付清算行业政策与监管环境……………………………193

第一节　2014年重要政策与监管措施述评…………………………193

　　一、农村支付服务环境建设指导意见颁布，推动城乡经济金融
　　　　一体化发展………………………………………………194

　　二、金融IC卡推广应用新要求出台，促进我国金融普惠发展……195

　　三、细化的银行卡收单业务监管要求发布，收单市场逐步走向
　　　　规范………………………………………………………196

　　四、支付创新业务监管措施陆续出台，引导与规范创新业务健康
　　　　持续发展…………………………………………………196

　　五、人民银行出台指导意见，支持支付机构开展跨境人民币结算
　　　　业务………………………………………………………197

　　六、反恐怖融资工作要求和反洗钱监管规范出台，支付行业
　　　　反恐怖融资和反洗钱工作要求进一步明确………………198

　　七、行业安全指引和自律规则实施，支付市场自律机制渐趋
　　　　完善………………………………………………………198

第二节　支付行业政策及监管环境展望……………………………200

　　一、电子支付立法及相关配套立法将日趋完善……………200

　　二、监管与市场在博弈中寻找平衡…………………………200

　　三、监管制度的前瞻性为行业自律保留空间………………201

第十章 支付行业的技术创新热点与发展 ········ 203

第一节 支付行业技术创新态势 ········ 203
一、支付技术创新方兴未艾 ········ 203
二、支付行业技术创新的特点 ········ 204

第二节 支付行业典型技术创新热点 ········ 206
一、NFC近场通信技术在支付行业的应用 ········ 206
二、可信服务管理TSM的发展 ········ 208
三、生物识别技术在支付行业的应用探索 ········ 210
四、令牌化Token技术在支付业务的应用 ········ 213
五、HCE在支付中的应用 ········ 217

第三节 支付技术创新的热点发展趋势展望 ········ 221
一、基于安全芯片的移动支付加速普及 ········ 221
二、基于云端的支付系统将逐渐启动并获得发展 ········ 222
三、NFC近场支付将取得积极进展 ········ 222
四、穿戴式设备与移动支付结合 ········ 223

专题一 清算市场 ········ 225

第一节 总体概况 ········ 225
一、清算市场服务供给主体呈现多元化发展格局 ········ 225
二、支付清算服务基础设施建设较为完善,已形成多层次相互补充的支付清算服务体系 ········ 226
三、人民币跨境清算机制安排及系统建设取得重大进展 ········ 227
四、清算市场业务量平稳增长 ········ 230

第二节 主要问题 ········ 231
一、在遵循国际社会通行的金融市场基础设施原则方面尚存差距 ········ 231
二、现有支付清算体系有待进一步优化完善 ········ 231
三、现有部分跨行支付清算服务模式中存在的风险有待规范 ········ 233
四、零售支付清算市场竞争尚不充分 ········ 233

第三节　发展趋势 ·· 234
　　　一、支付清算市场参与主体间竞合关系继续深化演变 ················· 234
　　　二、相关监管政策持续酝酿出台，将助推清算市场健康发展 ······· 235
　　　三、银行卡清算市场开放格局下，市场活力进一步提升 ············· 236
　　　四、支付机构的支付服务提供主体身份与转接清算职能有望逐渐
　　　　　厘清 ·· 237
　　　五、人民币跨境支付市场基础设施建设建成在即，支付清算市场
　　　　　与国际接轨步伐加快 ··· 237

专题二　条码技术在支付领域的应用和风险防范 ························· 241

　　第一节　概述 ··· 241
　　第二节　条码（二维码）技术发展及标准 ··································· 241
　　第三节　条码（二维码）技术在支付领域的应用 ·························· 242
　　　一、国外的应用和监管情况 ·· 242
　　　二、国内条码技术的应用及条码支付业务发展情况 ··················· 243
　　第四节　条码支付典型应用的系统架构及交易流程 ······················· 246
　　　一、条码支付的系统架构 ··· 246
　　　二、交易处理流程 ·· 246
　　第五节　条码支付的风险分析和安全可控的防范措施 ···················· 249

主要业务数据表 ·· 252

　　表一　2014年新增支付机构列表 ··· 252
　　表二　票据业务主要数据 ·· 253
　　表三　银行卡业务主要数据 ·· 254
　　表四　互联网支付业务主要数据 ·· 255
　　表五　移动支付业务主要数据 ··· 255
　　表六　预付卡业务主要数据 ·· 256
　　表七　国内主要支付清算系统业务量 ·· 257

专栏

专栏3-1	协会助力政府试点推广中关村商业承兑汇票融资项目	27
专栏3-2	伪报票据丧失应对策略	34
专栏3-3	平台类票据理财产品风险问题	38
专栏3-4	电子商业汇票在跨境人民币业务中的应用	43
专栏4-1	2014年人民银行发布的金融IC卡行业政策	60
专栏4-2	金融IC卡在公共服务领域前景广阔	63
专栏4-3	协会《银行卡业务风险控制与安全管理指引》相关内容	67
专栏4-4	银行卡收单业务定价国际实践及经验	69
专栏4-5	我国商业银行信用卡分期付款业务发展现状	72
专栏4-6	商业银行推出无卡化产品	79
专栏5-1	关于支付机构跨境外汇支付业务试点政策调整的影响	100
专栏5-2	商业银行优化互联网金融发展战略	101
专栏6-1	HCE技术在移动近场支付中的应用	116
专栏6-2	支付宝钱包	119
专栏7-1	预付卡转型与创新产品简介	131
专栏7-2	预付卡APP界面及功能简介	134
专栏7-3	预付卡行业主要风险类型	138
专栏7-4	单用途预付卡履约保险制度	140
专栏7-5	关于强化银行备付金存管工作的几点建议	142
专栏7-6	支付机构客户备付金管理存在的问题及政策建议	143
专栏7-7	国际卡组织预付卡业务发展状况及优势浅析	151
专栏8-1	P2P网贷客户资金托管现状	170
专栏8-2	网络银行欠东风 远程开户待破题	186
专栏Z-1	Ripple运行机制及业务模式	228
专栏Z-2	持续联结结算系统	238

第一章 支付清算行业总体发展状况及趋势

2014年，全球经济呈现动荡分化之势。美国经济复苏上升，欧元区经济持续低迷，日本经济反弹减弱，新兴市场经济体的经济增速在调整中走低。[①] 作为新兴的金融服务，全球支付清算行业迎来了发展的春天，成为全球金融服务创新发展的一抹亮色。

第一节 国际经济环境

当前，全球经济增长呈现明显的分化态势，各主要经济体发展不一，美国经济自危机后逐步复苏，保持了较强的增长态势，欧元区经济持续低迷，日本经济处于较大震荡之中，新兴市场经济体在调整中出现了明显的回落。

一、美国经济保持强劲增长

美国经济经历了金融危机的充分调整后，走上了复苏的轨道，内生经济增长动力不断增强，主要经济指标均呈现出强劲的上行态势。自2014年第二季度开始，美国经济在投资大幅增长、房地产回暖以及消费和出口增长等因素的驱动下，经济强劲反弹，全年实际GDP增长2.4%，创四年来最大增幅。[②] 就业指标不断改善，失业率降到5.6%，比2013年末下降1.1个百分点。消费者价格保持稳定，月度CPI常年在2%以下，基本在预定目标内。

二、欧元区经济弱于预期

欧洲经济复苏艰难。2014年，欧洲可谓是多事之秋，乌克兰政局动荡，使欧洲本已脆弱的经济金融体系雪上加霜。欧元区经济结构改革缓慢推进，经济增长的动力依然不明。2014年，欧元区和欧盟GDP分别增长

---

① 张明：《分化依旧，动荡加剧——2015年全球经济展望》，载《彭博商业周刊》，2015-01-04。
② 中国人民银行货币政策分析小组：《2014年第四季度中国货币政策执行报告》，2015。

0.9%和1.4%。虽然欧元区推出了量化宽松的货币政策，但受限于统一的货币政策和分割的财政政策影响，效果并不明显，失业率居高不下，维持在11.5%左右。欧元区经济发展前景不容乐观。

三、日本经济宽幅震荡

2014年，日本经济呈现前高后低的走势，自第一季度反弹开始，经济涨势良好，第三季度实际GDP增长率达到了4.1%。然而，从第四季度开始，经济增速开始回落，受消费和投资信心低迷的影响，2014年GDP增长率只有1.5%。此外，受国际油价持续下跌等影响，日本物价水平再次面临较大下行压力，实现通胀目标的难度加大。[①]

四、新兴市场经济体在调整中回落

受国际油价下跌、欧美经济制裁以及国内经济结构性改革的影响，俄罗斯经济急速恶化，全年GDP增长率在0.5%左右。巴西通胀率高企，经济增长率呈现负增长，陷入衰退之中。印度经济全年GDP增长率在7%左右，与2013年相比，增速放缓。南非经济继续呈下降趋势，2014年第二季度，经济增长率仅为1%。总体而言，新兴市场经济体尤其是金砖国家进入了经济调整阶段。

第二节 全球支付清算行业发展的总体态势

目前，支付清算行业在全球范围内呈现出快速增长的态势，并成为全球金融危机后新技术革命与新兴产业的重要着力点。零售支付发展成为支付清算创新发展的主要领域。在移动互联的浪潮中，移动支付继续独领风骚，成为发展热点。

一、支付清算行业成为后危机时代新技术革命与新产业的重要着力点

当前，支付清算产业在全球范围内快速发展，并成为金融创新最为活跃的部分。从更长的一个时间段来考察，我们可以发现，2008年国际金融

---

① 中国人民银行货币政策分析小组：《2014年第四季度中国货币政策执行报告》，2015。

危机以来，恰恰是支付清算产业迅速成长并取得突破的时间点。国际金融危机与支付清算产业的变革发展似乎有着紧密的联系。对金融危机后主要经济体救助措施的考察，我们发现，危机后主要经济体政策着力点成为支付产业变革与发展的重要催化剂。受危机影响，主要发达经济体前期经济增长点如房地产、大宗消费等增长乏力，各国政策制定者都在寻求新的产业制高点，培育新的产业支柱，其中新技术成为重要方向。宽松的流动性和有利的产业政策成为孕育新兴支付发展的重要因素。移动支付、网络支付等成为该领域重要的创新导向。以危机的发源地美国为例，我们看到，这几年，Squre创新不断，受到市场的热捧；PayPal、谷歌和亚马逊在移动支付领域展开了大范围布局和竞争；脸谱快速涉足网络支付和移动支付；SoftCard成为各类公司的并购目标。全球支付清算产业在创新驱动之下已经进入加速发展的风口。

二、小额零售领域非现金化支付成为主流

在网络支付、移动支付等新兴支付技术的推动下，全球范围内掀起了无纸化交易的热潮，高速增长的非现金支付正对现金形成加速替代之势，一场从"现金到零现金"转变的革命正在全球范围内扩展开来。《全球支付报告2014》的数据显示，以笔数衡量的全球非现金交易量大幅攀升。2012年，全球非现金支付笔数增长率为7.7%，达到3 343亿笔。新兴市场成为非现金支付大幅增长的主力。新兴亚太地区以及中东欧、中东及非洲地区的增长率都超过了20%，其中，中国和乌克兰的非现金支付增长率超过了30%，俄罗斯达到了26%。这种情况的出现，主要在于发展中国家存在着较强的金融抑制，随着电子商务的崛起和新兴支付方式的出现，这种金融抑制找到了新的突破点，从支付革命开始了新的金融深化进程。在这种非现金快速增长的趋势下，货币媒介正在从有形的物质载体变得无形化。

三、移动支付继续独领风骚

移动支付在全球范围内呈现出迅猛发展的态势，正在覆盖和渗透到世界的大部分经济活动。当前，移动支付无处不在，2014年已成为移动支付的普及年。2013年初，业内还在讨论移动支付的前景如何，当时一致看

多的意见还未形成。然而,仅仅一年多的时间,移动支付已经形成发展主流。据Gartner的估计,2015年,全球移动支付的市场价值将会超过1万亿美元。究其原因,主要有以下几个方面:一是作为移动支付主要载体的智能手机快速发展。据Gartner的研究预测,全球智能手机的销量每年保持着75%的增速。根据市场研究机构CCS Insight的预测数据,2014年全球手机总出货量在19.5亿部左右,而智能手机的销量就达到12.4亿部。目前,全球主要智能手机供货商如苹果、三星等,都将移动支付作为未来手机的主打。二是移动支付形成了一体化的生态圈。移动支付用于购物、汇款甚至取现的功能都已经较为成熟,线上线下渠道已经打通,可以较好地整合各类支付服务供应商和商家,受理环境也大幅改善,完整的生态体系基本形成。三是移动支付是行业资源的重要配置点。移动支付的技术创新在支付行业内成为亮点,二维码支付、声波支付、生物识别技术、apple pay等都在加速发展。在支付技术的支撑下,移动支付操作更为简洁,客户体验大幅提升,移动支付正在不断加载着更多的增值性金融服务。移动支付供应商还通过优惠券和忠诚度奖励计划,吸引着更多的消费者加入这个行列。这些都成为推动移动支付繁荣发展的重要因素。

移动支付的发展及应用将成为未来互联网金融的重要入口和服务支持。移动互联网的发展为手机钱包、基于移动社交平台的投资理财等移动金融发展提供了契机,实现O2O各个环节的链接。

四、零售支付体系运营加速市场化、管理趋于自律化

零售支付在全球各国的发展中受到了高度重视和大力推动。一方面各国央行加强顶层设计,推动零售支付体系建设,着力提高金融基础设施的效率及功能;另一方面,来自市场自发的零售支付创新也呈快速发展态势,推动零售支付体系在促进经济发展及服务社会民生中发挥更加积极的作用。如表1-1所示,近年来世界各国都在零售支付系统的建设上取得了很大发展。在管理上,大部分国家都对零售支付系统采取了市场主导的管理模式,交由支付清算行业协会进行管理,以适应零售支付体系创新迅速、反应灵敏、贴近市场的特点,如美国、加拿大、澳大利亚、英国等均通过行业协会运行着一个或多个零售支付系统。从另一个角度来讲,由于零售支付还具有市场主导的特征，采取行业自律组织进行管理可以更好地感知市场需求，跟上市场节奏，在动态演进中更好地促进零售支付市场的发展。

表1–1　　　　　各国在零售支付系统上的创新发展

序号	国家	零售支付系统	序号	国家	零售支付系统
1	加拿大	电子转账系统（Interac e-Transfer）	4	澳大利亚	BPAY系统
		互动在线系统（Interac Online）			小额支付清算系统（LVCS）
		可增值预付卡系统（Reloadable Prepaid Cards）			POLi和payclick系统
		MC PayPass系统	5	印度	支票简化系统（Cheque Truncation System）
		Zoompass系统			金融普惠代理系统（Business Agents for Financial Inclusion）
2	法国	Moneo系统			EBPP和IMPS系统
		E-card bleue系统			全国电子资金转账系统（NEET）
		MasterCard PayPass系统	6	日本	电子货币系统（Chip-based electronic money）
3	德国	sofortüberweisung.de系统	7	美国	网络支付服务系统（Internet-based Payment Networks）
		T-Pay–Online-transfer系统			ACH系统
		Vingado和Giropay系统			远程存款获取系统（Remote Deposit Capture）
		m-pass系统	8	英国	快速支付服务系统（Faster Payments Service）

资料来源：CPSS。

五、互联网金融席卷而来，支付业务水涨船高

2014年12月11日，全球最大P2P平台Lending Club成功登陆纽交所，成为全球金融业的头条新闻，引起了市场对互联网金融企业的价值重估。国内主要互联网金融企业如陆金所、红岭创投等也正在筹划上市事宜，互联网金融的资本化大幅加速。

从演进历程来看，网络支付是互联网金融领域发展最早的业态。网络支付不仅是互联网金融的重要组成部分，同时也是互联网金融发展的重要基础。互联网支付效率和用户体验，能直接影响互联网金融业务拓展。任何涉及资金转移的金融活动都必须通过支付完成，互联网支付、移动支付等新兴支付技术为互联网金融提供支持，并直接影响其交易效率和用户体验。另外，互联网金融对现代支付工具和支付系统的依赖程度越来越高。互联网金融的资金起点和终点都是银行账户，转账的要求和限额同样也决定了互联网金融业务发展能力。如网络银行和直销银行同样都面临着账户实名制的要求，远程开户的可行性和合规性有待进一步验证。第三方支付机构为互联网金融企业的线上业务提供支付服务，从风险管理的角度受到支付限额的制约。

第三节　全球支付清算行业的监管态势

随着支付清算行业的快速发展以及在金融体系中地位的提升，世界各国（地区）高度重视对支付清算行业的监管和规划。从各国的监管态势来看，系统重要性支付系统成为监管重点，区域经济一体化范围内监管的标准和规则趋于统一，互联网金融监管不断加码，支付体系在创新中不断调整。

一、系统重要性支付系统成为全球支付行业监管的重点

当前，随着支付系统的多样化及在金融体系中作用的提升，各国监管当局对支付系统日益重视。《重要支付系统核心原则（CPSIPS）》对系统重要支付性系统进行了定义，"如果某个支付系统由于没有充分风险防范，其在系统范围内的破坏可能进一步触发或者传播参与者之间的破坏，或在更广泛的金融领域产生系统性破坏，这个系统就属于系统重要性支付系统"。欧盟在系统重要性支付系统的监管方面走在了全球的前列。2014年7月，欧洲央行发布了《关于系统重要性支付系统监管要求的规定》，通过立法的形式建立了重要支付系统的监管制度。这项制度明确了重要支付系统的主要标准，构建了以风险管理为中心的全面风险管理框架。随着支付行业的快速发展和相关业务系统的建设，体量日益庞大，个别支付机构

与金融机构的联系越发广泛而紧密，并且由于其跨行业、跨领域等特征显著，一旦发生风险，很可能给金融体系带来冲击。

二、区域一体化经济体内支付监管标准和规则趋于统一

区域经济一体化是世界经济全球化进程中重要的一环，欧元区作为区域经济一体化和货币一体化的代表，发挥了示范作用。随着世界范围内各类自贸区（FTA）的推进，区域经济一体化进程加速。区域经济一体化的发展必然要求支付一体化，更好地促进区域内贸易的往来，提升经济效率。欧元区在支付一体化上先行一步。2014年8月，欧盟单一欧元支付区建设取得里程碑式的进展，从8月1日起，欧盟内部市场正式推行单一欧元支付区（SEPA）转账模式和直接借记模式。这意味着欧元区银行卡用户在进行跨国交易时，享受与在本国国内交易相同的低费率。单一欧元支付区旨在创建欧盟零售业单一市场，覆盖5亿欧洲人口、2 000万企业和公共机构，预计每年能为个人及企业节省219亿欧元。欧盟委员会负责内部市场与服务的委员米歇尔·巴尼耶还表示，单一欧元支付区还包括信用卡付款，未来还可能会包括互联网和移动支付。[①] 单一欧元区内的相关监管政策也将逐渐推出。

三、支付体系建设趋于重塑和调整

随着支付清算行业的快速发展，世界各国充分认识到其行业价值，加大对支付体系的统筹安排和远景规划，以期更好地提升支付体系的效率。继2013年美国制定了《美国未来10年支付系统发展战略及愿景》之后，2014年，美联储又推出了《改进支付体系策略的整体规划》，提出了改进支付体系的五大策略，一是推动系统参与者积极创新改进支付系统；二是采取有效措施提升美国支付体系安全、独特、快速高效的能力；三是致力于减少支付体系的风险，更好地提升安全性；四是更好地提升跨国支付的效率，采用ISO 20022标准、B2B支付方式，开发相关技术和规则，促进P2B以及小型商务支付的对接；五是提升联邦储备银行的支付、结算以及风险

---

① 《欧盟单一欧元支付区建设取得里程碑式进展》，载于新华网，2014-08-02。

管理服务。从美国制定支付行业发展战略可以看到，发达国家对支付行业的重视程度已经提升到了前所未有的高度，这也是支付行业在全球范围内产业化发展的重要特征。中国也高度重视支付行业的顶层设计和规划，在"十二五"期间，人民银行根据支付体系发展需要，制定了《关于中国支付体系发展（2011—2015年）的指导意见》，对支付体系进行了整体规划，以促进行业健康规范发展。

第四节　中国支付行业发展环境及态势

一、经济新常态为支付行业创造了有利的发展契机

2014年是中国经济加快改革和结构调整的一年，经济进入增速换挡期，制造业去产能化加速，房地产进入调整周期，市场资源重新配置，新兴产业成为未来产业转型和经济结构调整的重要方向之一，也是未来经济增长的重要拉动力量。支付清算行业作为新技术、新商业模式的代表，其产业链正在加速构建，产业集聚效应日渐明显，与互联网生态和电子商务发展相互融合，具有广阔的发展前景。目前，国家对支付行业、互联网金融等高度重视，加速完善其相关政策机制和配套设施。上海、深圳等地已将支付行业和互联网金融的发展视为未来经济发展的主要产业之一，行业面临着前所未有的发展机遇。

二、电子商务高速发展继续使支付行业享受发展红利

支付行业的不断创新和变化得益于电子商务的发展，电子商务的发展走势是判断支付行业未来发展前景的重要变量。我国的电商发展正处于黄金期，线下商业在各类互联网平台的支撑下正在向线上商业迁移，并通过零售支付体系，形成完整的线上销售市场。2014年中国电子商务交易额（包括B2B和网络零售）约达到13万亿元，同比增长25%。[1]而2014年全年网上零售额为27 898亿元，比上年增长49.7%，[2]占社会商品零售总额的

---

[1] 数据来源于商务部的测算。
[2] 数据来源于国家统计局。

比例超过了10%。目前，以电商为主的平台类销售体系正在向各行各业渗透，一些传统行业正受到电商的冲击，跨境电商也在高速发展。随着电商的发展成熟，线上销售与消费者深度融合，消费习惯发生巨变，其发展前景更加广阔，支付行业将充分享受电商高速发展的红利。

三、新型支付习惯将成为行业发展的强大动力

近年来，消费者的支付习惯正在新兴支付的影响下逐步改变，支付行为也从银行柜台式转变为多元化的新型支付模式，网络支付、移动支付、手机银行等新兴支付方式受到了消费者的偏爱，持有大量现金进行交易或到柜台办理支付的方式不断减少。支付宝和微信支付的用户数量分别超过3亿和1亿，这些数据充分表明新兴支付方式受到了消费者的青睐。随着人口年龄结构迁移和改变，"80后"、"90后"等逐渐成为消费的主力，他们对新兴支付方式的接受及依赖将为支付行业的发展提供更加强劲的动力。

四、支付创新加速从产品端向应用端演进

2014年，支付行业最显著的特点是支付创新从产品端向应用端演进，依托大数据，在对客户行为进行精准分析的基础上，线上服务加速向各类生活服务渗透。在场景渗透中，O2O模式占据了主导，腾讯和阿里分别投入数亿元营销费用大力推广"滴滴打车"和"快的打车"，以拉动微信支付和支付宝钱包绑卡及活跃用户数；阿里还开放了支付宝公众账号平台，重点推广无线支付宝，提升用户装机量；微信借助平台的快速发展，先后推出微信会员卡、微信支付、微信红包等业务，构建腾讯O2O体系。[1]上述行为表明，O2O正在成为支付行业向生活场景渗透的重要途径和切入点。随着O2O模式的发展，更多的生活场景将被纳入支付范畴，促进消费者支付行为习惯的改变。原来支付工具主动向商城靠拢的局面也将因此改变，随着支付平台的发展及生态体系的建立，越来越多的电商平台将主动融入支付平台的生态圈，相互促进与融合，实现"支付+商业"模式的协同发展。

---

[1] 中国银联：《银行卡研究资讯》，2014（6）。

五、行业进入资源整合并购重组阶段

随着产业整合加速,行业进入资源整合、兼并重组阶段。一是经过多年的发展,支付机构的业务领域逐步确立,尤其是在支付业务牌照发放后,支付机构形势更加明朗,为市场产业整合提供了必要条件。二是支付行业市场格局不断变化,市场竞争日趋激烈,在优胜劣汰的竞争机制下,一些竞争实力不强、市场占有率较低的支付机构很可能走重组并购之路。三是一些支付机构在开展支付业务的同时,希望借助其他线下产业的优势来拓展支付业务,建立"支付+商务"融为一体的生态圈,更好地与产业结合、与消费结合。

六、支付清算行业全球化进程加速

支付清算行业正在加快推进全球化进程,利用自身优势拓展国际市场。中国银联近期公布的数据显示,银联已经将境外可以使用银联卡的范围扩大到150个国家和地区,累计发行超过40亿张银联卡,2014年中国银联全球交易额达41万亿元人民币,[1] 国际化步伐明显加速。另外,得益于以下几个方面,跨境支付发展迅速。一是2014年我国跨境电商掀起了发展高潮。商务部数据显示,我国跨境电商平台企业已超过5 000家,境内通过各类平台开展跨境电子商务的企业超过20万家,跨境电子商务交易额高达3.1万亿元。一些知名跨境电商企业如阿里的天猫国际、亚马逊的海外购、网易的考拉海淘、顺丰的顺丰海淘等不断壮大,成为电商的另一业务增长点,这也成为跨境支付发展的重要支撑。二是人民币国际化进程加速。根据环球银行金融电信协会(SWIFT)报告,2014年11月,人民币已经取代加拿大元和澳大利亚元成为全球第五大支付结算货币。此外,人民币还成为了全球第九大外汇交易货币和第七大储备货币,超过欧元成为全球第二大贸易投资货币。如今,中国与170多个国家实施了跨境人民币支付。人民币国际化的发展为跨境支付提供了便利条件。三是国家政策的支持。2013

---

[1] 《银联董事长:打造开放性、国际化银行卡组织》,新华网,2015-01-21。

年3月，国家外汇管理局发布《支付机构跨境电子商务外汇支付业务试点指导意见》，并在上海、北京、重庆、浙江、深圳等地区开展试点，允许参加试点的支付机构集中为电子商务客户办理跨境收付汇和结售汇业务。2014年2月，为促进支付机构跨境人民币支付业务的顺利开展，人民银行上海总部又制定了《关于上海市支付机构开展跨境人民币支付业务的实施意见》，并且有22家支付机构先后获得跨境支付业务牌照。加之上海自贸区对跨境支付业务的大力支持，跨境支付正在迎来广阔的发展空间。

七、互联网金融监管机制逐渐完善

进入2014年，随着各种风险的暴露，互联网金融进入了监管元年。一是明确监管主体，如P2P纳入银监会监管。明确监管主体，有利于行业规范发展，发展前景进一步明朗。二是互联网金融的自律管理不断健全。国务院同意筹建中国互联网金融协会。中国支付清算协会继续加强对支付清算行业的自律管理，其互联网金融专业委员会在规范行业自律、促进市场发展等方面的作用正在不断增强。中国证券业协会旗下成立了股权众筹专业委员会，众筹行业迎来了新局面。三是地方政府高度重视互联网金融。全国主要城市如北京、天津、深圳等11市均出台了互联网金融政策，有力地促进了互联网金融的发展。

第二章 我国支付产业格局

支付体系是实现社会经济活动引起的资金转移而作出的制度和技术安排。支付产业是供给端的整体,包括支付主体、渠道、工具、形态以及制度和服务配套等完整体系。现代支付产业已形成相对完整的形态,为经济社会活动提供独立、统一和边界相对清晰的支付服务,并对经济活动特别是人们的消费活动形成促进和提升,形成自身的产业价值和文化。

2014年,在电子化、信息化的趋势下,围绕"支付便利"的直观特征和"安全高效"的核心目标,我国支付产业发展日益多元化、专业化和开放化,依托丰富的场景和新电商模式,产业链不断延伸,产业分工更加专业,较好地满足了市场经济下日益多元化的支付需求。

第一节 支付业务的技术和市场特性

一、现代支付业务电子化需要多元化的分工合作

现代支付的本质是支付信息的传输和账户余额的变化。[①] 现代支付的发展源于技术进步和突破。数字化和网络化的发展,使支付市场主体能够借助网络技术以电子报文形式传输,并做到实时支付、实时清算以及实时入账,使传统支付突破原有的依赖现金、票据等实物传递,突破时间和空间的限制,大大提高了资金转移和交易的效率。应该说,支付产业链的扩展,一方面来源于技术和机制等创新驱动,通过供给端的创新来创造和引发新的需求。比如,互联网支付技术的成熟,推动了网购市场的快速发展;金融IC卡的推广,满足了消费者安全方面的需求;等等。而这些创新应用形成了新的产业链分工。在互联网支付方面,银行和第三方支付机构形成了更加专业的分工,安全技术厂商要为开放环境下的支付行

[①] 欧阳卫民:《支付与金融》,北京,中国金融出版社,2011。

为提供安全保障，等等；基于金融IC卡，形成了芯片生产、受理机具改造以及与其他应用的集成等多方面的产业链变化和再造。另一方面来源于市场的需求牵引。从需求端的竞争来改造产业链，使产业链更加高效和灵活。比如移动支付、跨境支付等，从涉及的生态圈、区域广泛性来说，有更多的市场主体参与，形成更加完备和细致的分工。

二、现代支付业务"轻资产、重互联"

现代支付"轻资产、重互联"的特性使支付产业链的辐射性更广，内部的连接更加紧密。首先，支付行业不占用资金，更多的是运转资金，获得资金沉淀，并解决货币支付的问题。这种偏金融服务属性的特征，使支付服务有边界，但利用其连接的特性和资金流动的纽带，涉及范围广阔。在现代经济中，支付不仅是入口，也是渠道，并以账户为节点，形成网状、树状等多样化的分布状态，促进资金的高效流动，润泽经济生态。在这种状态下，支付业务更加注重连接和传递，在流量导入和信息传递中产生价值。截至2014年末，银行卡跨行支付系统联网商户达到1 203.4万户，现代支付业务与其映射的是四通八达的现代物流网络和系统。做简单粗略的对比，物流点对点，就像现代支付中的账户对账户，而其中的支付信息类似实物包裹。发出和收到包裹类似账户余额增减的确认，而包裹的流转正如支付的通道，既有物流的渠道，也有周转中心、物流基地。但与现代物流系统的基础投入相比，现代支付运转的是数据信息，固定资产的投入主要用于建设业务系统，生产的边际成本较低，核心竞争力在于连接，连接商户，连接消费者，连接同业，通过支付连接各个商业主体和行为，促进经济价值在不同主体之间的分配和流转。

三、支付业务规模效应和互联网"赢者通吃"特征明显

对于现代支付来说，技术壁垒已不成为进入市场的障碍，但技术带来的市场特性和行为变化给支付主体带来新的挑战，首先就是支付业务规模效应。

当前，根据交易量按一定比例收取的手续费是支付业务的利润来源，因业务量的差异以及业务布局的区别（线上或线下），企业的盈亏平衡点并不一致。在传统的银行卡收单领域，市场相对成熟，竞争异常激烈，尽

管有政府指导价,但因套利空间的存在使得平均费率被拉低,收单主体利润微薄。在新兴支付市场,如网络支付、移动支付等,市场主体投入大量资源来培养消费者的支付习惯,获客成本在不断提升。更有甚者,"赢者通吃"的特征在互联网领域更加明显。目前看,由于线上支付的布局已经基本形成,特别是第三方支付机构"二八原则"的特征十分明显,几家大的支付机构占据了绝对的市场份额,其他的机构如果没有集团支持或者具备独特的运营模式,发展受到更大限制。对银行来说,虽然分化没有那么明显,但是大银行依托其庞大的客户群体,在网络支付上也逐步发力,通过价格优惠和业务推广,将业务和客户逐步向线上迁移。前几大银行的网银和手机银行的客户都已经过亿。小银行因为网点少,希望通过发展网络支付和互联网金融业务来实现新发展的积极性非常高,但是由于客户数量和资源方面的限制,形成竞争优势和核心的不多。未来在网络端,对客户和流量的争夺将更加激烈。

第二节 支付形成多元化和快速发展的产业体系,竞争激烈,热度不减,发展升级

一、支付链条延长、支付产业主体更加丰富

支付是银行存贷汇的三大基础业务之一,最开始主要在银行体系和邮局网点现场办理,产业主体较为单一。互联网技术的应用和普及激发了支付业务的变革,银行将业务通过网银向线上迁移,[①]第三方支付组织因电子商务的发展而出现,突破了原来的银行体系,为带动服务创新、激活市场作出了积极贡献,扩展了支付产业领域,丰富了产业层次。同时,支付工具和产品的创新也延伸了产业链,如移动支付的产业链,涉及银行、转接清算组织、移动运营商、手机厂商、安全领域的厂商等多个主体,依附于这个产业链还扩展出了整个消费生态圈,比如有卡券、积分管理服务的提供方、地图定位服务提供商、受理机具生产商等。如此长的产业链和生态

---

① 这种迁移缘于银行内部业务条线和价值考核的调整。

圈，需要更加紧密细致的分工和更加科学合理的利益分配机制，为商户和消费者提供便捷的支付服务作保障。由此可见，"我国传统上由银行部门垄断支付服务领域的格局已被打破，支付服务尤其是零售支付服务领域已基本实现市场化，支付服务提供者日益多元化，支付方式日趋丰富和个性化，行业自律组织已经形成并发挥积极作用"。[①]

二、支付产业主体和竞争的不对称性特征明显

支付产业因其历史原因和业务特性，存在较为明显的不对称竞争，使整个行业发展呈现多样化和复杂性。形象地说，支付产业发展有三个"两分法"。

首先，是支付机构与商业银行的两分法。一是银行的主营业务及主要利润来源是资产负债管理，支付作为银行的基础性业务是其开展存贷业务及其他零售金融等业务的前提。支付机构的主营业务及主要利润来源是支付业务。因此，商业银行用其基础性业务与支付机构的主营性业务进行竞争，具有不对称性。二是由于发展历史和监管的差异，商业银行依然是支付主渠道，业务体系较为完善，监管体系相对成熟，而支付机构发展时间短，既依托于银行，又在零售支付和电子支付中与银行形成竞争，监管较银行更宽松。三是银行和支付机构开展支付业务的理念不同，银行更注重安全性，要求客户诚实、可信任，交易有记录、可追溯，客观上造成了线下支付流程的烦琐；而支付机构更追求便利性，主要在线上，关注点较集中，机制较灵活。目前，从刚开始的支付机构攻、商业银行守，已经逐步转向攻守平衡、互有攻守，形成新的竞合关系。可以预见，支付机构与商业银行的竞合关系将在相当长一段时期内构成支付市场未来发展的一条重要主线。

其次，是支付机构的两分法。支付机构包括平台类和行业类，这两类支付机构的发展模式和优势各不相同，竞争重点有所差异。平台类最为典型的是支付宝和财付通，它们各自依托阿里和腾讯母公司和平台，具有较强的发展优势。行业类最为典型的是汇付天下、快钱、易宝支付等机构，擅长捕捉行业需求及开发行业应用。基于不同的细分领域，支付公司的竞

---

① 刘士余：《将降低零售支付服务市场的准入门槛》，载《中国金融》，2014（9）。

争压力略有不同。比如在传统的线下收单市场,市场相对饱和,但竞争反而日益激烈。相反,互联网支付却随着电商繁荣、支付场景增多等利好因素迎来更加强劲的增长。

最后,是银行的两分法。银行之间的差异也比较显著,大银行和小银行由于其客户数、网点数以及资源禀赋的差异,在支付业务中的定位、清算接入等方面也有差异。

三、支付产业吸引力依然不减,存在实际和潜在的竞争者

支付作为整个交易链条中必不可少的环节,在互联网经济中发挥着不可或缺的作用。业内流行的观点认为,要挣钱,要么离资金近,能够掌握资金流动或者形成资金沉淀,要么离消费者近,掌握消费者的信用、行为习惯等信息,而支付业务在这两方面都具有独特的优势。尽管当前第三方支付市场已经有269块牌照,还有一些公司在变相、违规地从事相关业务,而且监管部门对支付业务许可证的发放节奏也在逐步调整优化。但是随着互联网金融的发展和电商企业对闭环商圈的追求,对移动支付和网络支付的牌照的需求热度依然不减。收单市场经历了一轮规范整顿后,线下收单市场的业务增长依然可观,特别是二三线城市、农村以及中小商户等市场仍有增长潜力。很多电子商务和传统企业都在谋求线上线下的融合发展,如TCL集团表示正在申请第三方支付牌照,万达集团出资20亿元控股快钱,平安证券还对支付牌照进行了估值。① 在美国,初创公司进入支付行业,目的是尽可能多地搜集消费者的数据,了解消费者的消费需求和交易习惯。但同时,我们也要看到,随着市场参与方的增多,支付服务市场主体将日趋分散,产品和服务的同质化程度可能会提高,客户在不同的电商平台、不同的商户进行交易,都需要选择不同的服务主体,客户体验下降,也不符合支付业务发展的规模效应特性,不利于支付机构盈利能力的提升。如何立足现有资源,进行产业整合,在产业供给端实现专业化分工,在客户端实现一站式和高效便利的支付服务体验,可能是未来发展的趋势,需要

---

① "A股市场已有12家公司获支付牌照,盈利能力并不乐观,亏损企业超过一半",来源于证券时报网,2015-01-28。

相关部门加强政策规划，进一步对市场布局和产业发展进行调整优化。

四、支付产业发展环境变迁和驱动转变开始加速

支付产业的发展，缘于市场的打磨和消费者需求的变化，因时而变，因势而变。一是经济活动线上化，带动线上支付的大发展。2014年底，中国互联网经济占GDP的比重达到7%，为近年来的最高。互联网经济的发展需要网络支付的服务和支持，促进了支付需求的转化。二是技术进步使支付创新更加便捷和具有想象空间。一方面，支付变革的可能性和频次趋于增加，一项突破性的支付产品或者模式可能改变甚至颠覆市场格局。比如在移动支付领域，HCE技术的出现可能改变整个市场格局，增强银行在移动支付中的主导力。另外，技术进步和创新使支付主体能够更容易地绕开监管约束和业务条线之间的屏障，使传统的支付体系和一些概念、原则等发生变化，如二维码技术的应用打破了线上线下支付业务的桎梏，将线下业务向线上引流。三是消费者对支付快捷性和安全性的需求推动了支付创新与发展。随着互联网的普及和购买力的代际传递，消费者对于创新支付工具或者方式的接受程度越来越高。另外，电子商务发展以及移动互联O2O模式等，降低了消费者转换成本，但对支付服务主体而言，意味着获客和留客成本大幅增长。消费者需求的提升和支付习惯的变迁成为支付服务主体加快支付创新和提升服务质量的强大动力。四是零售支付中后台的清算市场面临重大变革。零售支付市场日趋活跃，在互联网经济中的地位不断上升，推动清算市场的开放。

五、支付产业竞争格局的变化

支付产业是一个互联互通、相互依存的产业，产业主体之间不是单纯的竞争关系，而是竞争与合作的关系。竞争更多体现在客户和服务前端层面，合作体现在渠道连通和相互协作上。一是2014年支付机构与商业银行的博弈加深。支付接口和限额的问题、安全标准和监管的不一致性以及备付金存管的争夺等都反映了这种竞合关系。总体看，这种关系在逐步规范化和常态化。二是支付机构与清算组织之间的竞合关系。国际卡组织均采用"四方模式"，即通过卡组织的转接清算完成支付，支付机构是以商户身份，通过卡组织的收单机构或银行，连接进入卡组织支付系统中；在中

国,第三方支付机构都在直连银行绕开卡组织进行网络支付,即采取"三方模式"。11月12日,中国银联发布《关于进一步明确违规整改相关要求的通知》(以下简称《通知》),要求37家线下收单机构进行业务整改。近期,多家第三方收单机构直接或变相绕开中国银联,与银行直连,意在降低中间成本。中国银联要求成员机构限期完成"绕银联业务"的迁移工作。对此,人民银行表示,中国银联作为平台的提供者和维护者,为维持整套系统正常运行,必须制定一系列平台规则,并监督参与各方落实、遵守这些规则。Visa指出,"四方模式"迄今为止都被证明是运行得非常成功的,Visa会继续坚持"四方模式"。给银行提供安全的支付解决方案,建设相关的行业标准。三是支付机构分化日益明显。良性的竞争有利于促进创新和市场培育发展。目前在平台类网络支付中,支付宝和财付通占绝对市场份额,受益于微信红包效应,微信支付业务上升势头迅猛,但在将社交优势转为化电子商务交易方面还需要不断实践和探索。四是商业银行的"觉醒和逆袭"。近年来商业银行在互联网和移动支付领域开始发力,动作频频,利用账户、发卡以及综合性金融服务的优势,大力推广和完善手机银行,同时积极推进近场支付,不断试点各类近场"刷手机"模式,以提高客户黏性。五是互联网企业的跨界进入。对于支付行业而言,支付产品的主流化,支付机构的集团化,市场竞争的激烈化,使很多支付机构站在发展的"十字路口",面临独立发展还是依托商业集团发展的抉择。

第三节 支付产业发展变革之道路在探索中延伸

一、突破产业发展"天花板",支付产业内源价值结构转变

2014年,支付主体业务延伸和多元化,在"互联网+"基础上的"支付+"模式已成为市场发展主流。初始阶段,手续费收入是支付业务主要的盈利模式。随着互联网金融发展以及实体经济互联网化的不断深入,支付从单一价值向多元价值和深度价值转变。随着互联网金融的发展,支付业务的隐性资产更加突出,具有战略和经营价值,如支付业务带来的数据资产、渠道和入口优势以及形成闭环生态的"护城河"效应等。当前,支付机构的业务已从单纯的支付业务延伸到投资、交易、融资、理财等多个金融领域。此

外，支付业务成为很多企业进军金融业的天然通道，尽管金融行业开始进一步开放，但是支付作为金融基础业务，有其天然的业务特性，以支付业务为跳板或者铺垫，逐步进入金融行业也成为很多企业的重要选择。

二、支付业务结构调整趋势日益明显

支付业务结构的调整缘于市场环境的变化和进一步发展的战略考量。一是零售支付快速发展，成为支付行业最为活跃的领域。零售支付与日常小额高频的经济活动相连接和互动，形成巨大的发展推力。消费者对零售支付变革的接受和认同不断增强。二是新兴支付的发展远远快于传统支付。新兴支付的发展主要来源于技术变革和经济的互联网化。据麦肯锡研究报告，2018年，西欧国家50%以上的支付收入将来自电子交易，支付服务提供商在深入了解消费者需求和行为。三是新兴支付中，移动支付成为最新亮点，发展迅猛。我国移动支付的发展近年来持续成倍增长，形成支付行业的增长极和创新极。

三、支付产业未来发展的路径在探索中趋于清晰

一是从支付产业未来发展来看，最终要服务于经济活动和日常生活，形成与经济的融合和互动，在经济链条中铺展支付的链条，实现支付的价值。银行业要以更主动、更合作的态度创新求变，支付机构要以更稳健、更规范的方式拓展业务，监管部门要实施更审慎、更灵活的监管鼓励创新和防范风险，共同促进支付服务市场协调健康发展。中国工商银行行长、中国支付清算协会会长易会满提到，今后第三方支付机构发展的方向，应侧重在支付、侧重在线上、侧重在增值服务、侧重在金融服务的薄弱环节。二是从服务端看，新兴支付业务对场景和用户体验的追求，将大大扩展产业服务的范围和与经济生活融合的深度。"生活无时不支付、支付无时不便利"将成为主流，成为人们生活中像水、电和宽带一样的基础设施和应用。三是从供应端看，支付更多地作为生态圈或产业链"嵌入式"的应用，其价值将更多体现在其服务半径和承载内容，既可以是底层应用，也可以成为入口引流。未来，支付产业主体将向平台化和全模式、全业务方向发展，一站式解决成为主流，聚集足够充分的客户。四是支付安全的解决方案以及监管部门的容忍度将影响支付产业未来发展的方向和速度。

第三章 票据

长期以来，票据在便利经济主体经济贸易往来及资金结算、拓宽企业融资渠道、优化商业银行资产负债管理、丰富中央银行货币政策实施手段、改善社会融资结构等方面发挥着重要作用。在新兴电子支付业务快速发展、支付方式不断创新的今天，票据将以其独特的优势在支付工具中占有特殊地位，发挥着十分重要的作用。

第一节 发展概况[①]

2014年，我国票据市场业务发展呈现平稳态势，业务规模总体有所下降，但商业汇票业务继续保持增长，票据电子化进程不断推进。未贴现银行承兑汇票量呈负增长态势，年底转为正增长。监管政策总体有利，为票据市场的健康、持续发展提供了良好的外部条件。

一、票据业务量同比下降，实际结算商业汇票同比持续增长

2014年，我国共发生票据业务5.78亿笔，金额269.99万亿元，较2013年分别下降16.56%和6.16%。其中，支票业务共发生5.52亿笔，金额242.57万亿元，同比分别下降17.26%和6.55%；全年实际结算的商业汇票业务量达到1 842.14万笔，金额19.28万亿元，同比分别增长12.97%和5.70%；银行汇票业务307.56万笔，金额1.68万亿元，同比分别下降18.45%和22.07%；银行本票业务477.30万笔，金额4.36万亿元，同比分别下降23.77%和27.72%。

---

① 本节内容，如未作特殊说明，数据均来源于中国人民银行。

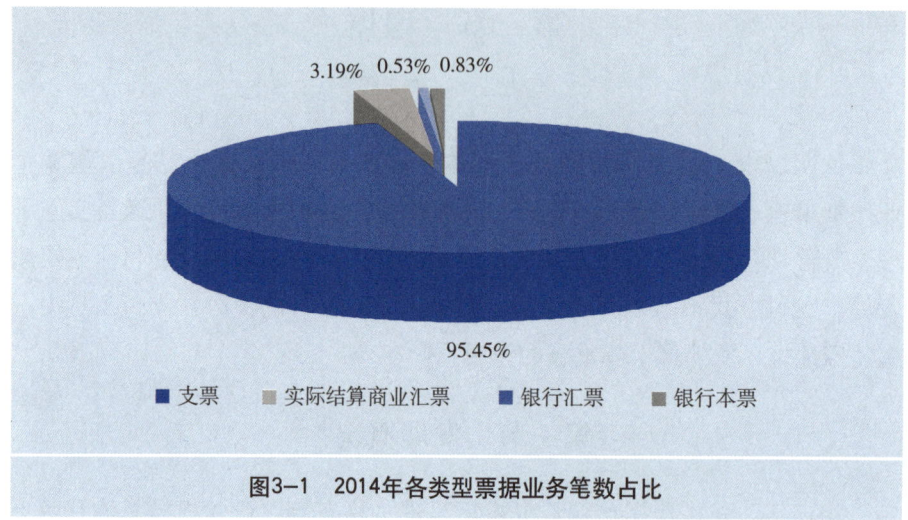

图3-1　2014年各类型票据业务笔数占比

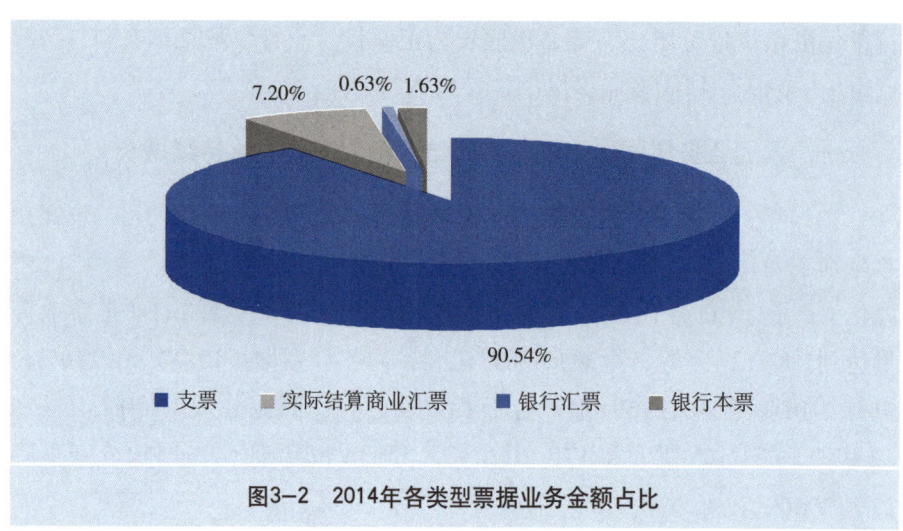

图3-2　2014年各类型票据业务金额占比

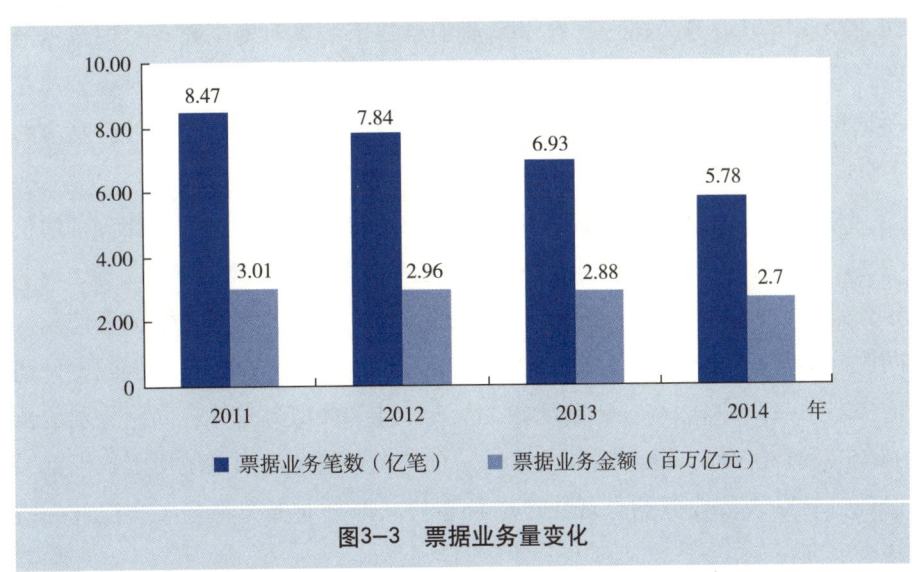

图3-3 票据业务量变化

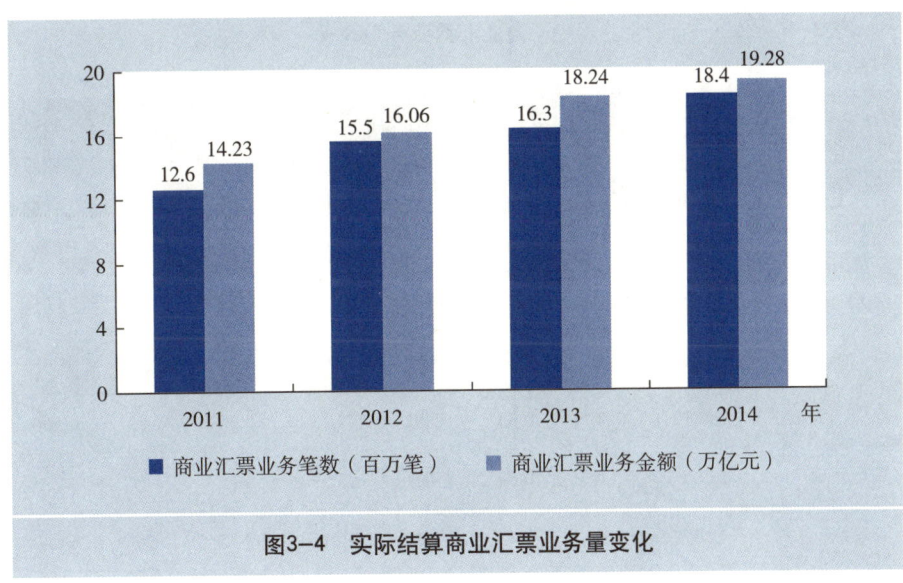

图3-4 实际结算商业汇票业务量变化

二、电子商业汇票业务保持快速增长，贴现、转贴现业务增长明显

截至2014年末，电子商业汇票系统参与者共计373家，较上一年末增加14家。其中，新接入的机构主要包括长虹财务公司、百联集团财务公司、中国一拖财务公司、同煤集团财务公司、山东重工财务公司、兵工财务公

司、中国电科财务公司等。电子商业汇票线上清算对提高财务公司票据流转及资金清算效率，规避券款兑付异步带来的业务风险，提升财务公司在票据市场中的优势均有直接成效，受到了财务公司的欢迎和认可。众多财务公司的加入，也有效促进了电票系统业务量的快速增长。

全年电子商业汇票系统出票84.49万笔，金额3.13万亿元，同比分别增长62.20%和97.29%，分别占全部商业汇票业务量的4.59%和16.23%，占比较上年分别增加1.4个和7.51个百分点。承兑业务量83.78万笔，金额3.07万亿元，同比分别增长56.69%和88.95%；贴现23.53万笔，金额1.50万亿元，同比分别增长75.19%和134.28%；转贴现49.11万笔，金额4.81万亿元，同比分别增长95.75%和146.39%。除再贴现业务外，全年电子商业汇票系统出票、承兑、贴现、转贴现等业务均呈现快速增长态势，部分业务交易金额增长近一倍甚至更高。

表3-1　　　　　　　　　　电子商业汇票业务统计表

单位：万笔，万亿元，%

业务类型	2013年				2014年			
	笔数	增幅	金额	增幅	笔数	增幅	金额	增幅
出票	52.09	70.93	1.59	69.06	84.49	62.20	3.13	97.29
承兑	5 3047	71.45	1.63	68.87	83.78	56.69	3.07	88.95
银行承兑汇票	49.26	69.34	1.30	68.15	76.65	55.60	2.54	95.38
商业承兑汇票	4.21	100.48	0.33	73.81	7.13	69.36	0.53	60.60
贴现	13.47	42.39	0.64	64.91	23.53	75.19	1.50	134.28
转贴现	25.09	119.14	1.95	199.27	49.11	95.75	4.81	146.39
再贴现	0.60	93.55	0.036	89.49	0.57	-5.00	0.024	-33.33

三、未贴现银行承兑汇票增长放缓，各地区间存在明显差异

2014年，我国社会融资规模为16.46万亿元，比上年少8 598亿元；其中，未贴现银行承兑汇票全年呈现负增长，为-1 285亿元，下降幅度较

大。纵观全年业务变化情况，受年中监管机构规范影子银行、同业业务以及金融机构加强风险控制等方面的影响，7月未贴现的银行承兑汇票减少4 160亿元，同比多减2 383亿元。截至12月，未贴现银行承兑汇票才由之前连续五个月的负增长转为正增长。

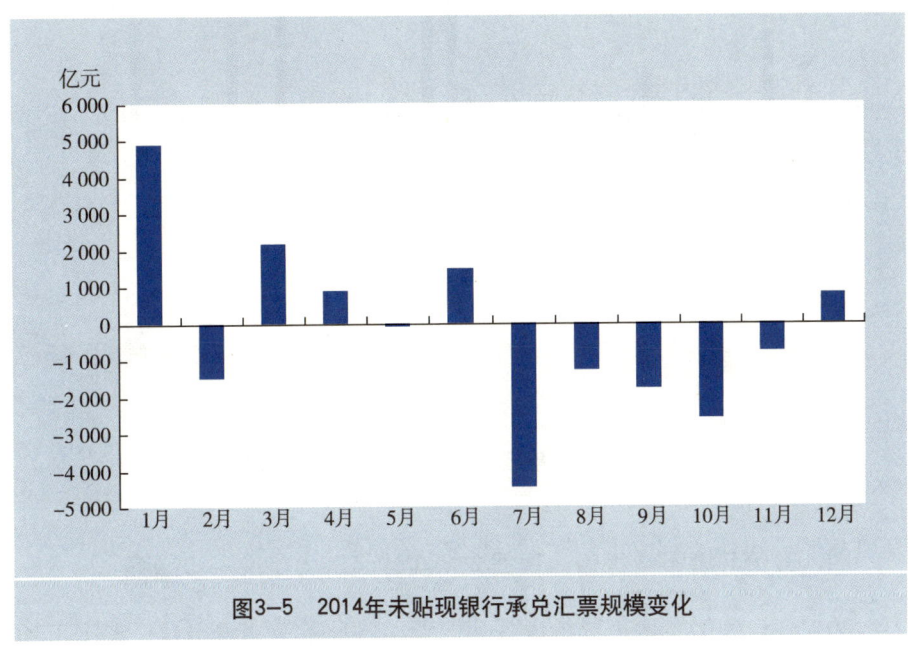

图3-5　2014年未贴现银行承兑汇票规模变化

从全国各地区来看，山东、河南、重庆、贵州、甘肃、天津等地未贴现银行承兑汇票规模全年仍呈现正增长态势。其中，山东省全年规模增长最多，为965亿元。广东、浙江、北京、上海等地全年未贴现银行承兑汇票规模呈现负增长。其中，广东省全年规模减小776亿元，为全国未贴现银行承兑汇票融资规模减小最多的省份。

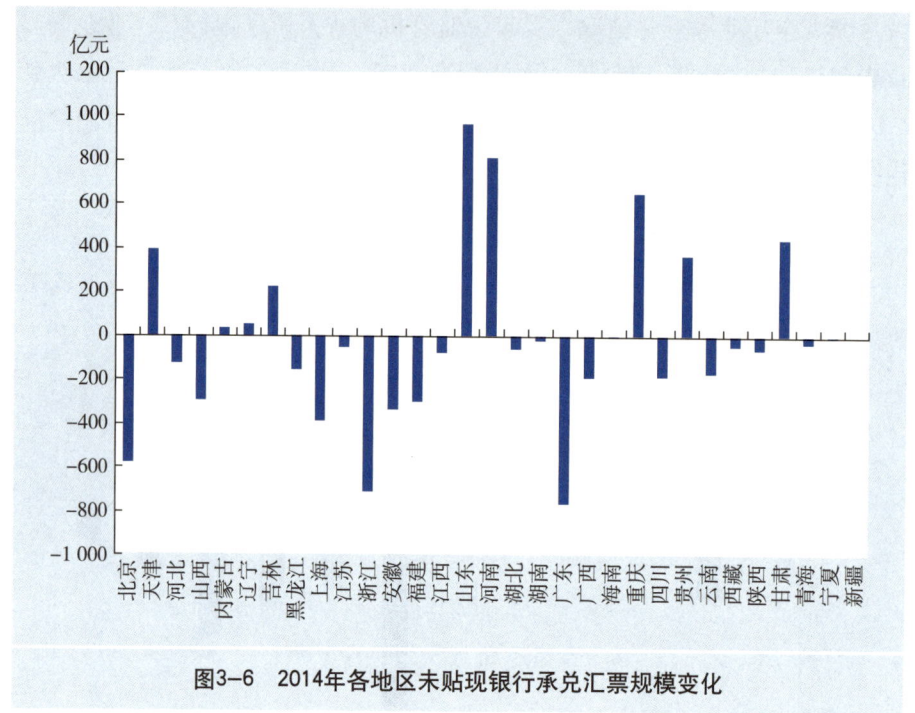

图3-6 2014年各地区未贴现银行承兑汇票规模变化

四、政策环境不断优化，票据支持实体经济力度进一步增强

2014年，我国金融市场继续深化改革，各项政策相继出台，票据市场发展环境相对宽松。2014年2月，中国银监会和国家发展改革委发布《商业银行服务价格管理办法》，要求从8月1日起将银行承兑汇票的承兑手续费改为市场调节价。在经过3个月公示期后，11月1日市场调节价正式执行，连续实施了16年的万分之五的定价标准被废止，支持商业银行大力开展银行承兑汇票业务。为贯彻落实国务院关于"加大支农、支小再贷款和再贴现力度"的要求，人民银行于8月8日开始对部分分支行增加再贴现额度120亿元，对涉农票据和小微企业签发、收受的票据以及中小金融机构承兑、持有的票据优先办理再贴现，对票面金额500万元以下的票据优先办理再贴现。

五、行业自律管理有效推进，工作成果初显

中国支付清算协会票据工作委员会于2014年3月成立，并于当年组织会员单位撰写发布了《票据行业自律公约》、《商业汇票业务风险防范指

引》等自律性文件。《票据行业自律公约》确立了行业层面票据业务开展的基准规范，《商业汇票业务风险防范指引》对商业汇票业务各环节蕴含的风险开展剖析并提出了有针对性措施。票据工作委员会还积极发挥行业协会参谋作用，积极为北京市金融工作局牵头的"中关村国家自主创新示范区推广商业承兑汇票融资模式试点项目"献计献策，就项目运作流程、票据流转范围等关键问题多次提出建设性意见。2014年5月，北京金融工作局与多家单位联合发布《关于支持中关村国家自主创新示范区推广商业承兑汇票融资模式的指导意见》，中关村商业承兑汇票融资试点工作正式启动，有助于帮助中关村高新企业进一步拓宽融资渠道，获得融资便利。

专栏3-1
协会助力政府试点推广中关村商业承兑汇票融资项目

为贯彻《国务院办公厅关于金融支持小微企业发展的实施意见》（国办发〔2013〕87号），培育中关村高科技企业信用，建立中关村地区小微企业商誉信用体系，北京市金融工作局牵头开展了北京中关村示范区商业承兑汇票试点项目。项目旨在以商业承兑汇票业务为切入点，探索创新中关村园区小微企业商业承兑汇票融资模式，拓展小微企业融资渠道，有效解决小微企业融资难问题。

自该项目启动以来，协会票据工作委员会积极发挥行业协会参谋作用，先后四次对该项目涉及的商业承兑汇票运作流程、中关村金融服务公司的定位与性质、出票企业资质、票据流转范围等关键问题提出建设性的意见。2014年5月，北京市金融工作局会同人民银行营管部、北京银监局、中关村科技园区管委会、海淀区人民政府、支付清算协会和北京市工商业联合会，联合发布《关于支持中关村国家自主创新示范区推广商业承兑汇票融资模式的指导意见》，标志着中关村商业承兑汇票融资试点工作正式启动。7月29日，在北京市金融工作局牵头召开的项目推介会上，协会相关部门负责人就商业承兑汇票推广相关政策进行了讲解。下一步,票据工作委员会将继续积极参与项目建设,开展中关村地区商业承兑汇票操作流程制定及业务指导,助力政府决策。

第二节 运行特点[①]

2014年,我国票据市场除表现出市场集中度高、对中小企业融资支持力度有所加强等特点外,特别是互联网技术的成熟和应用,助推新式互联网票据理财业务大量涌现,业务规模迅速上升,引起了相关各界的广泛关注。

一、市场集中度较高,国有银行及经济发达地区占据市场较高份额

目前,我国票据业务发展仍然存在较为明显的不均衡状态,主要表现在机构之间与地区之间的不均衡等。市场集中度较高,国有商业银行以及经济发达地区仍然占据市场较高份额。

2014年,国有商业银行共发生票据业务34 612.90万笔,金额144.96万亿元,分别占票据业务总量的59.88%和53.69%,占据票据市场总量的绝大份额。股份制商业银行共发生票据业务5 650.01万笔,金额60.97万亿元,分别占票据业务总量的9.78%和22.58%。政策性银行共发生票据业务125.95万笔,金额2.52万亿元,分别占票据业务总量的0.22%和0.93%。

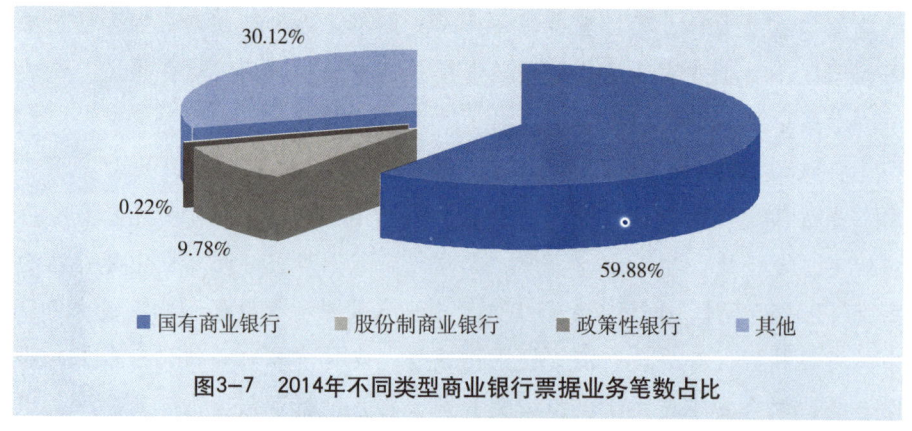

图3-7 2014年不同类型商业银行票据业务笔数占比

[①] 本节内容,如未作特殊说明,数据均来源于中国人民银行。

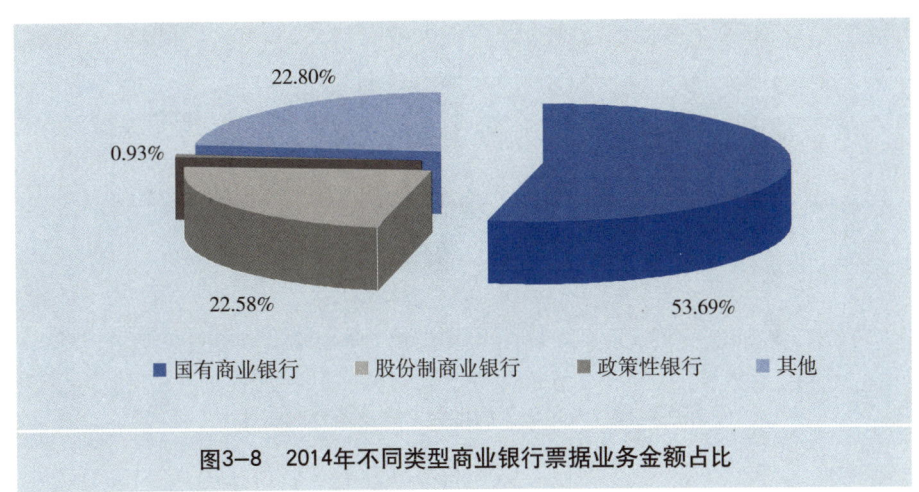

图3-8 2014年不同类型商业银行票据业务金额占比

在地区分布方面，2014年江苏、广东、北京、浙江、山东等地票据业务规模较大。其中，票据业务笔数最多的地区为江苏，达5 279.85万笔，占全国总笔数的9.13%；票据业务金额最高的地区为北京，达43.20万亿元，占全国总金额的16%。

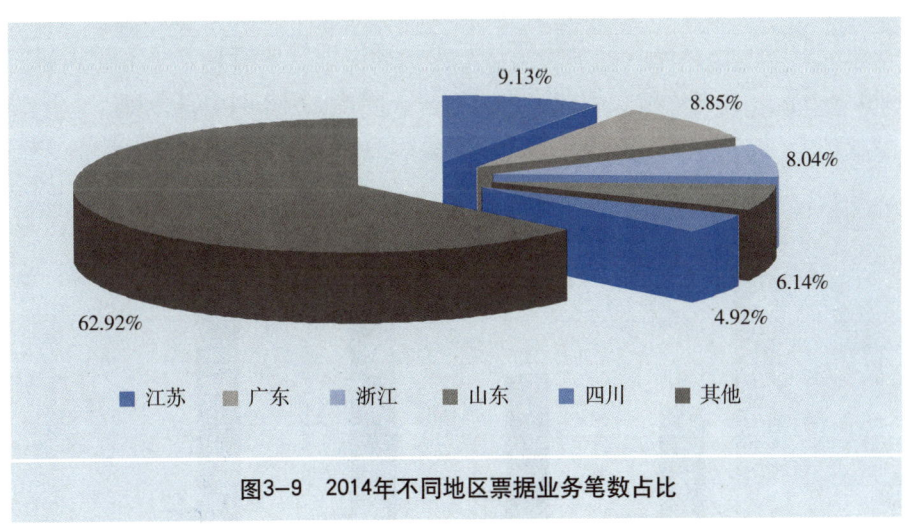

图3-9 2014年不同地区票据业务笔数占比

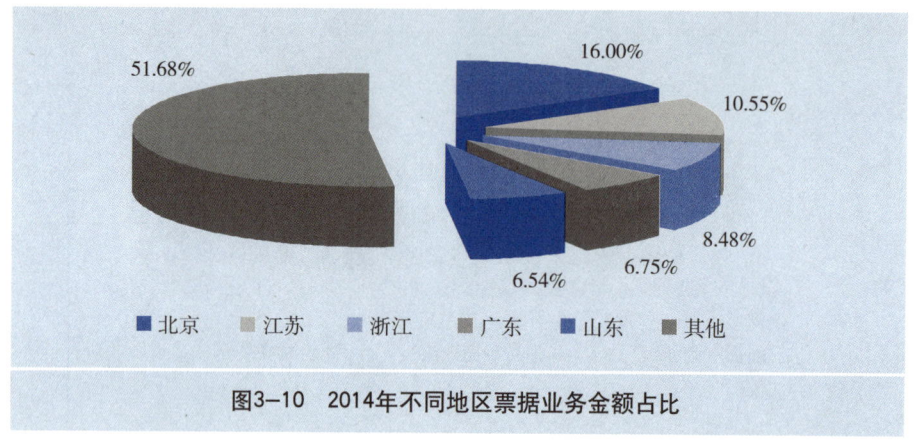

图3-10　2014年不同地区票据业务金额占比

二、票据融资快速增长，中小企业银行承兑汇票签发量占比较高

2014年，我国商业银行主动适应市场经济环境变化，调整资产负债结构，在信贷投放需求不足的背景下适当增加票据融资规模，增长幅度显著。全年，金融机构累计贴现60.7万亿元，同比增长33.0%；期末贴现余额2.9万亿元，同比增长48.9%。出于控制信用风险水平的考虑，银行主动运用票据承兑和贴现业务替代一般性流动资金贷款，贴现余额在短期贷款和各项贷款中的比重提高。全年票据融资余额呈现快速增长，年末较年初增加0.96万亿元，占各项贷款的比重为3.6%，同比上升0.84个百分点。

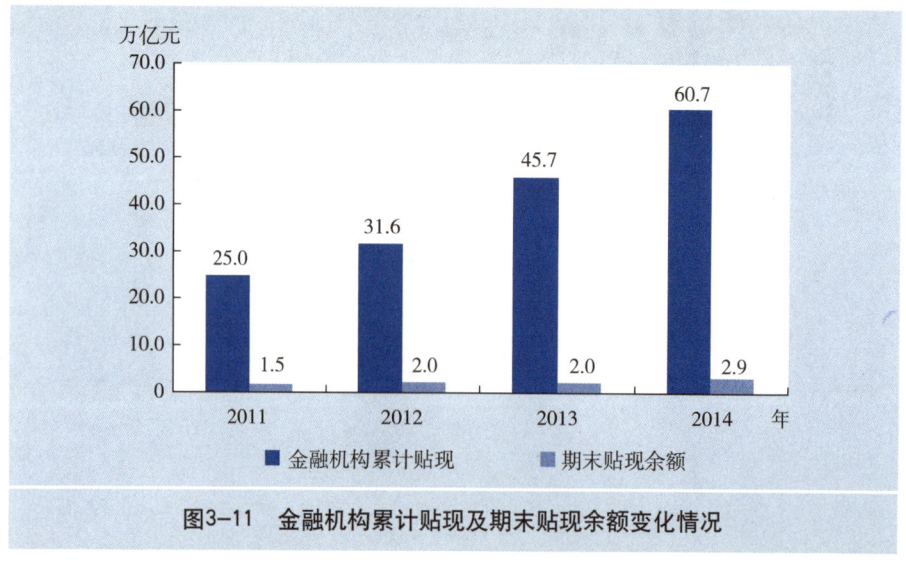

图3-11　金融机构累计贴现及期末贴现余额变化情况

票据承兑业务小幅增长。2014年，企业累计签发商业汇票22.1万亿元，同比增长8.9%；期末商业汇票未到期金额9.9万亿元，同比增长9.3%。上半年票据承兑余额持续增长，6月末达到历史新高10.2万亿元，下半年票据承兑余额小幅波动，年末比年初增加0.8万亿元。从行业结构看，企业签发的银行承兑汇票余额仍集中在制造业、批发和零售业；从企业结构看，由中小型企业签发的银行承兑汇票约占2/3。票据承兑的持续稳定增长有效加大了对实体经济特别是小微企业的融资支持。①

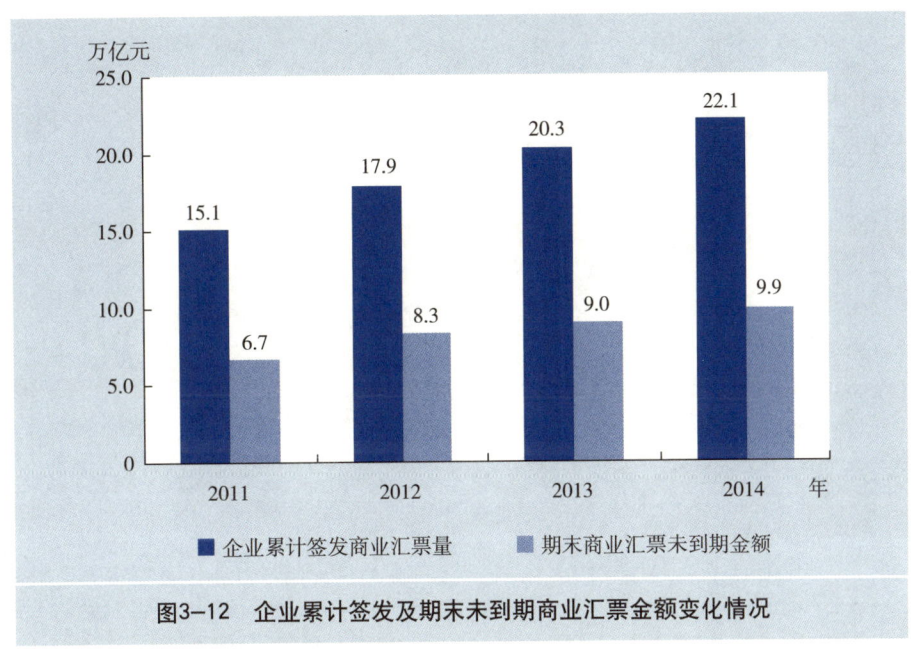

图3-12 企业累计签发及期末未到期商业汇票金额变化情况

三、全年利率呈下降态势，第四季度探底回升

2014年，我国票据市场贴现利率全年呈下降态势。年初，我国银行间市场资金面相对宽松，利率在春节期间冲高后进入下降通道。2月8日，利率达到全年最高水平，其中票据转贴现利率达6.3%，直贴平均利率达6.6%。二季度、三季度，利率逐渐下降，降幅有所收窄，利率总体平稳。

---

① 数据来源于中国人民银行发布的《2014年第四季度中国货币政策执行报告》。

至四季度,受国家宏观经济形势以及资本市场尤其是股票市场等方面的影响,票据利率呈波动态势。在三季度经济下行明显的情况下,10月利率快速下降,月底降至年内最低。其中,转贴现利率最低降至3.35%,直贴平均利率降至3.48%。随后,受各项改革政策出台以及人民银行降息的影响,资本市场投资需求快速增长,各机构短期错配操作策略导致短期资金价格趋于上行,12月的票据利率迅速反弹,直贴利率一度升至5.48%,转贴现利率反弹至5.35%。至年底,票据利率恢复至5%左右的水平。

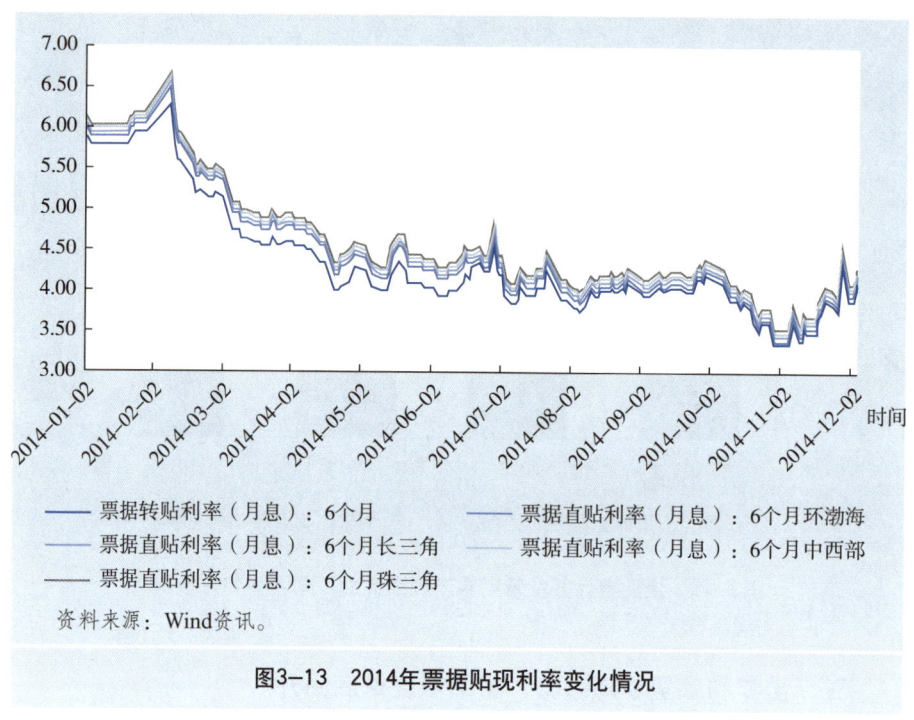

资料来源:Wind资讯。

图3-13 2014年票据贴现利率变化情况

四、互联网票据业务加速发展,创新业务不断涌现

在P2P、众筹等互联网金融产品的影响带动下,2014年票据市场也迎来了产品创新的一次高峰,互联网票据理财业务快速发展,创新产品相继迭出。票据宝、金银猫、银票网等10余家互联网票据理财平台迅速崛起,推出多种互联网票据理财产品,以"低门槛、高收益、低风险"为特点吸引了众多投资者的关注。按照销售平台属性不同,现有的票据理财产品可

分为电商平台类、银行平台类以及专业票据网站类三大类。电商平台类以阿里巴巴全新打造的定期理财产品平台"淘宝理财"为代表，首批推出了2只票据类理财产品。银行类平台则有民生银行通过"民生易贷"推出"e票通"，招商银行通过"小企业e家投融资平台"推出了线上票据理财业务等。专业票据网站类主要包括票据宝、金银猫等，这类平台推出的票据类理财产品通常以相对较高的收益吸引客户。

通过互联网建立票据交易平台售卖票据理财产品：一方面为个人投资者和小额零散资金提供了新的理财渠道，实现良好的投资收益；另一方面，中小企业可通过平台盘活市场上沉淀的小额存量票据，降低小额票据贴现成本，拓宽了融资渠道。对银行来说，互联网票据平台打破了地域限制，业务流程更为便捷。票据理财产品能够相对客观地反映市场供求双方价格偏好，有利于发现票据市场均衡利率，推进利率市场化进程。面对日新月异、变化多样的新型平台类票据理财产品销售热潮，普通投资者应清醒地认知平台类票据理财产品背后可能隐藏的风险，审慎考量平台风险控制措施的可靠性和有效性。

第三节 风险特点分析

2014年，受宏观经济下行压力的影响，票据经营风险有所显现。经济增速放缓和货币政策调整、IPO对流动性的短期波动影响将使银行票据业务经营中的信用风险和利率风险的防控难度加大，风险叠加效应进一步拉高票据业务经营风险敞口总量。互联网金融带动票据互联网理财平台的发展，但理财平台的风险控制能力及信誉、票据本身真伪性、票据业务真实性等多项风险趋于显现。票据价格地区和机构差异为民间票据中介机构的存在和生长提供了空间，成为中小企业解决融资需求的重要渠道之一，但良莠不齐的管理方式、实力规模差异、不规范的业务操作以及风控管理能力普遍不足使票据中介业务也隐藏一定的业务风险，给票据市场带来风险隐患。公示催告、恶意挂失止付等有关票据业务不良信息发布披露渠道分散，信息呈现碎片化、断点化，信息披露速度和透明程度亟待提升。

一、受宏观经济下行压力的影响，票据业务传统风险防控形势严峻

受宏观经济下行压力的影响，2014年，票据业务的传统风险呈现趋同性、连带性等特点。当前，钢铁、光伏、石化、有色等行业产能过剩，企业日常生产经营普遍面临困境，流动性趋紧，到期票据不能解付的负面消息屡屡出现，违约信用风险进一步暴露，商业汇票逾期和垫付风险明显上升，银行业信用风险控制压力加大。此外，由于社会资金紧张，企业融资困难，在办理承兑或贴现业务时无真实贸易背景票据的出现频率上升；利用票据进行诈骗的行为及风险呈高发趋势。商业银行票据业务风险审核及内控管理面临更为艰巨的考验。

当前金融机构为提高资金收益率和盈利水平，票据买卖融资行为活跃。随着票据转让次数增加、转贴现频率加快，道德风险、法律风险及操作风险都相应增加。在快进快出、频繁交易的票据业务操作模式下，各金融机构的管理水平和能力高低，交易对手合规经营意识以及真实依法合规经营的意愿和能力，均会对银行业的交易合规性和资产安全性产生连带和交叉影响。目前，农信社、农商行、城商行等中小金融机构在市场交易中日渐活跃，市场份额不断扩大，但部分机构在合规意识及操作规范方面存在不足，在具体操作中出现了查复未明即办理银行承兑汇票贴现或质押、未见票据实物仅凭清单进行交易等违规手法，扰乱了正常票据市场秩序，对银行资金安全产生了不良影响。

专栏3-2
伪报票据丧失应对策略

伪报票据丧失是指票据的出票人、背书人等按照票据文义承担票据责任的人，知道票据被他人合法取得，向法院谎称其票据遗失、被盗、损毁等，意图通过公示催告、除权判决等诉讼程序否定合法持票人票据权利的侵权行为。

在票据实务中，一些不遵守诚实信用原则的企业，把自己的票据空白背书之后交给后手，后来由于各种原因，便向开户银行谎称票据遗失，申请挂失，然后又欺骗法院，谎称其票据遗失、被盗、损毁等，申请公示催告、除权判决等诉讼程序。在公示催告期间，持票人知晓公示催告的会及时申报权利，法院在收到持票人的申报后会终止公示催告程序，争议当事人会通过普通诉讼程序确认票据权利、解决纠纷。如果持票人在公示催告期间没有看到公示催告的公告或者因其他原因，没有申报权利，谎称失票的企业会申请除权判决，然后持生效的判决请求银行付款或者退款。持票人在票据到期日请求付款的，承兑行根据生效除权判决已向伪报人付款，必然对持票人拒绝付款。

一、典型案例

淮安市某公司（以下简称A公司）以其持有的银行承兑汇票遗失为由，向淮安市清河区法院提起公示催告申请，提供了与票款额相当的财产担保；该区法院发出公示催告公告，公告期60日满后无人申报权利，该法院又应A公司的申请作出除权判决，A公司凭判决书领取票款，并请法院解除了财产担保。

次年5月，持票人常州某公司（以下简称B公司）就涉案汇票向承兑行查询，该银行查复已经付款。B公司遂起诉到清河区法院。法院查明A公司因付货款，把自己的汇票交给其他公司，多次转让后，B公司取得了该汇票；诉讼中，B公司以背书连续证明了自己合法取得票据，并证明支付了合理代价。法院认定，被告A公司不是该票据的最后持票人，不享有票据权利，其恶意申请公示催告和除权判决，致使原告丧失票据权利，构成侵权，原告的诉讼请求应予以支持。因此，判决A公司赔偿B公司全部票款及利息，并承担全部诉讼费用。

二、应对策略启示

上述案例为当事方应对伪报票据丧失提供了如下启示：

1. 最后持票人遇到伪报票据丧失问题时，要以最快速度与承兑行联系，提供票据等证据，说明情况，特别要说明自己是最后持票人，同时，如果案件在公示催告期间，要立即向受理公示催告的法院申报权利，请求终止该程序；如果法院已经有除权判决但承兑行尚未向伪报人付款，可请求承兑行协助，暂缓付款；如果已经付款，就要立即向作出除权判决的法院起诉，请求撤销除权判决，判令伪报人赔偿票款及其利息、因诉讼支付的差旅费等损失，并承担诉讼费。

2. 诉讼中的证明责任。须证明：票据有效，背书连续；取得票据支付了合理代价；请求终止公示催告程序的，证明不是在公示催告期间取得票据，请求撤销除权判决的，要证明在公示催告期间有正当理由没有申报，而且是在知道或应当知道除权判决公告之日起一年内起诉（依据《中华人民共和国民事诉讼法》第二百二十三条）。

3. 提供与票款额相当的财产担保，一般是资金担保。

4. 请求赔偿应诉讼所支付的差旅费等损失的，要证明这些损失。

5. 取得胜诉判决书后，承兑行未付款的，凭判决书请求承兑行付款并交付票据，付款银行会要一份判决书原件。

6. 承兑行已向伪报人付款或者退款的，按照执行程序请求法院执行机构执行伪报人的资金或者其他财产。

7. 请求法院解除本企业提供的担保。

二、监管部门规范同业投融资业务，票据业务需加强合规风险控制

2014年，监管部门相继逐项界定并规范了同业拆借、同业存款、同业借款、同业代付、买入返售（卖出回购）等同业投融资业务，并持续开展业务检查。票据理财、双买断嵌套回购、同业代付等商业银行原信贷规模快速释放的渠道受阻，加上监管部门加大了对信贷规模、存贷款比例和资本充足率的管控，在规模约束及政策限制下要完成全年经营利润目标给各商业银行带来压力。为了在较少资本占用的前提下，持续获得可用的信贷规模，票据业务出现各种变通的操作模式，以规避监管政策和完成经营考核任务。这些操作方式在实质上是否符合监管要求，将使商业银行票据业务面临不确定的政策性风险。

三、市场票据错配交易频繁，票据流动性风险加剧

2014年前10个月，票据市场利率进入明显的下降通道，前快后慢，再加上IPO重新启动前，6个月资产与1个月以内资金价格有较大的利差空间，因而催生了错配业务的急剧增长，不仅商业银行进行错配操作，票据中介机构也集中介入了错配业务。各参与机构赚取高额利润的同时，容易忽视票据流动性风险等问题，其中存在的风险问题不可小觑。

票据错配业务在利率下降通道、平稳时期和上升通道里都有获利机会，因其资产期限较短且错配资金较长，风险低于债券交易。但错配业务的关键仍然在于流动性风险控制。金融机构应根据风险承受能力、资金筹措能力和市场交易能力有效控制错配总量，合理安排远期买回时间，错开市场价格敏感时段，均衡分布，分险避险，防止因利润诱惑而盲目放大。作为市场参与主体，商业银行应加强对票据利率和票据业务、产品的研究，探求规律，推陈出新，通过加快经营模式创新和票据业务产品创新，借助票据利率市场化，提高票据资产的安全性、流动性和盈利能力。

四、票据理财业务发展迅猛，蕴藏的风险值得关注

2014年，票据业务搭上互联网金融的快车，金银猫、票据宝、票券通、福银票号、小企业E家等10多家互联网票据理财平台迅速发展，纷纷推出票据理财产品。所有票据互联网理财平台均以高收益、短期限为主要卖点。但是由于票据利率波动性较大，风险控制存在诸多问题。部分票据理财平台开展相关票据理财服务在风险管理、业务资质等方面良莠不齐。深圳"中汇在线"事件就为票据理财敲响了警钟。理财平台风控能力、票据本身真伪性、票据业务真实性等风险已成票据理财业务的达摩克利斯之剑。

从长远看，互联网票据理财是未来票据业务发展的趋势之一。各行业监管部门之间应加强协作，制定切实可行的政策进行规范和引导，规范市场秩序，杜绝监管套利行为，既鼓励业务发展和创新，又能堵住不同监管渠道交叉时的漏洞。

专栏3-3
平台类票据理财产品风险问题

在互联网理财产品销售持续火热的形势下,以银行承兑汇票为投资标的票据理财产品在短时间内异军突起,受到市场的广泛关注。但平台类票据理财背后隐藏的风险同样不容忽视。平台风险控制措施的可靠性和有效性需要审慎考量,投资者应对其中的风险引起足够警觉。

一、平台类票据理财的主要风险

由于平台类票据理财行业发展空间巨大,众多平台中不乏一些投机者,他们对商业汇票的专业知识严重缺乏,对票据理财的风险点更是缺乏认识,忽视风控建设,只是以高收益吸引投资者;甚至有些平台自建资金池,实行自融,给投资者的资金安全带来极大的潜在威胁。

平台类票据理财面临着五个较为明显的问题:一是融资企业有可能提供假票、克隆票、瑕疵票等无效的票据,造成融资方信用风险;二是银行信用风险的发生,即借款企业在到期时未能足额还款,而承兑银行在极端情况下(比如破产倒闭)也无法兑付;三是平台所提供信息的真实性无法核实,不排除平台隐匿不良信息,误导投资者的问题,信息真实性涉及融资企业是否真实存在,资金用途是否真实,质押票据是否真实托管在银行,是否被挪作他用,平台自身是否存在倒闭或跑路等平台信用风险;四是部分平台成立时间较短,其专业资质和能力值得怀疑,应引起投资者的适度警惕;五是部分产品资金投向不明晰,可能平台存在运用资金池运作方式来降低成本。其间一旦出现期限和资金错配、后续资金不足的情况,将可能产生较高的兑付风险。

二、专业票据理财平台应具有的基本条件

结合专业化管理的基本要求,就在线票据理财而言,一个专业的票据理财平台应具备以下几个条件:

1. 平台需要有商业汇票服务行业的专业团队,能够识别假票、瑕疵票、克隆票。此外,专业的平台需要有充足的票据产品,以保证产品的稳定和供需平衡。

2. 信息披露需全面、公开、透明。信息透明能够让投资者对平台的运作模式、风控制度和产品详情等一目了然。而平台的透明化体现在票据实物、票据查询、票据的托管银行回执等关键要素的展示。

3. 平台应真正做到票据托管和资金托管。如果票据没有交由银行托管托收，将有可能被用来进行重复质押融资；另外，只有平台对投资者的资金进行第三方托管才能使平台的经营处于中介地位，保障资金安全。

三、建立行业运行规范和监管机制已迫在眉睫

目前，我国还没有明确的P2P方面的监管文件出台，各方正在着手推动相关监管法规的出台。但票据业务发展迅猛，从2001年到2013年，企业签发的商业汇票的金额已经由最初的每年1.2万亿元增长到2014年的22.1万亿元，增幅达到18倍。金融机构的票据贴现量由当时的1.76万亿元增加到60.7万亿元，增长幅度达到了34倍。可见，建立针对P2P票据理财的运行规范和行业监管机制已迫在眉睫。

首先参照银行的风控系统标准，P2P票据理财的运行规范应该合理设定业务边界，在风险防控方面绝不逾越"四条红线"。一是要明确平台的中介性；二是明确平台本身不得提供担保；三是不得搞资金池；四是不得非法吸收公众存款。只有在保证不逾越这"四条红线"的基本要求之下，P2P票据理财才能真正规范化、合法化，有效降低法律和道德风险。

另外，监管机制的建立，一方面应由专门的管理机构出台权威性的监管标准和业务开展原则；另外，应充分发挥行业自律组织的作用，自发制定行业性的自律公约。通过外部监管和内部监管的有效结合，使监管机制全面化和立体化。

四、建立票据风险信息共享平台能有效降低票据理财风险

从P2P票据理财引申开来，目前我国未能建立统一规范化的票据业务风险信息共享平台，P2P票据理财、伪假票据、票据挂失等重要信息或风险信息尚未对相关业务参与主体实现公开透明，风险信息获知延滞，未能起到风险信息的警戒作用。因此，建立票据风险信息统一共享平台，有效整合、发布目前票据业务流转过程存在的风险，对于引导参与机构合规经营，维护良好的市场秩序，帮助金融机构或投资者分析票据业务状况，科学规避可能存在的风险意义重大。

五、票据中介机构业务经营缺乏规范管理，风险程度居高不下

宏观经济下行压力之下，企业融资难的局面未得到有效缓解。银行承兑汇票的流通性基于承兑行信誉，与出票企业信用关联度不高，通过票据融资，可以在很大程度上解决中小企业融资难的问题。企业出于降低融资成本的需求，倾向于用票据融资替代短期贷款，当从正规金融机构获得相应支持的难度较大时，通过民间票据中介机构渠道解决融资的需求较为旺盛。另外，票据业务的诸多特性使之成为银行调控存贷比的重要工具，具有良好的盈利能力，且风险较低，中小金融机构发展票据业务的意愿强烈。但受人力、财力等诸多因素制约，中小金融机构与大型商业银行相比竞争能力较弱，在追求盈利以及经营考核双重压力之下，促使中小金融机构转向与民间票据中介机构合作。这些因素为民间票据中介机构提供了生存发展空间。

民间票据中介机构在降低交易成本，解决了交易过程中信息不对称问题，充当流通性中介方面发挥了一定作用。但是，民间票据中介机构大多以"投资有限公司"或"咨询公司"的名义存在，处于不受业务监管的灰色地带。民间票据中介机构往往通过伪造增值税发票等形式，对票据进行形式上的包装，帮助企业获取银行贴现资金或者直接为企业提供贴现服务。实践中也时常有伪造的票据经由民间票据中介机构之手，进入市场中流通，形成风险转嫁。由于缺乏风险分散机制的设计，通过票据形成的资金链极易断裂，危及金融安全稳定。2014年，伴随着电子票据业务的发展，中介机构也通过代理等方式接入电子商业汇票系统。

因此，研究如何通过健全监管法律法规，明确民间票据中介机构的地位和性质，将其纳入监管范畴，引导业务正常发展十分必要。此外，持续畅通中小企业票据融资途径也是商业银行落实中央金融服务实体经济要求，增强票据业务可持续发展的关键所在。

第四节　发展趋势

未来一段时期，我国经济发展"新常态"特征逐步显现，经济增长速度将由高速增长转变为中高速增长，经济结构优化升级，金融市场也将在

全面深化改革中与经济新常态相协调，票据市场将呈现出票据融资脱媒和市场参与主体增多、票据资金化运作愈加明显、票据跨市场创新和跨界发展更加深入、电子票据发展逐步加快以及金融机构票据业务差异化经营和盈利模式更趋多元的新常态，票据市场发展将面临多重发展机遇和更多挑战。

一、新常态经济环境下票据融资业务将持续平稳增长

近年来，票据融资规模受货币信贷调控影响而大幅波动，其主要原因在于银行注重大企业和大项目贷款投放，票据贴现成为信贷调节工具，尤其是在货币信贷回归常态后，以房地产投资为代表的固定资产投资类贷款的高增长对票据贴现产生明显的挤压效应。2014年，固定资产投资高位回落在降低经济增速的同时，却为票据融资规模增长提供了机会。从数据来看，2014年新增票据融资规模0.96万亿元，占新增贷款比例达到9.79%，票据贴现在各项贷款中的占比上升至3.6%，比上年末提升了0.84个百分点。新常态下，经济增长方式由投资驱动转变为消费驱动和创新驱动，银行投资类信贷投放进一步放缓，票据融资规模增长将更具可持续性。[①]

二、信息科技应用成为票据业务创新发展的主要推动力

当前，我国互联网金融快速发展，并不断向票据业务领域渗透，互联网票据市场发展呈现新趋势。未来，我国加快构建多层次资本市场体系，利率市场化的稳步推进和互联网金融的跨界发展将进一步加快金融脱媒，促进商业银行加快构建大资管票据业务创新平台，创新发展票据托管、票据理财、票据咨询顾问以及票据代理交易等多类型跨市场票据金融服务业务；同时，互联网票据新业态也将促使银行加快改进电子票据交易平台和创新线上票据业务模式，促进票据融资和投资业务融合发展。

三、利率市场化有助于商业银行票据业务盈利模式更加多元

利率市场化的推进乃至最终实现，短期内将使得票据贴现收益率下降和转贴现交易利差收窄，银行传统票据业务经营模式愈加难以为继。从

---

① 肖小和、邹江、汪办兴：《票据差异化经营业态逐步显现》，载《上海证券报》，2015-01-10。

长期看，由于不同类型银行在资金渠道、资金成本和客户资源上的不同，使得银行在票据业务经营上必然产生不同的风险偏好，随着差异化市场定位和经营转型的深入发展，将进一步提高银行差异化票据金融服务创新意识，有利于不同经营主体错位竞争，从而提高票据市场整体运行效率。[①]

四、票据风险更趋复杂，管控难度加大

从市场风险看，未来票据期限将逐步拉长，贴现转贴现交易资金化使利差空间进一步缩小，且受市场资金价格影响更大，做市机构大规模的票据运作和大量的期限错配套利将蕴含巨大的市场风险；从操作风险看，伪造票和变造票的技术趋向高仿真和高科技化，增加了防控难度。而且一些中小金融机构业务管理薄弱，内部作案及内外勾结作案时有发生，风险防控任务艰巨。

五、法律法规逐步完善，法制环境将得到逐步优化

作为货币市场的重要组成部分，票据市场应当形成相对独立完善的制度法规体系。目前，票据业务管理的法律法规主要是《票据法》、《支付结算办法》等，距离颁布时间已过去近二十年的时间。在这期间，票据市场和票据业务均取得了长足发展，承兑业务、贴现业务的累计发生额和余额较十年前都有了数十倍的增长，业务发展形态和状况也已远远超出当初法律条款所约束规定的范围，比如现行《票据法》滞后于电子票据发展的要求，使电子票据行为尚未获得法律的保护，也使得电子票据流通等行为缺乏完备的法律予以调整。

从票据市场发展方向来看，未来围绕电子票据和互联网展开的体制创新、管理创新、交易创新将是重点方向，同时针对票据信用和票据利率的衍生产品也将得到较快发展，如信用互换、利率互换、远期交易、期权交易等。这些业务可能产生新的问题和风险，需要相关法律法规和监管措施的及时跟进。

---

① 肖小和、邹江、汪办兴：《票据差异化经营业态逐步显现》，载《上海证券报》，2015-01-10。

专栏3-4
电子商业汇票在跨境人民币业务中的应用

近年来,随着互联网金融发展与电子商务运用,电子票据业务交易规模、客户数量呈现快速发展。随着跨境人民币业务的发展,电子商业汇票在跨境贸易中也将进一步发挥重要作用。

目前,跨境人民币业务发展态势良好,按照SWIFT公布数据,2014年3月离岸中心的人民币结算量已升至1.62%,将人民币推至全球支付货币第7位。现已形成中国香港、中国台湾、伦敦、新加坡等10个境外人民币离岸中心,而且还在扩大。目前,在跨境人民币业务当中使用的主要工具是信用证和银行保函,它们的共同特点是:一是银行信用;二是保护付款人;三是费用成本高;四是不可转让,如果要转让必须要把信用证项下的贸易进行转让才有效。

值得注意的是,国际贸易结算主流工具是商业汇票。商业汇票的标准化、保护持票人、可流动转让、法律约束性强等特点奠定了其作为国际贸易结算主流工具的基础。

一、跨境人民币业务需要商业汇票信用工具

在跨境人民币业务当中,有大量的交易是需要商业汇票的,特别是在有进出口业务的企业。在企业的进口和出口存在时间差的情况下,企业就会发生现金流出,但使用商业汇票可以解决时间差,节约现金流出。

例如,当企业既有采购又有进口时,在进口在前、出口在后的情况下,企业可以通过签约一张远期的商业汇票作为支付,到期以后用出口的收汇还进口的付款,解决时间差的问题,节约企业的融资成本。商业汇票还可以体现企业的资信度,国外500强企业希望使用自己的品牌和信用,因为企业自身的信用甚至比银行高,因此企业更愿意用商业汇票。

二、跨境人民币业务引入电票将具有前瞻性

跨境人民币业务引入电票具有前瞻性的意义。电子商业汇票因具有是目前国内电子化支付工具中唯一的信用工具,同时在国内信用工具中又是

唯一的电子化工具的独特性，并可通过互联网完成票据行为，因而可为跨境人民币业务、离岸金融业务（如国际金融租赁、出口卖方信贷、境外工程承包）、电子商务、互联网金融提供了广阔的创新空间，在跨境人民币业务中引入电子商业汇票具有前瞻性意义。

三、电票可有效跨越现行《票据法》对纸质票据跨境使用的限制

《票据法》规定我国的票据只能在境内使用，但是对票据的使用主体是居民还是非居民不做限定，因而境外机构的非居民在我国境内使用票据是合法的。电子商业汇票具有事前审核、事后报备的监管环境，票据交易行为可以限制在境内。电子票据要求开立境内账户，所有的票据行为都在境内，与现行法律规定无冲突。

四、境外机构可以通过境外外汇账户（NRA）参与电票交易

境外机构可以NRA人民币账户身份加入电子商业汇票系统，即将非居民的所有票据行为落地在境内，与境内机构（或自贸区客户FTE账户）开展票据交易，或与其他非居民NRA人民币账户（或自贸区FTN账户、FTU账户）之间开展票据交易。

五、跨境人民币业务的电票交易过程

当发生跨境人民币业务项下的电票交易时，境内机构（或自贸区普通账户）的电票账户系统在识别到与FT系列电票账户（或NRA电票账户）发生交易的信息（账户标识）时，网银系统将主动推送至银行端，经银行对境内机构方所提交的资料核准并完成相关国际收支申报后，境内机构方才可完成该项电票的提示或签收行为，若经审核不符提示或签收条件的，则要求该项电子商业汇票业务的申请人作撤回处理。境外银行可以代理接入方式加入电票系统。自贸区可以借助电子商业汇票平台，吸纳境外人民币参加银行的人民币资金，为自贸区实体经济提供低成本的电子商业汇票贴现。境外人民币参加银行可以代理接入方式加入电票系统，在此模式下，所有境外银行与自贸区银行或自贸区机构之间都可以开展电子商业汇票项下的所有票据交易，实现跨境融资自由化，以此促进人民币在境外的循环运用。

第四章　银行卡

2014年，我国银行卡市场保持平稳、较快发展，各项业务指标继续保持增长态势。信用卡发卡量同比增速放缓，金融IC卡发卡量增长迅猛；刷卡消费业务显著增长，银行卡渗透率比上一年上升0.25个百分点；信用卡贷款授信使用率持续上升。银行卡创新活跃，产品丰富，已成为我国居民个人使用最频繁的非现金支付工具，亦是商业银行中间业务的重要载体和个人金融业务综合平台，在各类支付工具中的占比上升。

银行卡受理网络加速向二三线城市和广大农村地区延伸，银行卡受理市场环境持续改善。新型支付工具和渠道的运用，使得线上线下收单业务的边界日益模糊，收单市场格局不断变化调整。银行卡业务风险总体可控，信用风险有所上升，预授权业务风险等信用卡外部欺诈风险防控压力进一步加大。随着国内银行卡转接清算市场开放政策的明确、开放竞争格局的形成，银行卡转接清算市场迎来重大变革。

第一节　银行卡市场总体情况[①]

2014年，我国银行卡发卡量继续保持稳步增长，借记卡与信用卡累计发卡量之比约为9∶1。发卡增速有所放缓，前十大商业银行发卡量仍占较大比重；银行卡业务笔数、金额有所增加，金额增速有所下降；银行卡消费业务增长显著；银行卡受理市场得到进一步完善，联网POS终端和ATM终端规模保持较高增长速度；境外银联卡发卡量保持较高增长速度，银行卡国际化整体步伐加快。

---

① 数据来源：人民银行发布的《2014年支付体系运行总体情况》。

一、银行卡发卡量保持快速增长,信用卡增速放缓明显

截至2014年末,全国累计发行银行卡49.36亿张,较上年末增长17.13%,增速放缓2.10个百分点。其中,借记卡累计发卡44.81亿张,较上年末增长17.20%,增速放缓2.16个百分点;全年新增借记卡6.58亿张,同比增长6.13%,增速放缓8.9个百分点;信用卡累计发卡4.55亿张,较上年末增长16.45%,增速放缓1.58个百分点,全年新增信用卡0.64亿张,同比增长6.67%,增速放缓23.76个百分点,增速放缓的主要原因:一是信用卡发卡量基数较大,一、二线城市信用卡市场已渐趋饱和;二是我国经济形势产生周期性变化,经济整体下行影响消费市场增长,对信用卡增速亦有所抑制。从银行卡的卡种结构来看,借记卡累计发卡量和信用卡累计发卡量分别占银行卡总量的90.78%和9.22%,借记卡累计发卡量占比较2013年上升0.06个百分点,信用卡累计发卡量占比较2013年下滑0.06个百分点。

截至2014年末,全国人均持有银行卡3.64张,较上年末增长17.04%。其中,人均持有借记卡3.30张,同比增长17.02%,人均持有信用卡0.34张,较上年末增长17.24%。信用卡人均持卡量仍然低于发达国家平均水平。

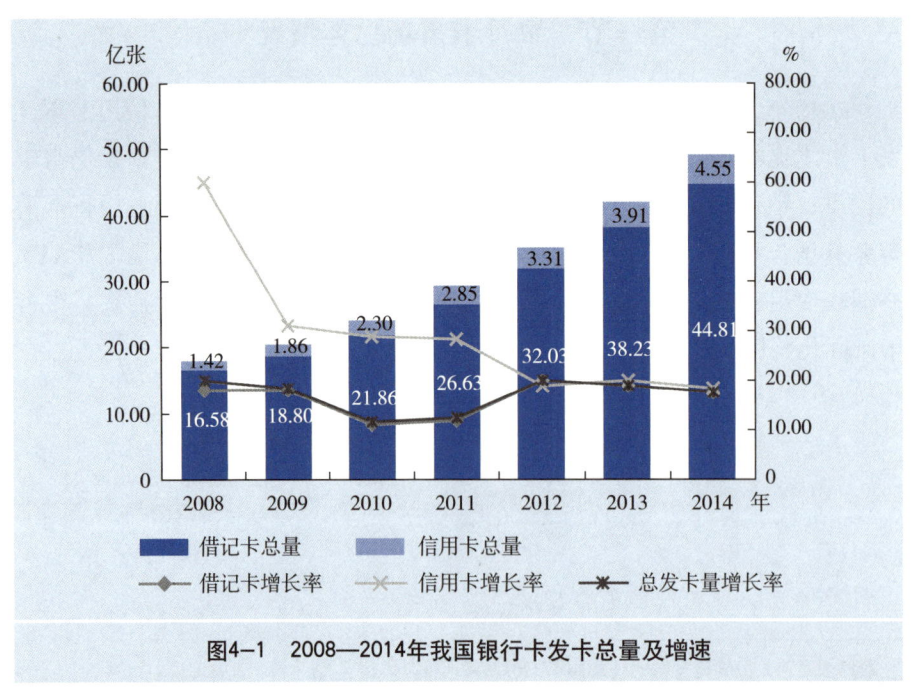

图4-1 2008—2014年我国银行卡发卡总量及增速

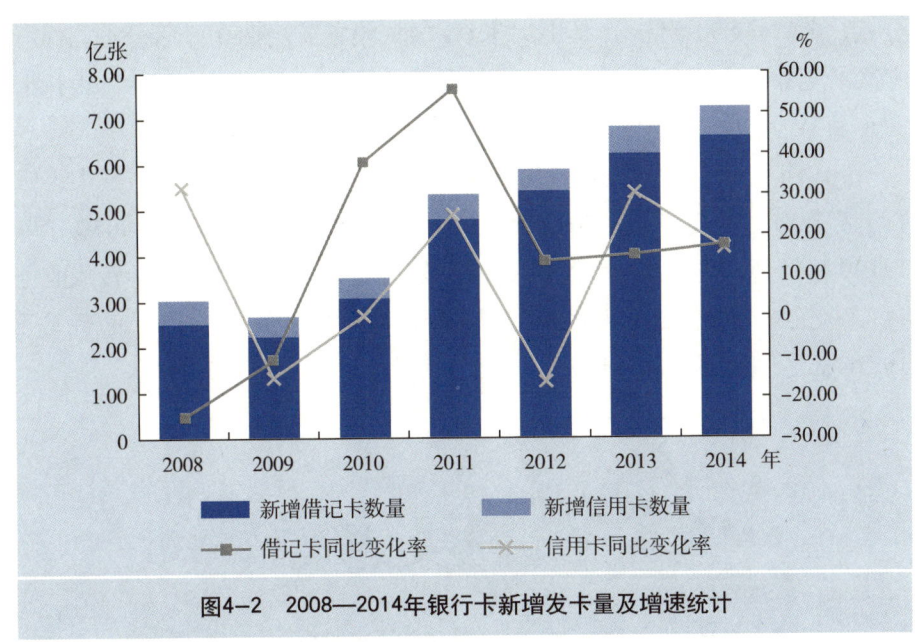

图4-2 2008—2014年银行卡新增发卡量及增速统计

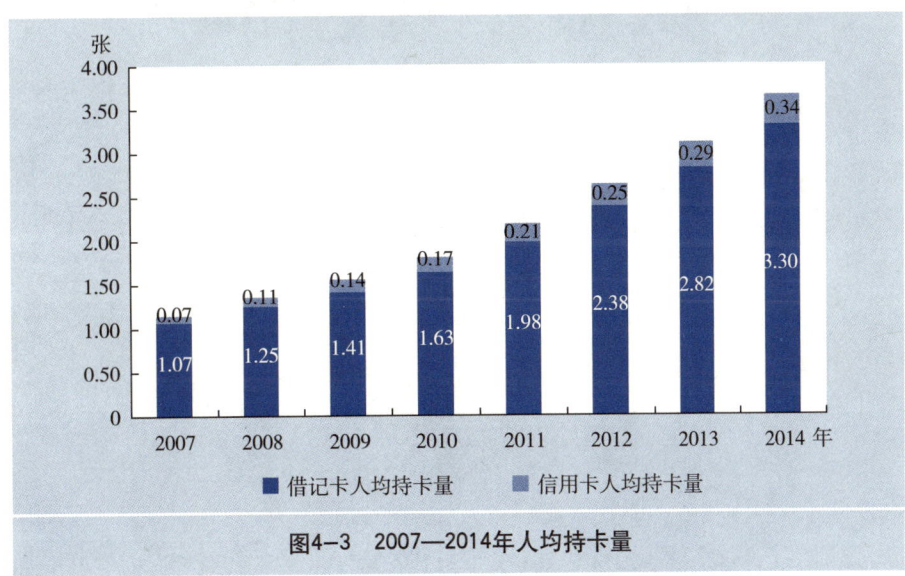

图4-3 2007—2014年人均持卡量

二、银行卡交易量持续增长，交易金额增速放缓

随着银行卡受理市场建设的稳步推进，银行卡业务量迅速增加。2014年全国共发生银行卡交易595.73亿笔，同比增长25.16%，增速加快2.85个百

分点；金额449.90万亿元，同比增长6.27%，增速放缓16.01个百分点。银行卡交易笔数和金额分别占非现金支付业务总量的94.93%和24.76%，银行卡在小额零售支付领域中继续发挥着重要作用。

2014年，银行卡各类业务均有所增长，消费业务增长显著。其中，银行卡存现87.90亿笔，金额70.64万亿元，同比分别增长10.68%和6.05%；取现199.11亿笔，金额74.41万亿元，同比分别增长9.90%和5.10%；转账业务111.18亿笔，金额262.46万亿元，同比分别增长29.79%和3.28%；消费业务197.54亿笔，金额42.38万亿元，同比分别增长52.30%和33.16%。

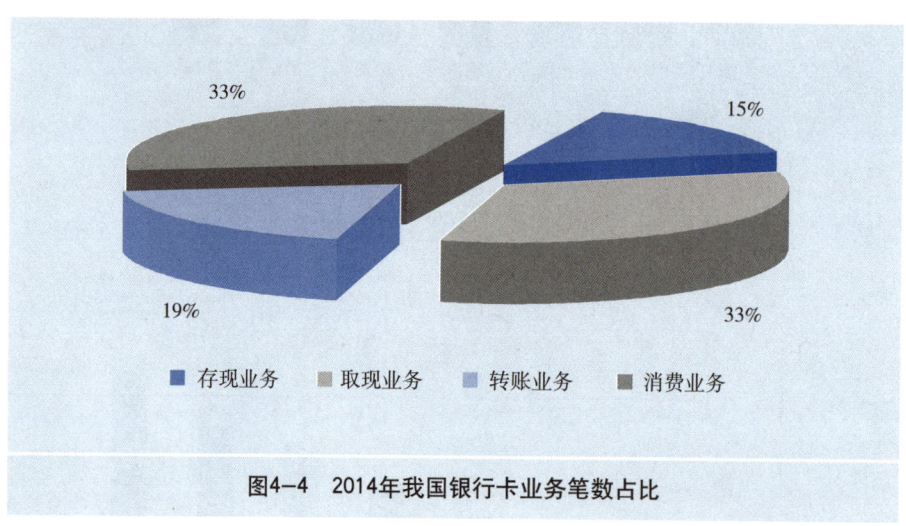

图4-4　2014年我国银行卡业务笔数占比

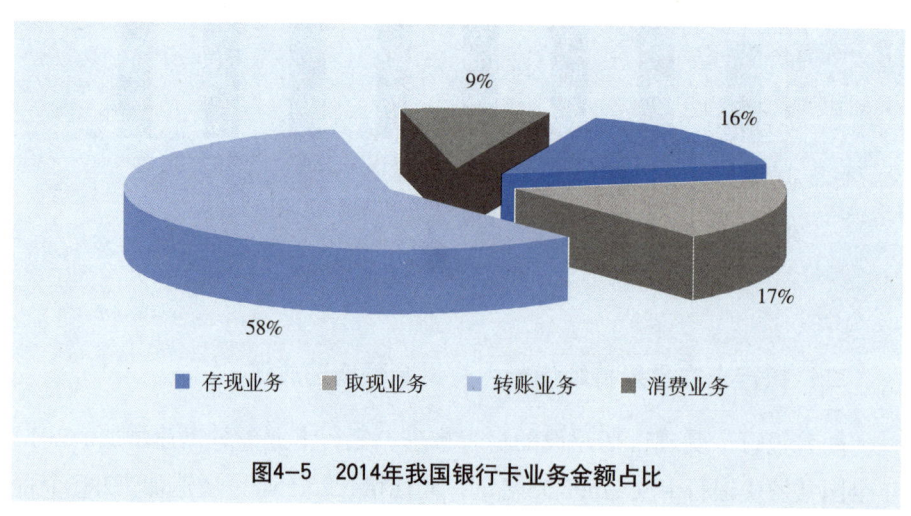

图4-5　2014年我国银行卡业务金额占比

2014年，全国银行卡人均消费金额达30 984元[1]，同比增长32.46%；银行卡卡均消费金额为8 586元，同比增长13.66%；银行卡笔均消费金额2 145元，同比下降12.59%。银行卡跨行消费业务82.80亿笔，金额28.64万亿元，同比分别增长21.82%和20.59%，分别占银行卡消费业务量的41.92%和67.58%。全年银行卡渗透率达47.70%，与上一年相比略有上升。2014年，我国国内生产总值（GDP）636 463亿元，[2]银行卡消费金额占66.59%，比上一年提高10.55个百分点，银行卡消费对推动社会消费品零售市场发展发挥了积极作用。

三、市场参与主体持续增加，受理环境不断完善

截至2014年末，全国银行卡收单机构881[3]家，包括742家商业银行及139[4]家支付机构。其中，已获得人民银行支付业务许可证获准从事银行卡收单业务的支付机构共62家，新增8家（两家为增项审批），市场参与主体数量持续增加。

截至2014年末，银行卡跨行支付系统联网商户达1 203.40万户，同比增长57.62%，增速与上一年基本持平，新增商户439.93万户；联网POS机具达到1 593.50万台，比上年增长49.88%，比上一年提高0.51个百分点，新增联网POS机具530.29万台；联网ATM设备累计达到61.49万台，同比增长18.25%，增速比上一年下降6.87个百分点，新增联网ATM设备9.49万台。截至2014年末，每台ATM对应的银行卡数量为8 027张，较上年末下降0.95%；每台POS机对应的银行卡数量为310张，较上年末下降21.72%，银行卡受理环境进一步完善。

---

[1] 根据人民银行《2014年支付体系运行总体情况》银行卡消费金额及国家统计局2014年末人口基数（136 782万人）计算得出。
[2] 数据来源：中华人民共和国国家统计局官网。
[3] 数据来源：中国银联。
[4] 截至2014年底，包括获得银行卡收单、网络支付、移动支付和固定电话支付业务许可的支付机构。

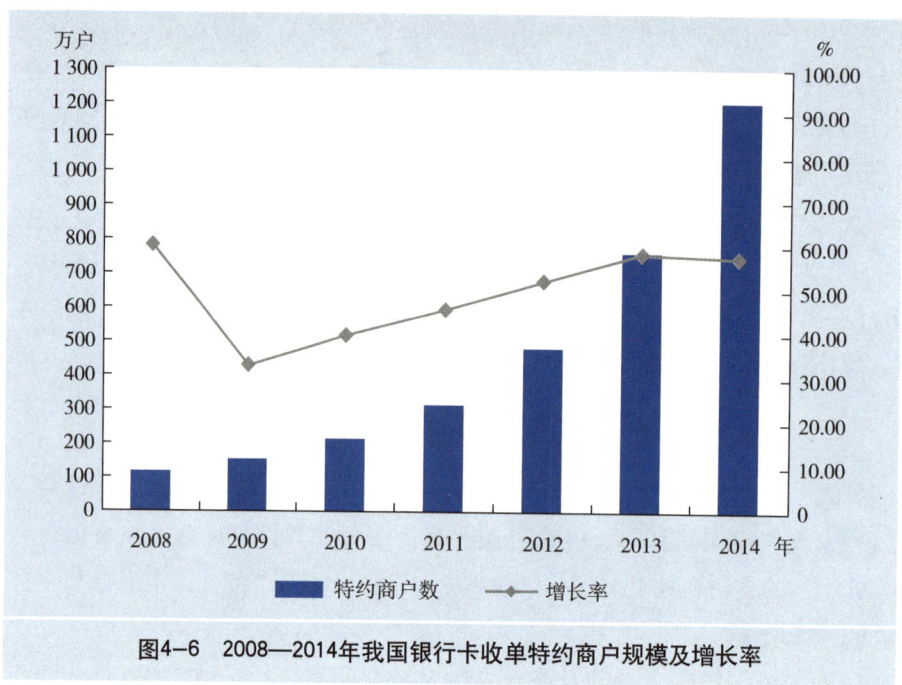

图4-6 2008—2014年我国银行卡收单特约商户规模及增长率

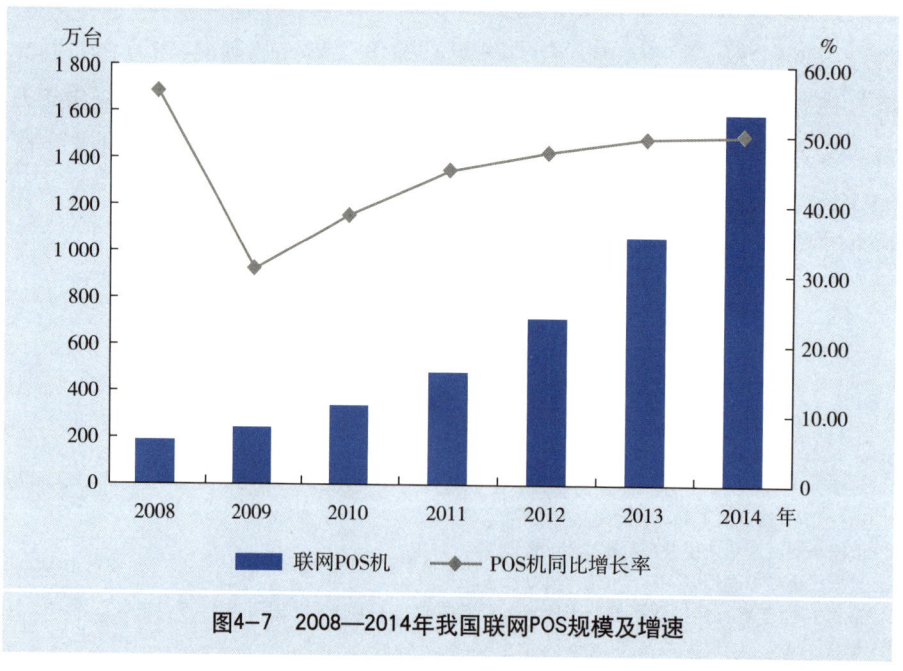

图4-7 2008—2014年我国联网POS规模及增速

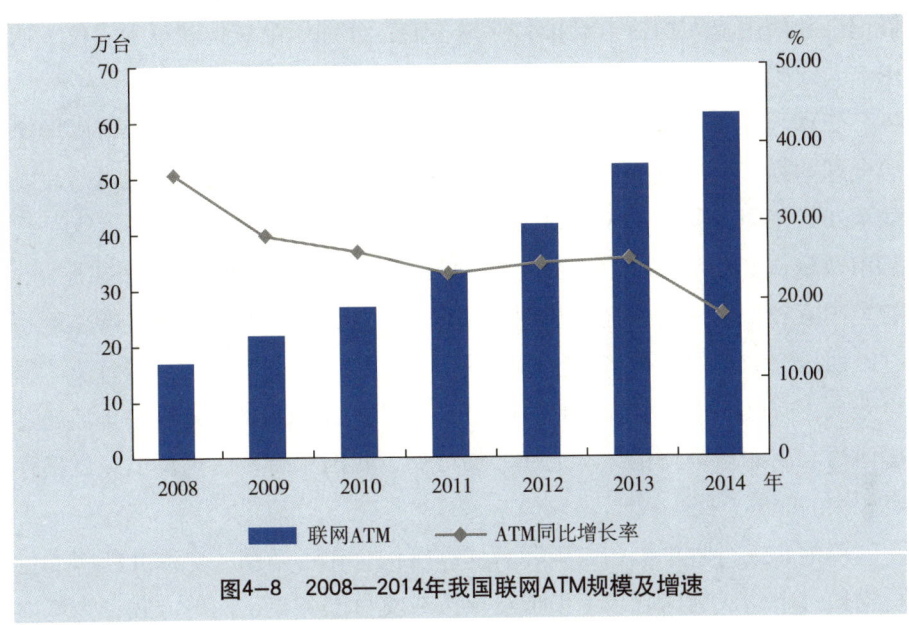

图4-8　2008—2014年我国联网ATM规模及增速

国家在大力推进农村金融基础设施建设、全面深化农村支付服务方面已初显成效，农村银行卡受理环境进一步改善。2014年，全国开办农民工银行卡特色服务的涉农金融机构共办理取款业务1 157万笔，金额185亿元。全国累计共设立银行卡助农取款服务点92.31万个，布放受理终端（含POS机、电话支付终端和ATM等）93.70万台，比上一年分别增加7.11万个和7.10万台，构建起了支农、惠农、便农的"支付绿色通道"。

四、境外银联卡发卡量保持较快增长，国际化整体步伐加快[①]

银行卡产业在金融体系中占据重要位置，银行卡产业的健康发展对于促进消费、减少现金流通、降低交易成本、加强反洗钱、扩大税基、提升国际形象、促进关联产业发展具有积极意义。近年来，我国银行卡产业取得了一系列突破性的进展，已逐渐成为全球最具发展潜力的银行卡产业大国。

发卡市场方面，我国银行卡发卡总量稳居全球首位，发卡增速较快。截至2013年底，在支付结算体系委员会（CPSS）统计的23个国家和地区当中，我国银行卡人均持卡量超过加拿大、澳大利亚，排名第五位。其中，

[①] 数据来源于中国银联。

借记卡和信用卡人均持卡量排名保持不变，分别居第三位和第十六位，信用卡人均持有量较发达国家还有一定差距。

受理环境方面，我国银行卡受理终端总量大，2013年终端布放增速居全球前列，其中POS终端增速居全球首位，但人均数量排名相对落后。截至2013年底，我国ATM总数仅次于美国，增速全球第一，每百万人平均ATM数量从2012年底的308台上升到2013年底的382.15台，在CPSS统计的22个国家和地区中排名超过墨西哥和瑞典，居第十九位；POS终端总量超过巴西居全球首位（排名不包含美国），[1]以49.4%的增速居全球首位，每百万人占有POS机量为7 814台，在CPSS统计的20个国家和地区中排名超过墨西哥和南非居第15位。从上述数据可见，我国银行卡受理环境建设仍存有较大的改善空间。

境内非银行收单机构与国际卡清算机构合作不断深入。部分获牌支付机构通过申请成为国际卡组织成员单位或支付服务提供商的方式，为境内外商户提供银行卡收单业务。国际卡组织通过国内银行类会员单位传导对支付机构的管理要求，或对支付机构进行资质认证以控制银行卡支付业务风险，保护持卡人合法权益和银行卡品牌形象。2014年，四家支付机构通过了Visa的合格服务提供商认证（Qualified Service Provider，QSP），成为可以在中国境内开展Visa卡收单的合格服务提供商。

中国银联作为本土银行卡品牌专营机构，积极致力于拓展国际市场。2014年，银联国际与澳大利亚西太平洋银行（Westpac）、缅甸合作社银行（CO-OPERATIVE BANK）、柬埔寨ABA等银行签署合作协议，约定全面加快银联卡业务合作；与全球领先的支付服务提供商Global Collect达成网上支付业务合作，与加拿大最大收单机构Moneris签署合作协议，扩大银联卡使用范围。截至2014年底，中国银联初步构建了覆盖150个国家和地区的国际受理网络，新增古巴、美属萨摩亚、美属维尔京群岛等9个国家及地区。[2]主要商业银行累计境外发卡数量达0.37亿张，境外可受理银联卡商户1 427.7万户、境外可受理银联卡POS终端826.40万台（仅含密码POS）、

---

[1] 在CPSS统计数据的国家中不包括美国的数据。
[2] 其余六个国家和地区为阿塞拜疆、库克群岛、所罗门群岛、萨摩亚、以色列、沙特阿拉伯。

ATM 117.70万台；2014年，中国银联转接清算系统处理银行卡跨行交易187亿笔、交易金额41万亿元人民币，约合7万亿美元，从交易规模来看，已经接近全球主要国际卡组织规模，已初步发展成为立足中国、走向全球的支付卡组织。

据尼尔森报告统计，2014年，美国运通、大来卡/Discover、JCB、万事达、银联和Visa共同创造了1 955.6亿笔消费交易，比上一年增加242.8亿笔，同比增长14.2%。在每100美元的交易中，Visa和万事达占55美元，比上一年下滑4美元。其中，每100美元中Visa占37美元，较上一年40美元有所下滑；中国银联占38美元，较上一年的33美元有所上升，继续保持交易金额最高增速；交易笔数中银联卡占比超过10%，信用卡和借记卡分别占5.45%和4.65%，与其他国家相比，表现为单笔消费金额较高的特征，与近年来我国居民消费能力的强劲增长密不可分。

在经济全球化和中国经济快速发展的背景下，国内商业银行也加快了国际化发展进程，在为国内外持卡人提供更加便利的用卡服务的同时，逐渐提升了国内银行卡产业的国际影响力和竞争力。2014年7月，建设银行与Visa、JCB及AE合作开展外卡收单专项营销活动，其子公司建行亚洲在香港地区发行信用卡，包括银联、Visa、万事达信用卡。2014年底发卡量为75万张，主要合作机构包括本地公交公司八达通、保险公司AIG。该行携手万事达卡国际组织，推出龙卡电子钱包，基于先进的MasterPass平台，安全绑定客户信用卡和配送地址，可实现"一键式支付"，使跨境互联网消费更为方便快捷。

第二节　运行特点

一、发卡及收单市场行业集中度较高，前十大发卡机构应偿信贷余额仍占较大比重

2014年，全国商业银行累计发行银行卡49.36亿张，其中工商银行、农业银行、中国银行、建设银行、交通银行和中国邮政储蓄银行等6家银行累计发卡量合计为34.52亿张，占全国银行卡累计发卡量的69.94%，同比提高0.78个百分点，行业集中度有所回升。

发卡量排名前十的商业银行发卡量合计为37.81亿张，占全国银行卡累计发卡量的76.60%，同比提高2.12个百分点。10家发卡机构信用卡发卡量在1 000万张以上，其中，五家大型商业银行信用卡合计发卡2.96亿张，工商银行信用卡累计发卡量首破1亿张大关，稳居亚太地区第一；12家[①]全国性股份制商业银行信用卡合计发卡1.36亿张，招商银行以5 981万张在股份制银行中排名第一；广发银行累计发卡量超过3 000万张，排名第二；中信、光大、民生紧随其后，其中，民生银行累计发卡量超过2 000万张，迈上一个新台阶。北京、上海信用卡人均拥有量仍远高于全国平均水平，分别达到1.70张和1.33张。

表4-1　　　　2014年国内前十大银行发卡机构排名

单位：万张

排名	发卡机构	累计发卡	新增发卡
1	中国邮政储蓄银行	78 011	11 157
2	中国农业银行	76 674	9 385
3	中国建设银行	70 589	12 188
4	中国工商银行	60 532	7 893
5	中国银行	40 980	6 531
6	交通银行*	13 468	1 678
7	招商银行	10 129	2 878
8	光大银行**	7 433	743
9	中国民生银行	4 827	611
10	上海浦东发展银行	4 525	227

注：*交通银行年报，借记卡和信用卡发行数量合计。
**光大银行年报，借记卡和信用卡发行数量合计。
资料来源：中国支付清算协会统计数据及各商业银行2014年年报。

---

① 12家全国性股份制商业银行包括招商银行、中信银行、华夏银行、中国光大银行、上海浦东发展银行、中国民生银行、兴业银行、广发银行、平安银行、浙商银行、渤海银行、恒丰银行。

表4-2　　　　　2014年国内主要发卡机构信用卡发卡排名

单位：万张

排名	发卡机构	累计发卡	新增发卡
1	中国工商银行	10 056	1 251
2	中国建设银行	6 593	1 392
3	招商银行*	5 981	860
4	中国农业银行	5 138	699
5	中国银行	4 787	597
6	交通银行	3 628	608
7	中信银行	2 460	382
8	中国光大银行	2 377	376
9	中国民生银行	2 055	315
10	平安银行**	1 643	262

注：*2013年数据是以流通卡数量计数。
**数据为平安银行流通卡数量。
资料来源：各商业银行2014年年报。

截至2014年末，我国信用卡授信总额为5.60万亿元，同比增长22.50%；信用卡期末应偿信贷总额为2.34万亿元，同比增长26.75%；五家大型商业银行和中国邮政储蓄银行6家银行应偿信贷总额为1.33万亿元，占全部信用卡应偿信贷总额的56.84%；国内排名前十的商业银行信用卡应偿信贷总额合计为1.97万亿元，占全国信用卡应偿信贷总额的84.19%。信用卡卡均授信额度1.23万元，授信使用率41.69%，较上年同期提高1.40个百分点。

在纳入统计的147家[①]收单机构中，2014年收单交易笔数为212.48亿笔，金额为34.15万亿元，线上收单和线下收单交易金额分别为8.49万亿元和25.66万亿元。前十大收单机构收单交易额占收单总额的79.94%，其中支付机构有5家。支付机构类收单机构银行卡收单业务占收单交易总额的

---

① 数据来源：以向协会报送数据的69家银行和78家支付机构数据为基础统计。

45.68%，线上收单和线下收单交易金额分别为7.76万亿元和7.84万亿元，占比分别为49.74%和50.26%。收单业务量排名前十的支付机构占支付机构交易额的88.36%。收单业务量排名前十的商业银行收单金额占商业银行整体收单交易额的94.44%，商业银行类收单机构银行卡收单业务量占收单交易总额的54.32%，线上收单和线下收单交易金额分别为0.73万亿元和17.82万亿元，占比分别为3.94%和96.06%，商业银行银行卡收单业务仍以线下收单业务为主。其中，5家商业银行线下收单业务交易额占自身收单业务交易额均在90%以上。

二、发卡银行及收单机构持续深挖市场潜力，致力于提升产品和服务内涵

发卡银行在银行卡产品体系整体规划和建设力度方面普遍发力，不断细分客户市场，扩充卡产品设计维度，丰富卡产品分类，并针对目标客户推出满足持卡人个性化、多样化、精准化需求的产品，巩固客户黏性，提升市场竞争能力。

2014年，市场银行卡产品日益丰富，国内发卡机构共发行多达7 298款卡产品。工商银行结合客户境外消费需求，推出工银环球旅行全币种卡产品，持卡人可享受航空、酒店、购物休闲等10大行业全球精选特惠服务；农业银行基于细分客群需求，加快产品研发和整合，重点打造环球商旅等系列商旅产品、女性产品、小白金等产品；交通银行针对信用卡用户开展了"境外Shopping，约'惠'世界"、"最红星期五—社区大聚惠"、"沃德八周年，百万回馈"等刷卡促销活动；招商银行针对公司客户和上市公司投资者推出"生命银行卡"，主要涵盖基因检测及基因数据储存、抗衰老等个性化治疗；平安银行在平安集团综合金融战略指导下，构建融合车主服务、交易服务、金融服务于一体的"车主综合金融生态圈"推出平安车主信用卡；光大银行在产品创新方面重点开发了"阳光致尚存贷合一钻石卡"和"Visa境外优卡"，在产品设计、年费价格以及引入渠道方面都进行了优化；中信银行携手百度贴吧发行系列信用卡，集吧友情感认同、身份象征、贴吧特权、信用卡功能、特惠商户于一身，针对吧友的共同兴趣、爱好量身定制，为广大吧友提供独具特色的O2O模式的消费金融和支付服务。

另外,各发卡机构在信息渠道建设方面加大投入,加强在电子渠道银行卡产品和服务创新方面的应用,创建了发卡机构与持卡人之间的社交化营销服务模式,满足持卡人多元化的支付需求。工商银行研发了移动即时通信平台,为客户提供语音、文字、图片等智能服务,客户安装"工银融e联"APP后,即可享受优质在线服务;农业银行以数据挖掘为手段,深化客户生命周期管理和客户分层管理,针对高、中、低端客户设计实施个性化的维护和回馈方案,通过产品升级、主动提额、专项促销、客户关怀等策略组合,促进提高忠诚度与用卡活跃度。平安银行推出信用卡专属手机客户端平安天下通,致力于搭建信用卡互联网服务平台,为客户提供全方位自助服务。

表4-3　　　　　　部分商业银行银行卡创新产品及创新服务

单位名称	卡种	创新产品
工商银行	借记卡	推动芯片加载社保、医疗、交通、教育、eID（电子身份认证）行业应用,促进一卡多应用
	信用卡	升级航空联名卡为全币种信用卡；推出全币种信用卡——工银环球旅行信用卡；推出工银爱（I）运动信用卡
农业银行	借记卡	针对资金结算频繁的专业市场商户、个体工商户及个人客户等推出金穗网购卡,满足持卡人灵活多变的结算需求,降低结算成本
	信用卡	重点打造环球商旅、漂亮妈妈女性、小白金等产品；提升"乐亨周六"、"乐游天下"等信用卡子品牌的影响力；推出漂亮妈妈卡、吉祥航空联名卡、喜羊羊与灰太狼联名卡等IC信用卡产品；发行江西赣通卡、湖南交通卡等ETC、交通应用类产品
中国银行	借记卡	大力拓展与社会保障、医疗卫生、公共交通、社区金融和文化教育等重点行业合作；加强移动支付等产品创新力度,推出创新移动金融产品；推出异形卡等金融IC卡新产品
	信用卡	面向中高端商旅客户和国航知音银卡会员推出凤凰知音国航白金卡；面向留学、外派、商旅等跨境客户推出长城国际卓隽卡；推出长城环球通自由行卡（韩国版）
建设银行	借记卡	大力拓展与社会保障、医疗卫生、公共交通、社区金融和文化教育等重点行业合作；加强移动支付等产品创新力度,推出创新移动金融产品；推出异形卡等金融IC卡新产品
	信用卡	发行全行首款跨商圈、综合化、平台性产品——龙卡热购信用卡；推出龙卡全球支付卡全系列产品,涵盖金卡、钛白金卡、标准白金卡三大等级；推出符合EMV标准的龙卡IC信用卡；以冬奥会、足球世界杯为契机,发行龙卡奥运信用卡、龙卡足球世界杯信用卡；面向影视、动漫爱好者,发行龙卡变形金刚4主题信用卡、龙卡超级英雄信用卡；面向符合条件的三农类企业下游农户研发推出龙卡益农信用卡

续表

单位名称	卡种	创新产品
交通银行	借记卡	积极开展金邻卡、无介质借记卡、多币种借记卡等业务创新,推出适用于移动支付的独立IC卡、太平洋黄金财富卡等多款创新产品
	信用卡	联合全国近150个城市的约3 000家超市共同举办了"超级最红星期五"、"餐饮超红季—码上有红包"、"沃德八周年,百万回馈"等刷卡促销活动
招商银行	信用卡	招商银行针对公司客户和上市公司投资者推出"生命银行卡",主要涵盖基因检测及基因数据储存、抗衰老等个性化治疗
华夏银行	借记卡	开发并发行了以"协同发展京津冀,三地互通如同城"为特色的全国首张京津冀协同卡;针对ETC客户还推出了ETC客户信用卡积分抵扣ETC通行费服务。开通了银联全球速汇境外汇入业务、炒汇功能等
	信用卡	升级了尊尚卡、白金卡、钛金卡等中高端信用卡产品;进一步优化原有ETC信用卡;进一步优化现有易达业务及流程,对官方微信公众平台(华夏银行信用卡中心)进行了金融功能升级,可通过信用卡微信平台查询账单、积分、额度、卡片激活等业务
光大银行	借记卡	推出了带有高速公路通行应用的ETC卡以及带有社保应用的社会保障卡等金融IC卡
	信用卡	重点开发了阳光致尚存贷合一钻石卡以及Visa境外优卡
中信银行	信用卡	携手百度贴吧发行系列信用卡,集吧友情感认同、身份象征、贴吧特权、信用卡功能、特惠商户于一身,针对吧友的共同兴趣、爱好量身定制,为广大吧友提供独具特色的O2O模式的消费金融和支付服务

注:信息来源为各商业银行给中国支付清算协会的调研反馈。

从事银行卡收单业务的非金融支付机构以收单业务为入口,围绕客户多元化、差异化需求,挖掘数据、流量优势,利用信息流和资金流的整合叠加创造更多有价值的服务,推出多种创新产品及增值服务,有效满足了商户特别是小微企业融资、投资理财等方面的综合需求。

一是通过与商业银行、基金公司合作,整合双方专业资源,发挥资源协同效应,通过对商户数据价值的挖掘和利用,为商户提供融资、理财等增值服务,提升盈利能力水平。通联支付与浦发银行合作,利用互联网手段改变传统融资模式。一方面,利用技术创新手段实现全线上流程,简化贷款过程;另一方面,重建授信模型,基于掌握的收单大数据对小微企业进行授信和道德风险控制,帮助其解决融资难题。同时,通过与基金管理公司合作对接货币基金，使商户闲散资金获得理财收益。易宝支付与平安银行展开合作，向存量商户提供POS流水贷服务，在商户同意的前提下向平安银行提供交易流水，由银行向商户提供贷款。快钱推出"快钱快易融"产品，商户凭借交易流水即可申请融资，有效降低了企业的综合融资成本。

二是依托自有平台提供撮合服务。银联商务依托自有品牌"天天富"金融服务平台，为小微商户的融资难问题提供了解决方案。截至2014年底，平台合作机构包括全国性股份制银行4家，P2P平台产品1家，商业保理产品1家及若干地方性银行，上架产品涵盖在线POS贷、商业保理、P2P贷款等。

三是通过产品和服务创新为商户引流，提升银行卡收单业务体验，引发收单市场格局和份额的变化。非金融支付机构借助新型收单技术和服务，积极拓展收单市场，引致收单市场格局和份额的变化。例如支付机构依托O2O业务模式，推出条码支付，吸引众多消费者进入实体店消费，为商户引流成效显著。

三、银行卡走进"芯"时代，金融IC卡逐步替代磁条卡[①]

金融IC卡与传统磁条银行卡相比，在安全性和便利性方面优势突出。2014年是我国金融IC卡全面换"芯"的关键之年。支持政策的连续出台以及受理环境的改善，为金融IC卡保持高速增长提供了持续动力。发卡量突破10亿张，在公共交通、医疗卫生等领域的应用持续推进，应用场景不断丰富。

金融IC卡已成为商业银行新发卡中的主体部分。截至2014年末，全国共有228家商业银行发行金融IC卡，比2013年同期增加82家；金融IC卡累计发卡量达12.26亿张，较2013年底新增6.34亿张。2014年，金融IC卡跨行交易笔数为24.15亿元，交易金额为6.15亿元，同比分别增长2.5倍和3.8倍。

---

① 金融IC卡相关数据来自中国银联。

受理环境的完善是金融IC卡实现规模化应用的关键。2014年，金融IC卡受理环境日臻成熟。截至2014年末，全国1 593.5万台终端已基本完成金融IC卡受理改造，新增非接触式POS终端370万台，累计超过620万台。

金融IC卡发卡规模的不断增长以及受理环境的逐步完善，从两个方面为金融IC卡在公共交通、医疗卫生、文化教育领域的便民惠民支付打造了良好的外围环境。在公共卫生领域，7月，国家计生委与银联联手推出居民健康卡项目，升级技术标准，截至2014年底，该卡种已累计发行800万张。在公交应用方面，交通部在制定《城市公共交通IC卡技术规范（试行）》中引入了PBOC3.0标准，在北京、石家庄等地开展出租车IC卡应用试点。铁路总公司也出台了铁路行业金融IC卡应用规范，IC卡刷卡过闸机业务已覆盖11条高铁路线。截至2014年底，全国150多个县级以上城市实现了公交领域金融IC卡应用。在青岛世界园艺博览会期间以及南京青年奥林匹克运动会期间，非接触金融IC卡大显身手，为展会和参观者提供了门票、餐饮、纪念品、自助售货等多种支付便利。

专栏4-1
2014年人民银行发布的金融IC卡行业政策

1.《中国人民银行办公厅关于进一步扩大金融IC卡在公共服务领域应用工作的通知》（银办发〔2014〕22号）

2014年1月27日，为贯彻落实十八届三中全会"增加各类公共服务提供"、"发展普惠金融"和"保障和改善民生"的相关要求，以及《国务院关于促进信息消费扩大内需的若干意见》（国发〔2013〕32号）中提出的"大力推进金融集成电路卡（IC卡）在公共服务领域的一卡多应用"，作为促进信息消费、实施信息惠民工程的重要举措，人民银行正式下发《中国人民银行办公厅关于进一步扩大金融IC卡在公共服务领域应用工作的通知》（以下简称22号文），决定进一步扩大金融IC卡在公共服务领域的应用,在47个应用城市的基础上,新增63个城市。

2.《中国人民银行办公厅关于做好2014年金融IC卡推广工作的通知》(银办发〔2014〕57号)

2014年3月12日,人民银行下发《中国人民银行办公厅关于做好2014年金融IC卡推广工作的通知》,对2014年金融IC卡推广工作进行部署。一是要求切实提高金融IC卡芯片使用率,引导存量磁条卡升级,推动风险转移政策的落实,推进复合卡降级交易逐步关闭。二是持续推进金融IC卡在公共服务领域一卡多应用。充分利用电子现金小额快速支付功能,推动在医疗卫生、公共交通、文化教育、小微企业等领域的应用。人行各分支机构应结合当地政府实施信息惠民工作、创建电子商务示范城市、建设智慧城市、开展区域性改革创新试点等契机,推动金融IC卡在民生服务、产业转型、经济发展等领域发挥作用。三是进一步做好金融IC卡推广环境建设。完善金融IC卡电子现金跨行圈存环境、调整优化受理终端操作流程、推动非接触式受理终端布放、加大IC卡软环境建设。四是继续推进金融IC卡发行,2014年国有商业银行以金融IC卡新增发卡量占比90%为目标,股份制商业银行(含邮储)以60%为目标,各金融IC卡应用城市以50%为目标。尽快完成发卡收单受理环节的改造,引导PBOC 3.0标准卡成为发卡主流。五是鼓励自主安全可控芯片及算法应用,推动金融IC卡创新应用。

3.《中国人民银行办公厅关于逐步关闭金融IC卡降级交易有关事项的通知》(银办发〔2014〕107号)

2014年5月13日,为落实国务院有关实施惠民信息工程、加强金融信息安全有关工作要求,进一步发挥金融集成电路(IC)卡安全优势,提升银行卡安全交易水平,按照金融IC卡发展整体规划,人民银行下发了《中国人民银行办公厅关于逐步关闭金融IC卡降级交易有关事项的通知》,要求各发卡银行、收单机构按照《关闭ATM、POS金融IC卡降级交易技术实施方案》,于2014年8月31日前做好关闭境内ATM渠道降级交易相关工作,于10月31日前做好关闭境内POS渠道降级交易相关工作。

4.《中国人民银行办公厅关于做好金融IC卡与移动金融宣传工作的通知》(银办发〔2014〕141号)

2014年6月26日,为贯彻落实国务院关于信息惠民工作的有关要求,加大金融IC卡与移动金融宣传力度，切实提高金融IC卡的使用率，为2015年全面发行金融IC卡、逐步推广安全可信移动金融应用奠定基础，人民银行下发了《中国人民银行办公厅关于做好金融IC卡与移动金融宣传工作的通知》，就做好相关宣传工作作出部署。

5.《中国人民银行办公厅关于进一步做好金融IC卡应用工作的通知》（银办发〔2014〕246号）

2014年11月3日，在金融IC卡应用环境不断成熟、成为商业银行发卡的主流产品的良好态势下，人民银行下发了《中国人民银行办公厅关于进一步做好金融IC卡应用工作的通知》，明确了提高金融IC卡安全可控能力、实现金融IC卡"一卡多应用无障碍"、提升非现金结算覆盖率的工作目标，并对金融IC卡的应用工作进一步作出部署。一是要求突出重点、增强工作的实效性，将金融IC卡电子现金作为实现普惠金融的重要工具，从应用环境建设、客户体验优化、应用拓展等方面切实提升电子现金使用率和便利性。二是要求贯彻实施PBOC3.0规范，加强金融IC卡产品质量管理，推动安全可控产品及密码算法在金融IC卡领域的应用，在满足功能、性能、安全需求的同等条件下，优先采用安全可控的产品及密码算法。自2015年4月1日起，各发卡银行新发行的金融IC卡应符合PBOC3.0规范。三是要求积极应对银行卡交易欺诈风险从线下渠道向线上渗透的趋势，充分发挥金融IC卡芯片的安全优势，全面提升线上金融服务的安全性。自2016年1月1日起，各单位开展的移动金融服务应以基于金融IC卡芯片的有卡交易方式为主。

专栏4-2
金融IC卡在公共服务领域前景广阔[①]

党的十八届三中全会通过的《中共中央关于全面深化改革若干重大问题的决定》提出了"增加各类公共服务提供"和"发展普惠金融"的重大战略。在此政策的指引下，2014年，在相关部门和金融机构共同努力下，从多方入手，为社会各阶层和群体提供了丰富的金融产品和服务，取得了显著成效。金融IC卡作为新型支付工具，以其独有的"高安全、快支付、多应用"等特性，在便民惠民领域发挥着重要作用，最大限度地使城乡之间、地区之间、不同群体之间同享标准化的公共服务，促进了基础公共服务均等化目标的实现。2014年，我国金融IC卡应用城市在原有的47个基础上进一步扩大到110个，带动了全国金融IC卡的全面推广。目前，金融IC卡已经在社会上7大类28个公共服务行业实现了加载应用，覆盖了公共交通、社会保障、医疗卫生、文化教育、城市管理、生活服务、企业服务等多个领域，契合了社会公众"一卡多用、全国通用"的需求，体现了社会公共服务与金融服务的有效结合。

在城市管理方面，上海、天津、南京、广州等地将可受理金融IC卡电子现金的自助售货机、自动售票机，布放在地铁站、旅游景区、校园、商场等人流密集的地方。其中，贵阳已经实现了带有受理电子现金功能的自助售水机进入社区，方便百姓使用。新余、自贡等地的金融IC卡还承担了市民卡功能，实现金融IC卡在城市管理领域的一卡多用。

在公共交通方面，北京、扬州、常德、湖州等地的出租车上加装了金融IC卡非接受理模块，实现了出租车"挥卡"支付。成都、青岛等地金融IC卡已成功在地铁行业率先使用；潍坊、珠海、厦门等地将金融IC卡应用进一步扩大，已实现在公共自行车租赁、停车场付费等方面应用。目前，在110个应用城市中已有长沙、东营、晋中、安庆等39个城市实现金融IC

[①] 李东荣：《推动金融IC卡公共服务领域应用迈上更新更高台阶》，载《金融电子化》，2014（1）。

在公交行业的应用，进一步推进了金融IC卡在公共交通领域的应用。

在医疗卫生方面，随着医院信息化建设水平的不断提高，人们对医疗服务和健康服务的需求也不断提升，全国不少地区都在积极推行基于金融IC卡的医院诊疗"一卡通"。天津、济南等地在医疗卫生领域积极推进银医合作，实现了金融IC卡加载医院诊疗一卡通功能。

在生活服务方面，部分城市利用金融IC卡电子现金的小额快速支付应用使金融服务从百货商场推向便利店、从大型超市推向便民菜市场，上海、深圳、厦门等地推动金融IC卡在"标准化菜市场"中的使用，其中，上海已有超过48个"标准化菜市场"，近3 000个摊位完成了非接改造，实现了金融IC卡应用与城市食品安全卫生的有效结合。

在文化教育方面，广州大学城、乌鲁木齐的新疆大学等基于金融IC卡实现的校园一卡通，使"一卡在手，走遍校园"成为现实。

目前，无论是在经济较为发达的大中城市，还是在经济相对落后的边远地区，金融IC卡都在多个行业得到了广泛的普及和应用，有力地推动了中国普惠金融的发展。

随着未来发卡量的进一步增加和受理环境的不断优化，金融IC卡的行业应用将更为成熟和广泛，持续向多个领域渗透发展。在人民银行促进移动金融与金融IC卡融合的政策支持下，金融IC卡在移动金融领域也将大有作为。

我国芯片设计、生产行业起步较晚，国产芯片推广仍然处于试点阶段，但仅荷兰恩智浦一家公司就占据我国金融IC卡芯片市场95%以上的市场份额，剩余市场被德国英飞凌与韩国三星等国际巨头占领。截至2014年6月，我国已有6家芯片设计企业在国内制造厂生产12款金融IC卡芯片，按照与国际接轨的检测标准，通过了我国银行卡检测中心、国家信息技术安全研究中心、中国信息安全评测中心和国家密码管理局商用密码检测中心的全面安防检测。从2014年4月开始，已有5款通过正式安防检测的国产芯片在工、农、中、建、招商、邮储等银行进行了小规模试用。

四、银行卡清算市场开放政策业已明朗

随着国家金融体制改革的深入推进，为进一步扩大金融开放，加快推动国内银行卡市场和支付市场创新发展，提升现代服务业，优化消费环境，2014年10月29日，国务院常务会议提出符合条件的内外资企业，均可申请在境内设立银行卡清算机构。此项政策的出台，标志着国内银行卡转接清算市场从政策层面实施对内对外开放全面启动。在未来一个时期内，将同时有多家银行卡清算机构在国内市场同台竞争，向发卡银行、收单机构等参与主体提供更为全面和个性化的服务，将有利于进一步提升和改善银行卡市场服务水平和服务效率。与此同时，市场参与主体数量的增多及多元化趋势，也会给监管部门和市场参与主体带来相应挑战。监管部门应积极研究银行卡清算市场的发展趋势，通过完善法律法规等方式厘清政府和市场之间的界限，提高监管效率和水平；市场参与主体也应以合作共赢为主线，通过提供差异化、个性化的服务满足市场需求，共同推动国内银行卡产业的优化升级。

五、预授权风险事件暴露行业风险，监管部门及行业自律组织连续采取措施强化风险监管

2013年底至2014年初，广东、湖北、浙江、福建、河北等地发生不法分子利用信用卡预授权业务特点套取发卡银行额外信用额度的事件，涉及地区广、金额大，给产业各方带来了资金损失和信誉损失，严重危害了银行卡产业正常发展环境。

为有效防范和化解预授权业务风险，维护银行卡市场秩序，监管部门在制度上强化了银行卡业务管理，提出了具有针对性的规范措施。人民银行开展了专项检查，对在外包管理方面存在疏漏的机构进行通报，要求进行限期整改。

针对行业暴露的风险，人民银行下发了《中国人民银行关于加强银行卡业务管理的通知》（银发〔2014〕5号），强调发卡银行严格落实银行账户实名制，规范代理办卡业务流程，保障持卡人合法权益；要求收单机构真实、准确、完整传递交易信息，不得仿冒、变造或伪造交易信息，落实本地化管理，共同维护收单市场秩序，完善银行卡业务管理体系。2014年4

月，银监会和人民银行联合下发了《中国银监会中国人民银行关于加强商业银行与第三方支付机构合作业务管理的通知》（银监发〔2014〕10号，以下简称10号文），规范商业银行和第三方支付机构的合作。10号文从保护客户资金安全和信息安全出发，对相关问题细化了规范，涉及客户身份认证、信息安全、交易限额、交易通知、赔付责任、第三方支付机构资质和行为、银行的相关风险管控等。

2014年3月，人民银行对存在未落实特约商户实名制、外包服务商管理存在疏漏、交易监测不到位导致发生预授权风险事件的支付机构进行通报，要求加强对外包服务商的监督管理。

在行业自律层面，为保护银行卡市场参与主体的合法权益，维护银行卡市场秩序，结合行业发展过程中出现的新情况、新问题，中国支付清算协会于2014年9月发布了《银行卡业务风险控制与安全管理指引》，全面梳理了发卡、收单、业务外包业务中蕴含的风险及应对措施，要求从事银行卡业务的会员单位执行。此后，协会就收单机构成员单位外包业务开展整体情况进行了广泛调研，起草了《银行卡收单外包业务自律规范》初稿，意在规范成员单位银行卡收单业务外包行为，在行业层面实现银行卡收单业务外包风险信息共享。

针对年初爆发的信用卡预授权风险事件，协会向全体会员单位发送《关于加强行业风险防控，确保社会支付安全相关事宜的通知》，提醒会员单位提高风险防范意识，保障春节期间支付业务安全。春节后进一步深入剖析银行卡预授权风险事件成因及风险点，形成《关于加强银行卡收单风险管理　防范利用信用卡套现的提示》，提示从事银行卡收单业务的会员单位从业务、系统监测等多个方面提高风险防范水平，防范风险事件进一步蔓延。2014年9月，针对部分地区再度出现不法分子利用预授权完成冲正和预授权完成撤销冲正等业务套取发卡行额外信用额度的事件，协会及时调研风险事件情况及犯罪手法，向会员单位发送了《关于进一步加强风控措施防范银行卡预授权等业务资金风险的提示》，分别针对收单机构、发卡银行、银行卡清算机构等三类市场主体提出了风险防范措施建议，以期提高行业整体风险防范水平。

专栏4-3
协会《银行卡业务风险控制与安全管理指引》相关内容

为维护市场参与主体的合法权益,保护持卡人信息安全和资金安全,中国支付清算协会组织会员单位制定并发布了《银行卡业务风险控制与安全管理指引》(以下简称《指引》),《指引》共九章,分别从制定的目的和适用范围、基本要求、银行卡业务风险管理体系、发卡和收单业务风险控制、转接清算等方面进行细化和完善,并对当前较为混乱的收单外包服务业务提出了具体建议,《指引》的发布将有助于逐步规范银行卡市场中正常的经营行为和建立有序的竞争环境。

《指引》着力注重提升两个"新水平":一是着重提升对持卡人合法权益的保障水平。《指引》以维护持卡人合法权益为重点,从机制上对从事银行卡业务的成员单位进行明确规范,要求应充分向持卡人披露相关信息,揭示业务风险,建立健全相应的投诉处理机制。二是全面提升风险防范水平。《指引》涵盖了发卡、收单、转接清算及外包业务等银行卡业务流程的风险防范与安全管理,为建立完善的风险管理体系提供了自律依据。

同时,《指引》突出了两个"新应对":一是针对银行卡新型业务流程提出具体应对措施。针对当前较为流行、争议较多的快捷支付业务,《指引》提出了具体规范要求。二是围绕银行卡行业的新型风险事件提出系统应对方案。针对新型风险事件,在借鉴部分会员单位内控制度的基础上提出了系统的应对建议。

《指引》的发布,为规范发卡银行、收单机构和银行卡清算机构经营行为,保护消费者和市场参与主体的合法权益,培育良好的银行卡市场竞争环境打下了扎实的制度基础,将有助于发挥行业自律组织在银行卡市场持续健康发展方面的积极作用,进一步提高银行卡产业拉动消费和促进经济增长的力度。

第三节 热点剖析

2014年，在经济形势出现新常态、消费需求变化以及互联网浪潮冲击的综合作用下，我国银行卡行业和市场热点纷呈，机遇与挑战并存。银行卡刷卡手续费定价机制改革加快推进，引起业界各方热议。二维码支付等创新业务作为线上线下支付场景及支付方式桥接的重要载体，在小额支付场景中的应用逐渐增多，引起收单市场格局变化。银行卡收单机构积极探索转型发展道路，努力扩展生存空间。信用卡分期业务逐渐成为商业银行信用卡业务新的利润增长点。

一、银行卡刷卡手续费定价机制改革进入实质推进阶段

2014年10月，国务院办公厅印发《国务院办公厅关于促进内贸流通健康发展的若干意见》（国办发〔2014〕51号），提出"尽快完善银行卡刷卡手续费定价机制，取消刷卡手续费行业分类，进一步从总体上降低餐饮业刷卡手续费支出"的工作任务，要求国家发展改革委、人民银行2014年底启动相关工作。

2013年出台的银行卡刷卡手续费政策，按照有利于鼓励消费、降低流通成本、扩大内需和促进经济发展的总体目标，优化刷卡手续费率结构，适当下调部分刷卡手续费标准，体现了金融业对流通领域的支持，符合国家政策需要。

随着宏观经济环境不断变化以及银行卡产业的高速发展，特别是在互联网经济蓬勃发展的今天，在电子商务迅猛发展和支付渠道边界日益模糊的背景下，当前定价机制已不完全适应网络化时代背景和发展需要，不能驾驭产业生态圈各参与主体的利益均衡，亟待进一步完善。现行定价机制中未对网络特约商户收单业务价格形成约束，且刷卡手续费标准的行业价差较大，不利于打造公平规范的行业竞争秩序；借（贷）记卡实行同一计价标准逐渐不适应产业发展，不利于推进银行卡产业向纵深发展；刷卡手续费实行封顶收费不利于正常反映发卡银行成本与收益匹配关系；推进实施新的费率标准的配套政策尚未落地，影响政策实施效果。银行卡产业界普遍认为，银行卡收单业务价格的调整不应以降低费率水平为单一目标，应综合考量银行卡产业各方贡献水平及收益水平，抓住契机进行机制优化

和结构调整，以确保未来银行卡产业长期可持续发展。

　　发卡银行、转接清算机构、收单机构等产业主要参与者共同对银行卡刷卡手续费定价优化的方向进行了多次研讨，针对简化或者取消行业分类定价、线上线下业务纳入同一定价体系、在适宜条件下实施借贷分离定价、适度提高封顶计价水平以及落实配套政策支持、加大银行卡产业财税政策扶持力度等核心议题展开了充分讨论，并分别向相关部委提出了改革优化建议。价格优化调整已进入实质深入阶段，相关政策有望在2015年明确出台。

专栏4-4
银行卡收单业务定价国际实践及经验

　　支付清算协会对包括Visa、MasterCard、JCB在内的国际知名卡组织开展了持续调研和交流，深入了解国外经济发达国家和地区银行卡产业定价机制和做法，认为现阶段我国政府对交换费及转接清算费有必要实施适度监管。但我国银行卡收单业务费率水平整体较低且不断走低，与国际上部分国家和地区政府因对国际银行卡组织寡头垄断格局下价格水平走高产生忧虑而实施价格上限监管的背景有所不同，因而我国政府如何对价格实施监管还有待研究。

　　国外银行卡收单业务涉及的收费项目主要包括交换费、国际卡组织收取的费用以及商户结算手续费。对于商户结算手续费，境外的通行做法是实施市场化定价，即由收单机构和商户在受理协议中，协商确定受理不同卡组织品牌银行卡的收费标准。对于转接清算费，则由国际卡组织自行定价。

　　在交换费的确定方面，国际银行卡市场呈现若干国际银行卡组织寡头垄断格局，引发了反垄断方面的质疑。美国、欧盟、澳大利亚等发达国家及地区均对交换费实施了不同程度的监管。

（一）美国、欧盟和澳大利亚实施交换费上限监管

1. 美国监管机构仅对借记卡交换费标准设定上限。目前，美国仅对借记卡交换费标准设定了上限（信用卡未纳入监管），即0.21美元/笔+交易金额的0.05%，若发卡机构的风控水平达到一定要求，则可额外再收取0.01美元/笔。这一收费标准的适用范围是总资产（包括下属机构）超过100亿美元的金融机构。其定价依据主要是基于对各参与方的成本测算调研，测算的成本主要包括交易处理（授权、清分、清算）、卡产品项目成本（制卡及运输、持卡人信息查询、持卡人回馈及激励、产品研发、合规等）、卡组织费用、欺诈损失成本以及欺诈防范成本等。此项监管要求明确后，Visa、MasterCard均按照监管上限调整了借记卡交换费。

2. 欧盟监管当局针对区内跨境交易借记卡、信用卡的交换费标准分别设置了上限。在欧盟地区，监管当局针对区内跨境交易将借记卡、信用卡的交换费上限分别设置为交易金额的0.2%和0.3%，其适用范围是卡公司的个人消费卡且发卡方及受理方均在欧盟区内。其定价过程是由卡组织提出借（贷）记卡0.2%（0.3%）的标准，然后开展了基于10个国家的253家大商户调研，为实施交换费监管标准提供数据支持。

3. 澳大利亚监管机构对借记卡、信用卡的加权平均交换费标准分别设置了上限。在澳大利亚，目前实施的标准是信用卡加权平均交换费最高不超过交易金额的0.5%，签名借记卡加权平均交换费最高不超过12分/笔，EFTPOS借记卡交换费为4~5分/笔。澳大利亚储备银行可以计入的成本包括交易处理成本、欺诈损失和反欺诈成本、交易授权成本以及提供免息期成本四项。Visa和MasterCard按照监管要求，区分商户类别、借（贷）记卡等级对交换费率进行了相应调整。

（二）在其他未受监管地区，银行卡交换费和转接清算费等由国际卡组织定价

除了美国、欧盟和澳大利亚等受监管的国家和地区，在其他未受监管地区，银行卡交换费由国际卡组织定价。在Visa和MasterCard在实行公司制前，银行卡交换费由其组织成员机构讨论制定；在Visa和MasterCard上市后，交换费由其董事会统一制定发布，不需要经过成员机构审议等程序。

二、支付机构依托新型支付方式切入线下收单市场，引致市场格局变化

扫码支付作为线上线下支付场景及支付方式桥接的重要载体，呈现出蓬勃发展势头，在小额、便民零售支付场景中的应用逐渐增多。2014年，支付机构联合线下市场多个品牌及多家门店开展营销活动，通过向客户发放补贴并使用扫码支付手段，引导客户向移动端扫码支付方式迁移，切入线下收单市场。支付机构扫码支付业务营销模式在短期内建立了消费者和商户两端的优势，且不受现行价格体系管制，引致传统线下收单市场格局的变化。

扫码支付在操作便捷、随身特性方面具备优势，但恶意软件、手机病毒和钓鱼网站等通过二维码传播也屡见不鲜，其安全性一度引发监管部门的忧虑。

三、银行卡收单机构积极探索转型发展道路

近年来，银行卡收单市场环境发生显著变化，市场参与主体多元化，参与者众多，多家支付机构进入收单市场，竞争更为激烈。2013年价格调整后，银行卡刷卡手续费在整体上较原来降低了20%左右，收单机构利润空间进一步压缩。

在此背景下，收单机构普遍意识到依靠传统的线下收单业务进一步发展的空间有限，需要构建更丰富的商业模式，完成业务转型升级。因此，收单机构开始转向挖掘收单业务以及背后支付业务中存在的价值，将支付功能与财务管理、金融服务、营销管理等各类应用场景进行叠加，发挥、延展支付数据的价值，实现业务内容的更新迭代，提升服务价值和盈利能力，如快钱开始涉足跨境人民币结算业务，同时实施支付叠加营销策略；汇付天下也相继成立了汇付数据、汇付金融和汇付科技等三家子公司。汇付数据公司主要负责在线支付、线下收单以及P2P账户托管业务，汇付金融则负责理财等业务，汇付科技则负责为客户搭建系统等业务。

另外，为寻求更广阔的市场空间，推进业务向纵深发展，市场并购、重组等活动不断增多。从股权变更的原因来看，主要分两类：一类

是支付机构在达到一定规模后,加速转型步伐,主动寻求与大型商业集团合作,扩展业务空间,提升竞争实力;第二类是大型商业集团为打造完整的产业链条,积极与获得银行卡收单类型业务许可的支付机构开展合作。

四、信用卡分期付款业务成为商业银行信用卡业务新的利润增长点

在国家大力促进内需、鼓励消费的背景下,信用卡分期付款业务作为一种服务于持卡人,实现银行、商户共赢的新型消费信贷产品,正以蓬勃态势增长,在商业银行信用卡产品市场中的份额稳步提升。在外部政策环境和经营环境变化的背景下,因信用卡分期付款业务可有效利用授信额度且收益率较高,因此,商业银行加大了对信用卡分期付款业务的发展部署力度和相应投入,其优势逐步凸显,分期业务手续费占中间业务收入的比重不断提高,对利润的贡献率不断提升,成为商业银行提升中间业务收入的新兴领域。

目前,我国主要商业银行均已开展了较为丰富的信用卡分期付款业务。2014年商业银行信用卡分期付款收入有所增加,交易额呈总体上升趋势,充分体现了各商业银行在持续优化分期业务结构、丰富业务品种、拓宽业务受理渠道等方面积极探索的成果。

专栏4-5
我国商业银行信用卡分期付款业务发展现状

近年来,我国信用卡市场及业务规模快速扩张,2014年全国信用卡累计发卡4.55亿张,环比增长4.38%,全国已人均持有信用卡0.34张。据银联数据统计,信用卡已占民众日常消费交易的60%。信用卡的广泛普及和持有,为创造附着于信用卡基本功能之上多样化的信用卡产品和服务提供了坚固基础和丰厚土壤。信用卡分期付款业务门槛低、受理简便、还款

便捷。持卡人开通信用卡分期付款业务,可有效缓解一定时期内的资金压力,提前享受超越当前支付能力的产品或服务。银行通过提供该产品服务,可拓宽信用卡业务收入来源、优化信用卡收入结构、增强持卡人对信用卡的依附度。商户通过与银行合作开展信用卡分期付款业务,可以深度挖掘消费者需求,提升营业额及营业收入,故而日益受到商业银行、持卡人及商户的认可和青睐。

在各商业银行的大力推动下,近年来信用卡分期付款业务呈现出了产品形式多样化、业务范围扩大化的发展态势。从产品形态来看,从目前国内商业银行推出的分期付款业务品种来看,主要包括商户分期、账单分期、消费分期、邮购分期等,随着产品创新力度的不断加强和信用环境的日益改善,涌现出了汽车分期、现金分期、短信分期等新的分期付款业务。其中,商户分期是指持卡人在特定商户消费时,通过特定的POS机具以分期付款的方式购买银行、商户双方同意并认可的商品或服务的业务。账单分期是持卡人通过电话或网银等方式向发卡银行申请,对其已出账单一定消费金额提供分期偿还服务,并支付一定的手续费。相对账单分期而言,消费分期则是指持卡人向发卡银行申请,对其已发生的且未出账单的单笔消费交易提供分期偿还,并支付一定手续费。现金分期是近年来推出的特色业务,即持卡人为满足自身消费需求向银行提出申请,将信用卡内额度按一定比例透支取现,随后分期偿还本金及手续费的业务。

信用卡分期付款业务也呈现出扩大化趋势,逐渐囊括消费者生活消费的各个领域。目前,信用卡分期付款业务范围已从原有的百货、家电、旅游业扩大到汽车、家居家装、教育、婚庆等方面,基本涵盖持卡人的日常生活所需,成为居民日常生活中不可或缺的重要理财工具。在国家大力倡导消费,不断出台政策支持国内消费经济的形势下,信用卡分期付款方式将向更多的消费领域渗透。

表4-4　　　主要发卡银行信用卡分期付款业务类型一览

单位名称	信用卡分期业务类型
工商银行	根据信用卡种类提供不同的分期业务
农业银行	消费分期、账单分期和商户分期
中国银行	根据信用卡种类提供不同的分期业务
建设银行	专项分期和一般分期
交通银行	想分就分、好享贷、分期宝、商场分期
光大银行	自选类分期、账单分期和邮购分期等
华夏银行	消费转分期或账单分期业务
招商银行	商场分期、账单分期、非面分期、汽车分期
民生银行	自由分期和账单分期
浦发银行	消费分期、账单分期

资料来源：商业银行官网及中国支付清算协会调研情况。

商业银行在制定信用卡分期付款手续费标准时，通常会兼顾资金成本、运营成本、税收成本以及同业费率水平等多种因素。为便于客户理解计算，银行基本上均采用年化费率向客户进行宣传营销。目前，信用卡分期付款手续费定价均低于人民银行规定的信用卡逾期透支利率，略高于同期贷款基准利率。此外，商业银行在制定信用卡分期付款手续费时也一并遵从《商业银行服务价格管理办法》（银监会令〔2014〕1号）相关规定。

在价格水平形成方面，在市场竞争和利率市场化背景下，市场上基本形成了以同期贷款基准利率为下限、信用卡循环信贷[①]利率为上限的价格浮动区间。这一价格水平的形成，是市场主体博弈和持卡人自然选择的结果。内在原因是假设分期付款业务价格高于信用卡循环信贷价格，消费者将选择使用信用卡循环信贷产品而放弃分期付款业务，因此，分期付款业务价格普遍低于信用卡循环信贷价格。另外，基于综合成本投入水平考

---

① 信用卡循环信贷，是指信用卡持卡人透支消费后，未在规定的最后还款日全额归还账单应还款项，但偿还金额大于或等于最低还款额的情况下的账单剩余未偿还余额。按照《银行卡业务管理办法》相关规定，按信用卡透支利率为日利率万分之五计算，信用卡循环信贷年化利率约为18.25%。

虑，分期付款业务手续费价格也普遍高于同期贷款基准利率。目前，各行信用卡分期付款业务手续费价格多在6%~9%。从价格的具体实施来看，信用卡分期付款业务手续费率通常会根据不同的分期业务品种和期数实行差别定价，以满足银行自身风险控制以及客户差异化服务的需要。

随着利率市场化改革的步伐不断加快，商业银行以利差为收入主渠道的盈利模式正在转变，收入结构不断优化。分期付款作为个人消费金融的主要产品，对商业银行中间业务收入贡献度较高。凭借良好的成长后劲和市场空间，分期付款业务对银行卡业务整体收益的贡献率在未来一个时期内仍有望持续提升，成为中间业务新的利润增长点。

第四节 存在的问题及应对措施

2014年，受国内外宏观经济持续下行影响，信用卡资产管理压力持续加大，信用风险有所上升。国内多地集中爆发不法分子利用银行卡预授权业务或交易冲正类业务套取银行卡额外信用额度的风险事件，给银行卡市场正常运行秩序带来了冲击，其中银行卡收单外包服务市场体量的超速增长以及与此伴生的粗放式管理模式是主要原因，引起了业内的高度关注。

一、信用卡风险防控难度加大，不确定性增强

2014年，信用卡的坏账风险有所上升。信用卡逾期半年未偿信贷总额357.64亿元，较上年末增加105.72亿元，增长41.97%；信用卡逾期半年未偿信贷总额占期末应偿信贷总额的1.53%，较上年末上升0.16个百分点。受国内宏观经济持续下行影响，融资紧张局面未得到缓解。部分中小企业融资渠道狭窄，通过信用卡进行套现从事生产经营活动成为其便利选择；民间借贷资金利率高涨，利用信用卡套现投入民间资金借贷市场，在资金链条发生断链时，资金偿还缺乏保障；部分持卡人因过度消费导致无法及时偿还债务；各类P2P、小贷、消费金融租赁等非金融机构呈现多元化发展，利用信用卡进行套现实现资金腾挪屡见不鲜。以上因素的叠加，加大了商业银行全面客观评估持卡人的资产负债水平、偿还能力的难度，加之多层次征信系统尚未建设完善且信息开放程度较低，持卡人资信水平信息不够透

明完整，在一定程度上加大了实现信用卡风险防控目标的难度。

二、预授权风险事件拉高收单市场风险水平，部分市场主体合规经营能力亟待提升

2014年，不法分子利用银行卡预授权业务或交易冲正类业务套取银行卡额外信用额度的风险事件频发，使行业蒙受严重声誉和资金损失，其中一个重要原因是收单外包市场管理薄弱，风险防控水平和能力不足，使其成为不法分子实施犯罪的薄弱环节。

银行卡收单外包服务市场是银行卡收单市场的重要组成部分。银行卡收单机构与外包服务机构之间开展合作，能够完成专业资源共享及优势互补，有效扩大市场规模、丰富服务内容、提升服务品质，实现双方共赢。但部分收单机构在竞争和利润目标双重压力之下，对迅速做大市场规模有内在冲动，因受制于自身团队规模及拓展能力，对业务外包路径依赖程度较高。若收单机构对外包服务机构无法实施有效的风险管控，风险水平难以控制，形成了高风险敞口。

从协会开展的调研情况来看，部分外包服务机构存在诸多不足，一是业务资质薄弱、行业经验缺乏、从业人员业务素质偏低且流动性高；二是合规经营意识薄弱，违规开展业务；三是外包服务机构在商户与收单机构之间形成隔离，形成对商户资源的事实垄断，威胁收单市场的整体安全；四是部分收单机构控制外包业务风险的手段比较单一，风险控制能力有限。

为实现规范外包机构经营管理、消除行业风险隐患的目标，需要多管齐下，实施综合治理，共同维护外包市场的健康秩序：通过约束收单机构完善外包服务机构管理，健全相关内控机制，传递对外包服务业务的规范要求；研究在行业层面建立外包服务机构注册备案及黑名单信息共享机制；建立收单机构经营风险评价机制并开展评估，加大对外包业务风险考评权重，提升行业整体风险预防能力；在外围环境建设方面，继续完善多层次征信体系建设，加强推动征信体系的开放程度，扎实推进风险信息深度共享。

第五节　行业发展趋势及展望

随着我国金融改革的全面深化，在开放的银行卡清算市场环境下，多主体同台竞争，服务层次和效率不断提升。在技术变革和市场需求的推动下，银行卡支付业务模式不断创新，以满足市场多层次和多元化的支付需求。银行卡产品趋向多元化和个性化发展，虚拟卡产品有可能迎来发展机遇。

一、市场开放背景下，银行卡清算服务主体同台竞争，将进一步提升服务效率

随着国内银行卡转接清算市场对内对外开放，在可以预见的将来，将同时有多家银行卡清算机构在国内市场同台竞争，向发卡银行、收单机构等参与主体提供更为丰富和多样化的服务，银行卡市场服务水平和服务效率将得到进一步提升和改善。

从市场开放后各类机构率先进入的可能性上分析，国际卡组织在品牌建设经验、业务处理制度、技术标准架构等方面的既有优势突出。在业务合作基础方面，国内主要商业银行是国际卡组织成员单位，通过发行国际卡组织标识的信用卡和外卡收单业务达成了广泛合作。部分国内支付机构也已成为国际卡组织正式成员单位，在外卡收单服务方面开展合作，可以说，对于国内市场状况已具有一定适应性。国内主要支付机构对于银行卡转接清算市场开放的诉求主要集中在希望提升银行卡产业发展的市场化程度，实施更为灵活的管理机制，从政策上可以获得更为广阔的业务发展空间。申请成为开放式银行卡清算机构应符合相应的准入条件，从相关准入资质和前期投入来看，至少涉及建立完善的技术架构、业务处理系统、业务规则及管理制度以及专业人员队伍等诸多资源配备。行业性质的特殊性以及进入的高门槛对大多数支付机构而言意味着短期内达标并不是一件简单的事，但不排除部分支付机构有申请银行卡转接清算资质成为合法经营主体的意向。各类型市场主体在同一市场上开展竞争，在持续发挥自身积累的专业服务优势的同时，继续发掘新的竞争优势，进一步细分产品和服务。在市场上展开差异化竞争，有助于丰富整个市场的服务内容，提升市场服务效率。

二、在技术变革和市场需求的推动下，银行卡支付业务模式不断创新升级

当前，互联网技术、移动通信技术、大数据、云计算等高新技术的日益兴盛和普及，对社会生产、生活产生了不同程度的影响，也推动了银行卡支付业务模式的变革，催生出了各种全新的支付方式。如近距离无线通信技术与银行卡结合，诞生了非接触式支付；依靠生物识别技术与身份认证环节相结合而衍生的指纹支付、人脸支付等新型支付模式，促进了银行卡支付场景和商业模式的更加丰富和多元化，孕育出了全新的交易方式和消费行为。

随着改革的深化及产业结构的不断调整，移动互联网技术的高速发展为实体经济带来了新的增长点，更多传统及线下经济领域开始与电子商务相结合，实现自身的升级转型。随着"互联网+"的深化以及移动支付业务模式的迅猛发展，实体经济与互联网的结合已脱离网上开店初级简单的模式，开始运用开放、透明、分享、互动的互联网精神来重新审视企业发展战略，运用移动互联网新技术提升生产、服务效率。实体与线上的对接、打通、融合将是实体经济未来发展的重要趋势，也将引致银行卡支付线上线下业务深度融合，业务边界继续模糊，支付手段持续翻新。

三、银行卡产品趋向多元化和个性化发展

在互联网技术快速发展的背景下，商业银行更加重视服务和产品的实用性，不断提高服务和产品的个性化水平，增强用户黏性，银行卡产品多元化趋势较为显著。各家商业银行发行的银行卡产品除基本功能外，还加载了还款、缴费、打车、购票等多项增值服务内容。

互联网金融的兴起促使商业银行加强对于信息技术的应用，由此催生了网络直销银行、手机银行等新兴的服务渠道和服务方式。银行卡作为商业银行提供零售业务的载体，其呈现形态随着市场环境和商业银行业务形式的变化也发生了改变。为了降低持卡人在网上购物等大额无卡支付交易面临的潜在风险，商业银行纷纷针对本行客户推出了虚拟银行卡服务，用以保护持卡人资金安全。同时，部分商业银行借助电子账户发行虚拟借记卡产品，以此向非本行客户销售理财产品，扩大中间业务收入。虚拟卡作

为成本更低、获客更快的银行卡产品，可能是网络银行的主打产品之一，在未来有可能迎来发展机遇。

除了银行卡产品，部分支付机构、互联网公司、金融机构还推出了钱包类产品（如银联钱包、支付宝钱包、百度钱包、壹钱包等）作为银行卡产品权益的用户端载体，继续实现银行卡产品权益的电子化。在激烈的市场竞争推动下，最具实用性和发展潜力的载体类产品将会在竞争中取得优势。

专栏4-6
商业银行推出无卡化产品

当下，网上购物消费日益普遍，相应产生的支付安全问题屡见不鲜。"虚拟银行卡"作为一项能有效降低网上支付风险、管理网上消费的创新支付服务，以其灵活便捷的优势，越来越受到消费者的欢迎。目前多家银行相继推出了"虚拟银行卡"业务。这种卡是基于银联卡、Visa卡、万事达卡的BIN码派生出来的虚拟账号，可在一张实体卡的基础上申请多张虚拟卡。不同的银行对"虚拟银行卡"都有着不同的称呼，如工行称为"虚拟e卡"，建行称为"e账户"，浦发银行则称为"浦发E-GO卡"。

工商银行推出的"虚拟e卡"无实物卡，具有存款限额控制，分为人民币e卡和Visa国际e卡。人民币e卡是工商银行发行的用于境内网站消费支付的人民币虚拟借记卡；Visa国际e卡为双币种卡，该卡可用于境内外网站消费支付，还可开通Visa验证服务。

建设银行推出的"e账户"是通过电子渠道实现开销户，无物理介质，主要依托个人网上银行进行投资理财、资金转出等业务处理的个人综合账户。该账户不能在柜台、ATM等办理取款、转账等业务。资金转入方面不受限制，但只能向开户时设定的绑定账户转账实现资金转出，必须本人实名开立。该账户在客户办理业务的过程中，通过绑定的手机号码发送验证码，或主动致电该号码核实客户身份。

中国银行推出的虚拟银行卡服务，持卡人使用该服务功能时需在柜台注册成为个人网上银行（理财版、贵宾版）客户，并将持有信用卡或借记卡与网上银行账户进行关联，然后通过中国银行个人网上银行在线申请虚拟银行卡，进行虚拟银行卡功能设置，查询虚拟银行卡账单等。客户可以在实体卡下申请多张虚拟银行卡，每张实体卡最多可开通20张虚拟银行卡，并根据各张虚拟银行卡的用途设置不同的交易限额和有效期，并选择开通网上支付功能，客户也可以将不再使用的虚拟银行卡注销。

浦发银行推出的"E-GO卡"是专门用于网上消费的独立虚拟账户，不能在线下的交易环境中使用，包括POS交易、ATM取现等，无实体卡片，"E-GO卡"关联持卡人已持有的浦发银行信用卡实体卡账户下。该卡可以在实体卡信用额度内自由设置消费额度和使用期限，也可随时暂停或开启卡片的使用，最大限度地避免信用卡盗刷风险。浦发银行还推出了"浦发美国运通E-GO卡"该卡采用动态安全码，使在线交易更加安全。

中信银行推出专用于网络安全支付的创新服务——网付卡。用户在持有的中信银联单币信用卡下，可自助开通指定网络交易用途的网付卡数字账号。"网付卡"有四个方面优势：开通无须等待、共享实体主卡账户额度、可以针对不同消费场景设置指定的交易用途，可同时开卡10张、支付限额及有效期亦由持卡用户自主设置。"网付卡"的开通和使用相当便捷，用户登录中信信用卡任意官方移动客户端，点击"申请开通"，并选择绑定的银联单币实体卡，设置交易参数后，网付卡即可开通。此外，网付卡还可绑定支付宝等第三方快捷支付。

第五章 互联网支付

2014年，我国互联网支付行业整体保持安全、平稳、高效运行，交易规模稳步提升，呈现出"新业态、深融合"的发展态势，有力支撑了我国电子商务的发展和社会消费的增长。互联网支付市场主体积极开展产品创新，不断丰富业务应用场景，深入拓展支付服务的内涵和外延，推动相关产业格局调整和变革。商业银行积极应对互联网金融发展浪潮，通过推出电子商务金融服务综合平台等方式优化布局互联网支付市场；支付机构以新技术应用、深化金融服务为切入点，向包括金融业在内的各产业链渗透，尝试跨行业、跨市场、多样化的组合产品创新。随着监管和自律体系的逐步完善、行业支持政策的陆续出台、行业全面风险防范体系的建立、客户权益保障机制的健全，互联网支付行业将保持快速增长的态势，在服务民生、拉动消费等方面发挥积极作用。

第一节 发展概况

在互联网金融蓬勃发展的背景下，市场参与主体积极开展业务创新，深入布局互联网支付市场，推动整个行业保持健康、快速的增长势头。

一、业务规模持续较快增长，银行机构主导地位凸显

2014年，我国商业银行共处理网上支付业务285.74亿笔，金额1 376.02万亿元，分别比上年增长20.7%和29.72%，笔均业务金额4.82万元，日均处理业务7 828.49万笔，日均业务金额3.77万亿元。其中，个人用户网上支付业务199.08亿笔，金额300.08万亿元，笔均业务金额1.51万元；单位用户网上支付业务86.67亿笔，金额1 075.94万亿元，笔均业务金额12.41万元。[①]

---

① 数据来源：中国人民银行。网上支付业务是指统计期内，客户通过网上银行从结算账户上主动发起的账务变动类业务笔数和金额，包括网上银行金融交易业务。

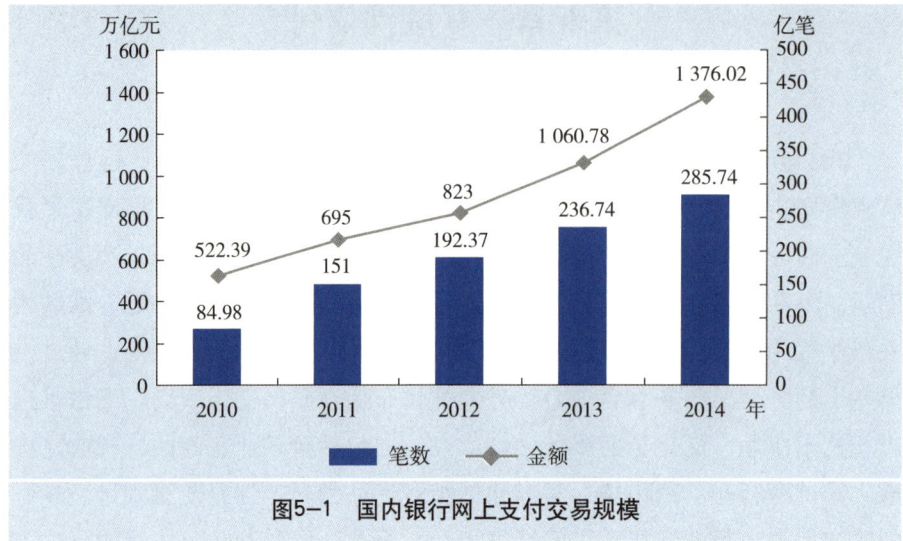

图5-1 国内银行网上支付交易规模

支付机构共处理互联网支付业务215.30亿笔，金额17.05万亿元，分别比上年增长43.52%和90.29%，笔均业务金额791.92元，日均处理业务5 898.56万笔，日均业务金额467.12亿元。其中，银行账户模式交易121.87亿笔，金额9.39万亿元，笔均业务金额770.49元；支付账户模式交易93.42亿笔，金额7.67万亿元，笔均业务金额821.02[①]元。

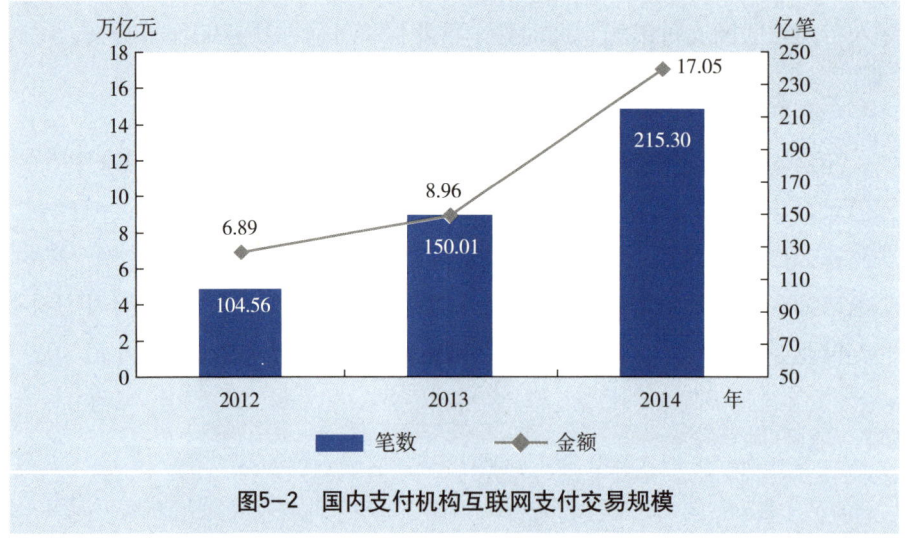

图5-2 国内支付机构互联网支付交易规模

---

① 数据来源：中国支付清算协会。

二、传统支付机构挖潜扩面，新兴主体加快战略布局

商业银行以大数据、云计算和互联网金融的发展为契机，积极探索新的产品和服务模式，推动经营战略升级和转型。如工商银行从支付、融资、交易、信息、电商等五大领域全面布局互联网金融，依托电商平台，用融资服务吸引商户，再通过对商户的资金流、商品流、信息流等大数据的分析，对其提供灵活的线上融资服务，在提高用户黏性的同时，也节约了自身的运营成本。

支付机构在基金、理财、网络商城等方面不断创新，提供更为丰富、个性化的产品和服务。截至2014年底，共有112家支付机构取得人民银行颁发的支付业务许可证，获准从事互联网支付业务（见表5-1），当年总审批机构为18家，新批的机构为13家，增项审批机构为5家。

表5-1　　　　互联网支付业务许可证获批情况（截至2014年底）

批次	获互联网支付业务许可机构数量	发证日期
第一批获得支付业务许可证	26	2011年5月
第二批获得支付业务许可证	8	2011年8月
第三批获得支付业务许可证	25	2011年12月
第四批获得支付业务许可证	27	2012年6月
第五批获得支付业务许可证	7	2013年1月
第六批获得支付业务许可证	6	2013年7月
第七批获得支付业务许可证	13	2014年7月
总计	112	

大型商业集团上市公司、电商平台，以及互联网门户网站等市场主体通过收购、入股或成立支付公司，积极布局互联网支付领域，为市场竞争发展注入活力。如2014年12月，万达集团与快钱公司在北京签署战略投资协议，万达获得快钱控股权，快钱将成为万达金融板块的基础设施，万达将围绕其打造产融结合、融融结合、线上线下结合的完整金融产业链。

三、客户规模保持稳定增长，支付账户规模庞大

中国互联网络信息中心（CNNIC）第35次《中国互联网络发展状况统计报告》显示，截至2014年底，我国网民规模达6.49亿人，全年共计新增

网民3 117万人；互联网普及率为47.9%，较2013年底提升2.1个百分点；网民的人均周上网时长达26.1小时，较2013年底增加1.1小时。网民规模及其对互联网使用程度的提升，对互联网支付客户的增长起到积极促进作用。截至2014年底，国内银行网上支付客户总数为7.93亿个，同比增长23.91%。其中，单位客户0.19亿个，同比增长26.67%；个人客户7.74亿个，同比增长23.64%。支付机构为客户开立的支付账户总量为21.94亿个。其中，单位支付账户906万个，个人支付账户21.85[①]亿个。

四、市场主体深入多领域拓展特约商户，网络购物类商户居多

截至2014年底，支付机构网络特约商户[②]总量达到163.2万户，同比增长104.13%。其中，实物商品类商户65.23万户，虚拟商品类商户42.61万户，航空旅游类商户6.7万户，考试教育类商户2.1万户，社区服务类商户2.15万户，保险类商户1.86万户，公共事业类商户1.14万户，基金理财类商户9 597[③]户。实物商品和虚拟商品等网络购物类商户数量较多（见图5-3）。

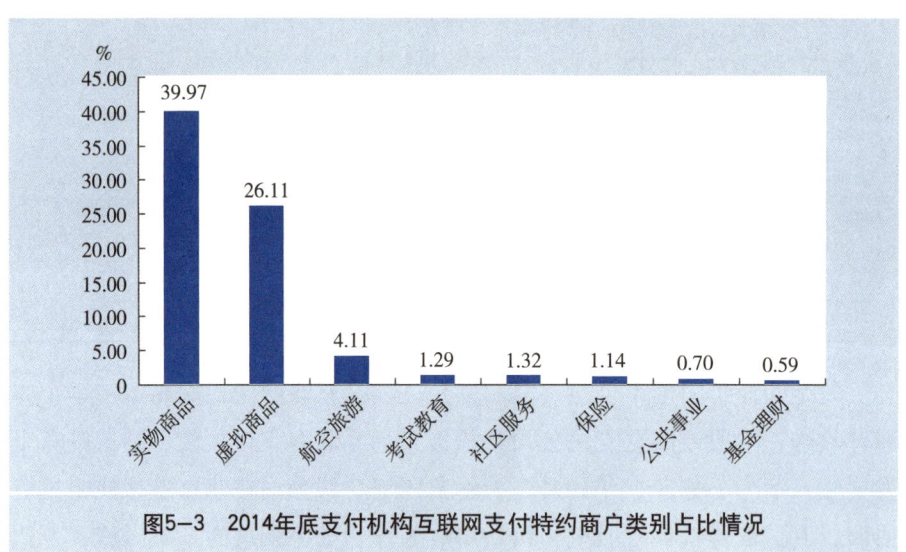

图5-3　2014年底支付机构互联网支付特约商户类别占比情况

---

① 数据来源：中国支付清算协会。
② 互联网特约商户（以下简称特约商户）是指基于互联网信息系统直接向消费者销售商品或提供服务，并接受支付机构互联网支付服务完成资金结算的法人、其他组织或自然人。
③ 数据来源：中国支付清算协会。

第二节 运行特点

一、市场集中度略有下降，主要机构竞争优势仍然明显

2014年，主要银行和支付机构仍然保持优势地位，占据较大的市场份额。网上支付交易金额排名全国前十位的银行业务量之和占银行交易总金额的92.86%，比2013年下降了1.97个百分点。其中，交易规模在100万亿元以上的机构有5家，其业务量占交易总额的77.06%；交易规模在10万亿元至100万亿元的机构有6家，其业务量占交易总额的17.05%；交易规模在1万亿元至10万亿元的机构有15家，其业务量占交易总额的4.64%；交易规模在1 000亿元至1万亿元的机构有37家，其业务量占交易总额的1.21%。交易规模在1 000亿元以下的机构有7家，其业务量占交易总额的0.02%（见图5-4）。

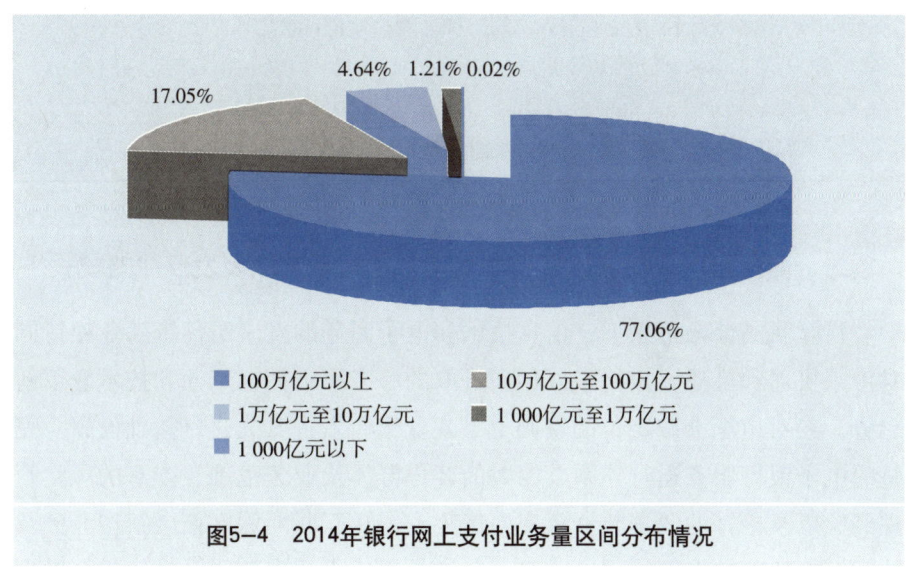

图5-4　2014年银行网上支付业务量区间分布情况

交易金额排名全国前十位的支付机构业务量之和占支付机构互联网支付业务总金额的87.11%，比上年下降了1.76个百分点。其中，交易规模在1万亿元以上的机构有4家，其业务量占交易总额的64.70%；交易规模在1 000亿元至1万亿元的机构有14家，其业务量占交易总额的31.36%；交易规模在

100亿元至1 000亿元的机构有20家,其业务量占交易总额的3.64%;交易规模在10亿元至100亿元的机构有10家,其业务量占交易总额的0.29%;交易规模在1亿元至10亿元的机构有4家,其业务量占交易总额的0.007%(见图5-5)。

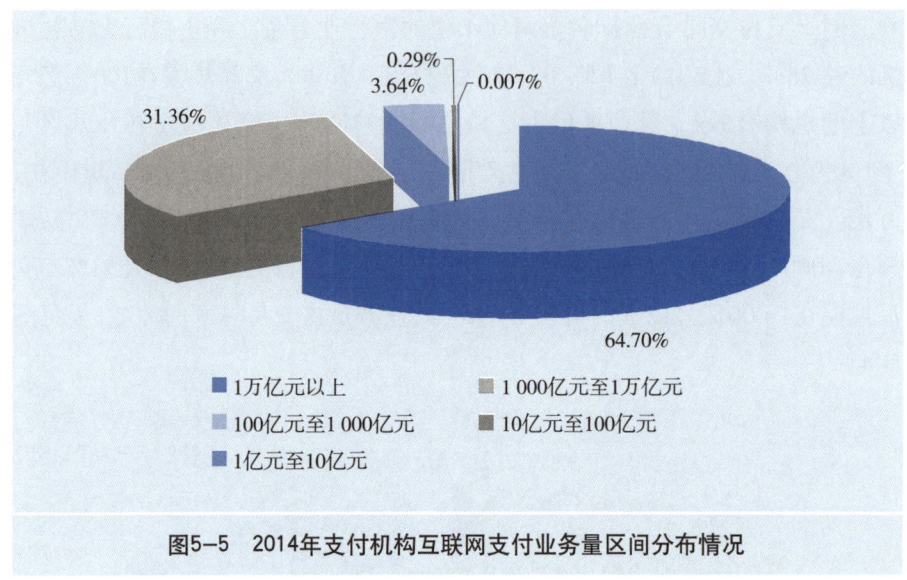

图5-5　2014年支付机构互联网支付业务量区间分布情况

二、商业银行发挥技术及资本优势,构建新互联网发展战略模式

在互联网金融背景下,信息技术和电子商务的发展给传统商业银行同时带来机遇和挑战,银行正以创新进取的心态积极拥抱产业和技术变革新趋势。在对市场准确定位的基础上,商业银行发挥其先进IT基础设施、完整的电子银行服务运行体系、庞大的客户群体及业务范围、丰富的风险管理经验以及雄厚的资本与资金实力优势,依托互联网深度拓展新型业务及技术,构建新的经营管理模式和业务增长模式来适应互联网时代的金融生态环境和客户需求变化,有效应对日益激烈的市场竞争环境,保持在互联网支付行业的优势地位。

一是不断完善电子货币支付体系,加大力度推动传统金融业务的互联网化,积极开拓新型中间业务,推出包括直销银行、在线折扣券商、直营保险等服务。如民生银行在2014年2月28日正式上线直销银行,围绕互联网用户的需求和习惯,开展平台建设和产品服务创新。截至2015年初,民生直销银行资产规模达到246.20亿元,客户数达到160.4万户,如意宝申购额3 035.6亿元。

二是基于平台化发展战略,尝试在经营模式、盈利模式和服务模式等方面进行转型或调整,主要表现为搭建电子商务金融服务综合平台,与其他行业参与主体加强合作,形成优势互补,实现合作共赢。工行旗下的"融e购"电子商务平台,自2014年1月12日正式上线以来,截至2015年3月,注册用户已达1 600万人,累计交易金额突破1 000[①]亿元,交易量进入国内十大电商之列。商业银行的同业竞争将是互联网金融行业竞争的主旋律,因此,电子商务金融服务综合平台的发展将异常重要,并已在银行业界高层达成共识。

三是深入研究不同行业电子商务转型特点,提供专业化的行业解决方案。商业银行不断加强电子渠道建设,通过强化线上、线下渠道的客户拓展和经营能力,打造一体化综合服务优势;越来越多的银行开始探索互联网金融发展模式;积极拓展供应链金融,解决中小企业融资难问题;面向小微和个人融资需求,试水P2P业务;展开与电商、互联网企业、电信运营商多元化战略合作,增强金融综合服务能力。[②]

三、第三方支付业务向高附加值行业渗透,互联网支付金融化趋势明显

部分支付行业应用领域,如网购、航空、游戏等已经趋于饱和,逐渐步入稳定增长的成熟发展阶段。因此,支付机构加快对新市场和新行业的探索,向附加值更高的领域拓展业务,包括推动业务的数据化、金融化,尝试涉足证券、基金、保险、担保、供应链金融等领域。

---

① 参考资料:《姜建清:互联网企业和商业银行创新路径不同 但终将殊途同归》,中国电子银行网,2015-03-23。
② 参考资料:《新平台新模式新业态 互联网金融对银行业影响走向深化》,新浪财经,2014-07-04。

一是多家支付机构获批为基金销售机构提供支付结算服务。截至2014年底，获得基金销售支付结算业务许可的支付机构由2013年底的12家增长至28家（见表5-2）。

表5-2　　　　具有基金销售支付结算业务许可的支付机构情况

序号	机构名称	监督银行	监督银行指定部门	合作的基金销售机构
1	汇付数据	民生银行	电子银行部	46家基金管理公司（国泰、南方等）；3家独立基金销售机构（诺亚正行、天天基金、好买基金）
2	通联支付	浦发银行	资产托管部	37家基金管理公司（国泰、南方等）
3	银联电子	交通银行	托管部	48家基金管理公司（国泰、南方等）
4	易宝支付	工商银行	资产托管部	1家基金管理公司（银华）
5	财付通	广发银行	资产托管部	10家基金管理公司（南方、华夏等）
6	快钱支付	农业银行	现金管理部	1家基金管理公司（汇添富）
7	支付宝	中信银行	公司银行部	37家基金管理公司（国泰、南方等）
8	证联融通	建设银行	资金结算部	1家基金管理公司（长城）
9	深圳快付通	建设银行	公司银行部	1家基金管理公司（博时）
10	深银联易办事	平安银行	资产托管部	1家基金销售机构（平安银行）
11	易付宝	广发银行	资产托管部	1家基金管理公司（广发基金）
12	网银在线	农业银行	电子银行部	1家基金管理公司（鹏华基金）
13	平安付科技服务有限公司	平安银行	资产托管部	1家基金管理公司 基金（平安大华）
14	北京新浪支付科技有限公司	中国工商银行	资产托管部	1家基金管理公司 基金（汇添富基金）
15	北京百付宝科技有限公司	中国光大银行	公司银行部	1家基金管理公司 基金（华夏基金）
16	广州易联商业服务有限公司	中国光大银行	公司银行部	1家基金管理公司 基金（交银施罗德基金）

续表

序号	机构名称	监督银行	监督银行指定部门	合作的基金销售机构
17	天翼电子商务有限公司	中信银行	公司银行部	1家基金管理公司（嘉实基金）
18	上海得仕企业服务有限公司	上海银行	资产托管部	2家基金管理公司（宝盈基金、大成基金）
19	广州银联网络支付有限公司	广发银行	资产托管部	1家基金管理公司（广发基金）
20	上海富友支付服务有限公司	中国建设银行	上海分行	1家基金管理公司（光大保德信基金）
21	网易宝有限公司	中信银行	公司银行部	1家基金管理公司（华夏基金）
22	北京商银信商业信息服务有限责任公司	广发银行	资产托管部	1家基金管理公司（广发基金）
23	中移电子商务有限公司	浦发银行	资产托管部	1家基金管理公司（汇添富基金）
24	拉卡拉支付有限公司	中信银行	公司银行部	1家基金管理公司（建信基金）
25	深圳市腾付通电子支付科技有限公司	平安银行	资产托管部	1家基金管理公司（诺安基金）
26	先锋支付有限公司	广发银行	资产托管部	1家基金管理公司（广发基金）
27	深圳市泰海网络科技服务有限公司	中国工商银行	资产托管部	1家基金管理公司（易方达基金）
28	联通支付有限公司	中信银行	公司银行部	1家基金管理公司（嘉实基金）

资料来源：中国证券监督管理委员会官方网站。

同时，支付机构与基金公司展开深入合作，不断推出互联网理财等高附加值产品，增加客户黏性。Wind资讯数据显示，截至2014年底，"宝宝类"货币市场基金数量达到93只，比2013年新增21只；总资金规模达到1.61万亿元，同比增长171%；7日年化收益率均值超5%，高于同期1年期存款利率水平。国内支付机构运营的、具有代表性的互联网理财产品或服务主要包括支付宝的余额宝、财付通的理财通等货币市场基金类产品（见表5-3），以及汇付天下"生利宝"等与基金公司合作推出的理财产品。

表5-3 国内部分基于货币市场基金的互联网理财产品

序号	产品名称	发售平台或机构	主要对应的货币市场基金
1	百赚利滚利	百度理财	嘉实活期宝货币
2	零钱宝	苏宁易付宝	广发天天红货币
3	理财通	微信	华夏财富宝货币
4	余额宝	支付宝	天弘增利宝货币
5	现金宝	网易理财	汇添富现金宝货币

二是互联网保险行业的经营主体及业务规模均有提升。2014年，经营互联网保险业务的保险公司达到85家（中资公司58家，外资公司27家），全年新增26家；累计实现保费收入858.9亿元，同比增长195%。从2011年到2014年，互联网渠道保费规模提升了26倍，占总保费收入的比例由2013年的1.7%增长至4.2%，对全行业保费增长的贡献率达到18.9%，比2013年提高8.2个百分点，成为拉动保费增长的主要因素之一。在经营互联网保险的85家公司中，69家公司通过自建在线商城（官网）开展经营，68[①]家公司与第三方电子商务平台进行深度合作（52家公司同时采用自营和合作两种商业模式）。此外，中国人寿、太平洋保险和太平保险等大型保险集团公司通过成立独立的电子商务公司，布局互联网专业化经营。

三是发挥支付机构优势强化供应链金融[②]业务发展。财付通、快钱、汇付天下等机构已尝试涉足该领域，主要业务模式为：支付机构向银行提供商户交易流水和信息，以未来收益的现金流为担保，由银行审核后放贷。此外，部分支付机构的母公司、同一集团下的公司或关联公司通过共享支付机构的客户资源信息，或使用支付机构的资金清算渠道，为其网络平台客户提供供应链金融服务。如网银在线母公司京东推出的"京保贝"产品，其为供应商贷款所运用的是京东自有资金，而不是由合作银行提供资金来源。京东供应商可以凭借采购、销售等财务数据直接获得融资。

---

① 资料来源：中国证券报。
② 供应链金融是指市场主体向客户（核心企业）提供融资和其他结算、理财服务，同时向这些客户所在的整个供应链提供系统性融资服务的业务。

四是支付机构积极开展保理业务。[①]支付宝、快钱、上海富友等通过直接设立商业保理公司或与企业集团内部保理公司关联合作等形式积极参与市场布局（见表5-4）。

表5-4　　　　与支付机构关联的商业保理公司业务开展情况

保理机构	关联支付机构	业务开展情况
快钱金融服务有限公司	快钱	通过打造包括电子收付款、应收应付账款融资等在内的创新产品组合，形成一套流动资金管理解决方案
富友保理	上海富友	为企业提供银行卡收单、业务管理软件等服务，以及时准确掌握小微企业经营现金流、库存、订单等数据，以数据分析监控为重要风控手段，从而为企业提供商业保理服务
商诚(上海)商业保理公司	支付宝	依托于支付宝的支付业务来拓展市场，积极探索包括航旅票务代理在内的国内商业保理业务的在线行业应用

五是在互联网金融背景下，支付机构深度拓展支付账户的功能及业务范围，呈现出跨行业、跨市场的特性。随着互联网支付等新兴支付业务的兴起及迅速发展，支付账户[②]正逐步成为承担部分资金支付应用功能的载体，在激发行业竞争活力、提高支付服务效率、便捷广大居民生活的同时，也不断地影响着传统金融服务基础架构。支付机构在充值[③]、转账[④]、消费[⑤]、提现[⑥]四类基本业务的基础上，不断丰富支付账户应用功能。与此同时，在线上线下应用场景不断融合的背景下，支付机构又涉足条码支付等O2O业务，尝试基于支付账户或与支付账户绑定的银行账户提供付款人与线下实体商户之间的支付服务。

[①] 保理业务是指保理商在贸易中以赊销的信用方式销售货物或提供服务而设计的一项综合性金融服务。
[②] 支付账户的定位：以单个或多个支付服务使用者的名义持有的、用于支付交易的账户。本书特指第三方支付机构为客户开立的虚拟支付账户。
[③] 充值是指客户以增加支付账户余额为目的，使用银行账户等方式向支付账户划转资金的业务。
[④] 转账是指客户在同一支付机构所开立的不同账户之间实现资金转移的业务。
[⑤] 消费是指客户使用支付账户为商品或服务等消费进行支付。
[⑥] 提现是指客户申请将支付账户中的所有或部分资金转入关联的银行账户的业务。

四、跨境电子商务外汇支付试点工作持续推进，取得阶段性成果

随着经济全球化进程的加快，以及国际贸易合作程度的逐步深入，受消费者对海外优质商品的旺盛需求和中国制造在海外市场畅销的促进作用，跨境支付业务呈现蓬勃发展态势。在良好的政策发展环境支持下，国内支付机构通过与国际知名电商平台、航空公司、酒店、软件服务商等商户合作，积极拓展跨境支付业务。截至2014年，获得跨境电子商务外汇支付业务试点资格的支付机构共有22家，业务许可范围包括货物贸易、留学教育、航空机票、酒店住宿、软件服务五类。从试点机构所在地来看，北京地区机构数量最多，共有9家，其后依次为上海（8家）、深圳（2家）、杭州（2家）、重庆（1家）。从获批业务类型来看（5~6家），获准从事货物贸易业务的试点机构数目最多（22家），而获准从事软件服务业务的试点机构最少（1家）。从业务范围大小来看，获得全业务范围试点许可的有1家（首信易支付），仅获得1项业务试点许可的共4家，多数机构获得3至4项业务许可。

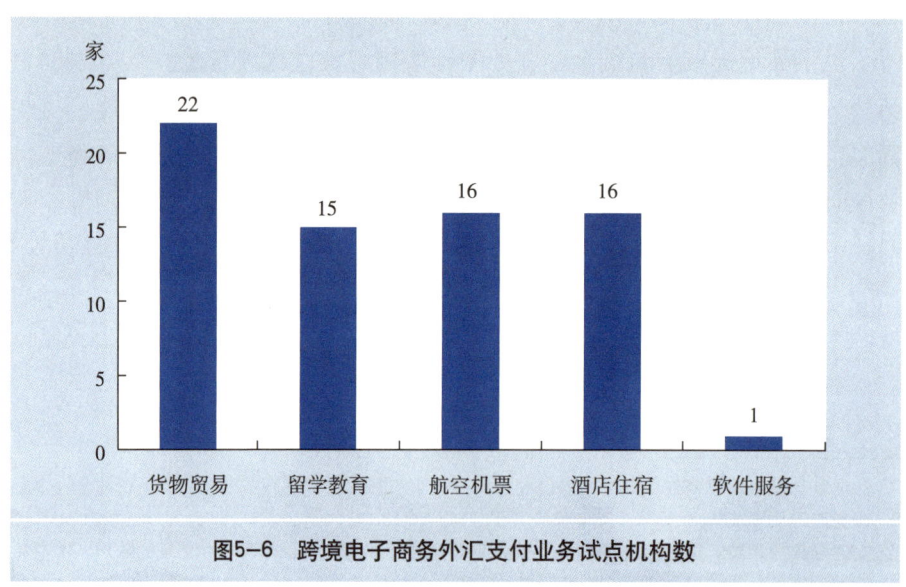

图5-6 跨境电子商务外汇支付业务试点机构数

2014年，国内支付机构跨境互联网支付交易笔数达到6 789.74万笔，金额达到10 558.15亿元，比上年分别增长295.71%和118.2%。其中，单位客户

办理跨境互联网支付业务1 020.37万笔，金额10 408.61亿元，同比分别增长334.94%和2 036.85%；个人客户办理跨境互联网支付业务5 769.38万笔，金额149.54亿元，同比分别增长289.5%和下降96.56%。

在该业务领域，支付机构发挥前端支付通道优势、银行发挥后端跨境结算和反洗钱等风控优势，在政策支持下充分合作。如截至2014年底，中国银行已经与19家获得试点资格的支付机构合作开展跨境电商外汇支付业务，当年结算金额超过60亿元。

跨境互联网支付以北美洲为主。按交易对象所在地划分，交易金额从高到低的区域依次为：北美洲（96.77%）、欧洲（1.54%）、亚洲（1.53%）、南美洲（0.09%）、大洋洲（0.06%）、非洲（0.01%）（见图5-7）。①

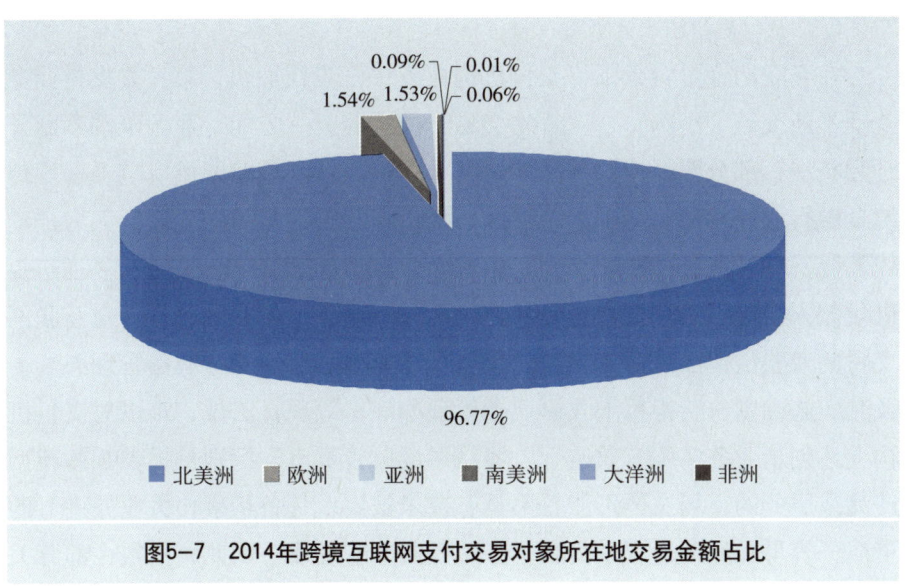

图5-7　2014年跨境互联网支付交易对象所在地交易金额占比

五、监管政策引导市场主体合规经营，权责定位更为清晰

2014年，银监会、人民银行联合下发《关于加强商业银行与第三方支付机构合作业务管理的通知》（银监发〔2014〕10号）（以下简称10号

---

① 数据来源：中国支付清算协会。

文），对商业银行与第三方支付机构建立业务关联提出18条具体要求，进一步规范商业银行与第三方支付机构的合作，厘清各主体的责任。10号文从保护客户资金安全和信息安全的角度出发，对商业银行与支付机构合作的具体事项进行详细规范，包括客户身份认证、信息安全、交易限额、交易通知、赔付责任、第三方支付机构资质和行为、银行的相关风险管控等方面，使合作双方有了可执行的细则。这意味着，商业银行及支付机构的合作将更加规范。

第三节 行业风险及问题

一、市场主体在创新发展进程中突破业务边界，面临潜在的政策和法律风险

在互联网金融背景下，支付机构业务扩张步伐加快，第三方支付业务范围不断突破"小额"、"货物交易"的边界。一方面，业务范围不断外延和拓展，部分产品或服务已涉足基金理财、保险理赔、供应链金融等传统金融行业或领域，呈现出跨行业、跨市场的特性；另一方面，大力推动线上线下应用场景的融合，开展条码支付等O2O业务，通过线上交易通道提供付款人与线下实体商户之间的面对面支付服务。与此同时，针对互联网支付的专项法律法规尚未出台，仅依靠《非金融机构支付服务管理办法》及其实施细则、《银行卡收单业务管理办法》等现行法规，难以对支付机构上述创新业务实施有效监管，容易形成监管真空。特别是提供某些新型产品或服务的市场主体可能暂不具有或未被要求具备从事相关业务许可的资质，容易在经营过程中突破业务边界或监管红线。因此，亟须在部分关键新行业、新领域的市场准入标准、交易规则、资金进出与转移原则、业务规范和技术标准等方面形成统一的监管标准，引导市场主体规范经营。

二、网络支付实名制未得到有效落实，业务管理存在安全隐患

目前，多数网上商家与自然人客户在网络支付平台进行身份信息登记时，没有强制要求进行实名身份信息核实，双方都已虚拟昵称登录网络支付平台系统，非实名支付账户比例较高，给洗钱犯罪等行为提供了便利。

据中国支付清算协会统计，目前完成实名认证的支付账户共有9.45亿个，占总支付账户总量的43.07%，占比较低。一是由于客户数量巨大、配合度低等问题，绝大多数支付机构存量支付账户仍未进行实名认证。二是支付机构对特约商户审查不严格。网络商户经营具有虚拟性特征，部分商户还将其支付接口转借给黄、赌、毒等非法商户，以合法的形式掩盖非法禁用内容。部分支付机构对特约商户仅限于证照等形式的审查，未能识别部分非法商户，如支付机构商户将支付接口转借给色情网站等事件频发，且未及时发现。随着网络支付服务的范围和规模的延伸，不法分子利用网络支付平台洗钱以及国外大量"热钱"通过跨境网络支付的涌入，将影响我国经济金融安全。

三、互联网支付技术安全层面存在风险隐患，配套的安全环境和技术标准有待改善

一是互联网支付行业尚未建立统一的风险控制标准，市场主体对风险控制的投入差异较大，风险管理水平参差不齐，特别是中小支付机构在人财物、技术手段以及安全认识等方面的综合实力有限，风险防范能力脆弱；二是不法分子网络犯罪技术不断升级、犯罪手段趋于隐蔽，增加了对木马病毒、钓鱼网站、伪基站等拦截、排查、预警的难度；三是部分创新业务在支付环节身份认证强度较弱，过度依赖短信验证，且在部分操作环节具有一次认证重复使用的特征，交易信息容易被拦截或篡改；四是条码、声波、指纹等识别技术被尝试应用于互联网支付（含移动支付），但尚无统一的技术标准、检测认证标准及业务规范，存在一定的安全隐患。

四、客户信息存在泄露或被用于非法用途的风险，信息安全管理机制亟待健全

一是经过多年经营活动，市场主体直接或间接获取庞大的客户身份信息、银行账户信息、消费习惯，以及相关社交网络的信息数据，上述数据如果不能够被安全管理及使用，将会给消费者带来信息泄露、财产损失甚至人身安全问题。特别是大数据、云计算等信息归集和处理技术应用于互联网支付服务后，这一问题更为凸显，与用户相关的各种数据可能会在自身无法干预的情况下用于商业或者一些不正当的目的。二是部分市场主体与一些网络服务商或网站之间存在一定的信息关联性，或在与网络特约商户签订协议时，明确约定共享客户信息，这些情况或做法都可能使得客户单一信息的泄露引发其他核心信息被窃取。三是网络支付服务提供方和接收方通过网络签订的协议均是通过强制性选项按钮勾选，这样的一揽子接受格式合同的形式严重损害消费者公平交易权和选择权，对消费者个人信息缺乏有力保障。

五、部分市场主体权责义务尚未清晰界定，风险偿付机制有待进一步完善

部分市场主体尚未建立起完善的、能够覆盖各类支付产品或服务的风险偿付机制，还有部分市场主体虽然在协议或约定中作出赔偿承诺，但在客户索赔过程中面临条件严苛、手续复杂、门槛较高等诸多问题。对于涉及多机构合作的支付产品和服务，部分机构未明确披露在交易认证、信息保护、交易赔付等方面的责任划分标准及投诉处理流程，形成消费者维权障碍。特别是部分第三方支付平台二级商户与客户出现交易纠纷时，机构难以妥善处理和解决，存在投诉或联系渠道不畅通，退货流程烦琐、赔付困难等问题。此外，由于受到专业知识、消费经验、信息不对称等因素的制约，当出现交易纠纷，或者账户资金受损等情况时，消费者在信息获取和证据收集等方面一直处于弱势地位，往往因维权渠道不畅通、成本较高、举证困难等原因，难以正确保护自身的合法权益。

第四节 发展趋势

宏观经济的稳定增长、互联网技术的快速发展以及居民消费能力的提升将成为互联网支付产业发展的主要动力。商业银行将加大资金投入力度，整合自身金融资源，不断提升服务及业务水平。支付机构将积极开展业务创新，不断提升风险防控能力，为多行业领域提供多样化、定制化的支付服务解决方案。未来几年，互联网支付将保持平稳增长态势，并寻求服务质量的全面提升。

一、互联网支付市场主体数量趋于稳定，业务规模保持平稳增长态势

经过十多年的发展，互联网支付已渗透到广大居民的日常生活当中，用户黏性较强，使得市场准入门槛较高，新进入主体或将多采用并购形式涉足互联网支付业务，加上监管机构新批准的机构数量预期有限，网络支付市场的服务提供方总体数量将趋于稳定。从近几年的业务增速看，银行网上支付交易笔数和金额的年增长率已趋于稳定，基本保持在20%左右。支付机构互联网支付交易笔数和金额的年增长率分别为40.86%和90.07%，比2013年的43.47%和30.04%在笔数上略有下降，但在交易金额上大幅上升（见图5-8）。随着整个互联网支付市场的体量趋于庞大，其业务增速也将趋于稳定。

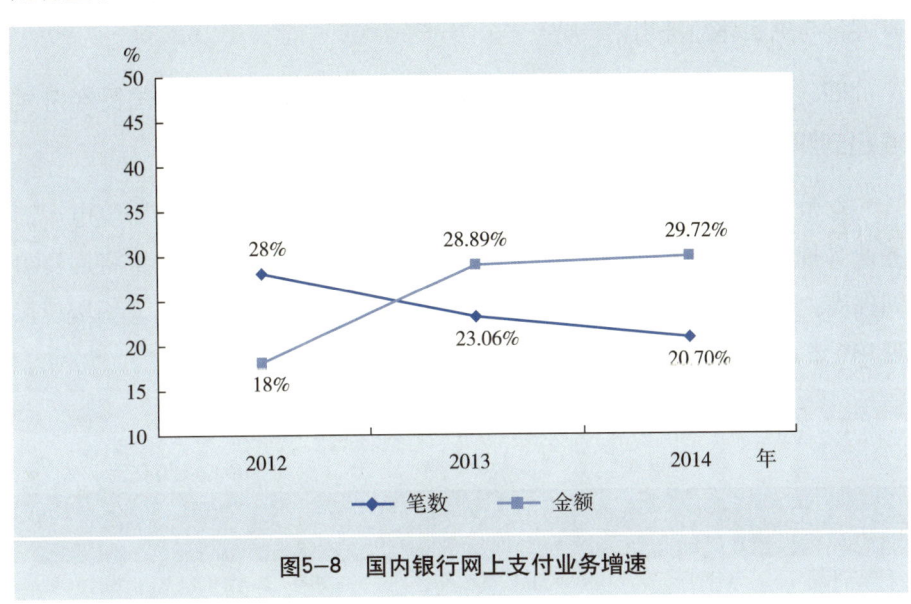

图5-8 国内银行网上支付业务增速

二、市场结构将发生一定程度的调整和变化，市场主体之间将通过构建新型的战略合作关系谋求长远发展

部分电商企业或集团通过收购兼并获牌机构等方式，涉足网络支付和移动支付行业，以开拓和占据更多的市场，面向更广的客户群体提供服务，同时提高内部资金清算和运转效率，降低综合运营成本，提升盈利空间和水平。与此同时，部分获牌机构可能会因经营战略调整或长远发展考虑，接受综合实力较强的企业集团收购，或与之展开全面战略合作。

三、互联网支付将继续向多行业领域渗透，为产业转型和升级提供有力支撑

2013年至2014年，互联网支付向基金、理财、保险等具有高附加值的金融领域进行了有效的渗透，未来几年，互联网支付金融化的趋势仍然较为明显，金融领域仍然是市场各方激烈博弈的阵地。此外，传统经济产业，如能源行业（钢铁、石油、煤炭）、家电制造业、食品生产业、商品零售等将在借助互联网技术提高资金融通和运作效率方面加快进度；纯虚拟经济行业，如以搜索引擎、网络游戏、IT软件等为主营业务的互联网公司也将加速与电子商务的融合，利用其大数据优势，尝试基于互联网支付模式参与到实体经济当中。

四、跨境电子商务外汇支付业务规模实现高速增长，对国民经济发展起到积极的促进作用

在电商全球化布局和进出口贸易稳定增长的背景下，中国跨境电子商务业务规模将保持高速增长态势，且在中国进出口贸易中的比重将逐步得到提高，预计2016年跨境电子商务业务规模达到6.5万亿元左右，年增速接近30%，占进出口贸易总额比重将达到18.9%（见表5-5）。

表5-5　2008—2016年我国进出口贸易及跨境电商交易规模

单位：万亿元，%

年份	进出口交易总规模	跨境电商交易规模	跨境电商占进出口交易总规模比重	跨境电商交易规模增长率
2008	18.0	0.8	4.4	—
2009	15.1	0.9	6.0	9.2
2010	20.2	1.2	5.9	33.3
2011	23.6	1.6	6.8	33.3
2012	24.3	2.0	8.2	25.0
2013	25.5	3.1	12.2	31.3
2014	27.7	4.0	14.4	30.6
2015	30.7	5.2	16.9	29.3
2016	34.4	6.5	18.9	25.9

资料来源：综合国家统计局、商务部，以及互联网公开资料整理而得。其中，2014年至2016年为预测数据。

跨境电子商务的快速发展将对中国整体国民经济以及进出口贸易产生积极影响。一是相对于传统外贸，跨境电子商务突破了传统地理范围的限制，有助于压缩业务中间环节、化解产能过剩、提高企业利润、重塑国际贸易产业链、促进外贸发展方式的优化和转型。二是电子商务网站具有商品信息丰富、个性化广告推送、智能化商品检索、支付方式简便等优势，为国内中小企业发展境外贸易提供选择路径。三是跨境电子商务面对全球200多个国家和地区的特约商户和消费者，市场潜力巨大，在政府部门和市场参与主体的大力推动下，已经初步形成一条从营销到支付、物流和金融服务的完整产业链条，将为国内跨境电子商务乃至进出口贸易的进一步发展奠定良好的基础。

五、行业监管与自律体系进一步完善，市场安全状况逐步改善

行业监管将专注于严控市场准入，鼓励现有机构兼并重组、持续发展健全市场退出机制，研究实施支付机构分类分级监管，逐步研究制定和完善针对互联网支付业务的专项法律法规。中国支付清算协会将配合监管机构，引导会员单位规范业务经营活动，维护支付服务市场公平有序的竞争秩序，营造良好的行业发展环境。市场主体将积极研究建立行业风险防范机制，不断完善支付业务风险防范机制和措施，共同促进网络支付行业的健康发展。

专栏5-1
关于支付机构跨境外汇支付业务试点政策调整的影响

2015年1月29日，国家外汇管理局发布《关于开展支付机构跨境外汇支付业务试点的通知》（汇发〔2015〕7号，以下简称《通知》），将在全国范围内开展支付机构跨境外汇支付业务试点，允许支付机构为跨境电子商务交易双方提供外汇资金收付及结售汇服务，并将跨境电商单笔限额由等值1万美元提升至5万美元，同时放宽支付机构开立外汇备付金账户户数限制。《通知》将有效增强民众跨境交易的便利性和安全性，有利于国家税收和数据监控，对防范互联网渠道外汇支付风险和支持跨境电子商务发展具有重要作用。

《通知》及《支付机构跨境外汇支付业务指导意见》（以下简称《意见》）的核心思想和主要内容包括：一是提高单笔业务限额。网络购物单笔交易限额由等值1万美元提高至5万美元。二是规范试点流程。支付机构要取得试点资格，应先行到注册地外汇局办理"贸易外汇收支企业名录"登记。三是明确机构账户管理细则。放宽支付机构开立外汇备付金账户户数的限制，该账户纳入外汇账户管理信息系统管理，并由银行负责将数据报送至外汇局。四是试点业务范围进一步扩大。业务范围需涉及具有真实合法的货物贸易、服务贸易交易背景。五是严格风险管理，规范信息采集内容。要求支付机构严格履行交易真实性审核职责，留存相关信息5年备查，逐笔还原交易信息并及时准确报送相关业务数据和信息。外汇局将对试点业务开展非现场核查和现场核查，进行审慎监管。对于试点业务采取通过事前征询、事后告知等方式加强与当地人民银行分支机构支付结算管理部门的沟通，提高审核质量。

业务试点将有效推动跨境外汇支付一站式服务平台的构建，促进跨境电子商务的健康发展，提升支付机构结售汇的能力与效率，增强支付机构国际竞争力，为后续相关支持政策的适时推出奠定了良好的基础。

专栏5-2
商业银行优化互联网金融发展战略

在互联网金融迅猛发展的背景下，商业银行面临着其他市场参与主体跨行业的竞争，对其传统金融业务产生一定程度的影响，实现产业升级、优化互联网金融发展战略已经迫在眉睫。商业银行正在通过引入并运用互联网思维方式与技术手段，建立更有效率、更贴近市场需求的新型金融服务体系。

一、商业银行实施互联网金融发展战略的重要意义

一是降低综合运行成本，提高盈利水平。传统金融服务互联网化，可以优化业务办理流程，提升机构运转效率，大幅节约客户时间成本，进而降低综合运营成本。二是提供多样、个性化服务提升客户体验，增加客户黏性。特别是在小微企业贷款和消费贷款方面，互联网普及和网上金融消费习惯的形成有助于奠定良好的客户基础；搜索引擎、数据挖掘及云计算等技术的运用，能够整理、加工形成针对性、标准性、动态连续的客户需求信息，为商业银行设计个性化的产品提供参考和依据。三是运用大数据等技术提升商业银行信用风险管理水平。利用互联网及大数据技术，商业银行能有效突破时间、距离的限制，实现累放贷款的动态风险监测和实时预警控制，全流程监测到单个主体、单笔贷款的具体运行情况，提高了风险管理的前瞻性和有效性。

二、互联网金融背景下商业银行创新发展策略

传统商业银行互联网金融发展战略的核心是要在业务经营中注入互联网元素，建立高效、快捷、安全的全方位现代金融服务体系。一方面集中优势资源成立专职部门，承担业务经营、转型、创新等职能。如部分银行将电子银行部升级或单独成立"互联网金融部"，竭力搭建集支付结算、投资理财、网络融资、消费信贷于一体的互联网交易平台，如广发银行、上海农商行等。另一方面，商业银行加速与互联网平台公司的业务合作，

共同深挖市场需求，谋求共赢。如兴业银行与百度正式签订战略合作协议，积极探索互联网金融模式；民生银行与阿里巴巴、北京银行与荷兰ING集团在直销银行服务方面开展合作；浦发银行与腾讯公司签署战略合作协议，尝试共建互联网金融生态圈。

第六章　移动支付

2014年，我国移动支付行业呈现高速发展态势，业务规模实现爆发式增长。随着移动互联的不断普及，市场参与主体一方面加大推广力度，推动业务量加速向移动端迁移；另一方面深入开展合作，不断应用新技术推出创新产品，改善用户体验，逐步建立移动支付生态圈，构建竞争优势。同时，移动支付相关基础设施建设和受理环境持续得到完善，消费者对于移动支付的接受度和使用频率显著提升，有力促进移动支付业务的普及和推广。2015年，移动远程支付的业务量将继续保持成倍增长；移动近场支付可能取得突破性发展，特别是近场通信（NFC）、主卡仿真模拟（HCE）、云计算以及令牌等技术的发展，近场支付产业端的障碍逐步破除，移动近场支付将迎来快速发展，线上线下（O2O）进一步创新融合，产业格局面临调整。移动支付在我国小城镇和乡村地区的渗透率将会加速增长。

第一节　发展概况

2014年，移动支付产业链各参与主体纷纷加大投入力度，积极布局和拓展移动支付市场，持续推动支付业务从PC端向移动端的迁徙，并加速基于移动端的产品和服务创新，不断优化和改善受理环境和应用场景，提升支付服务安全水平，促进移动支付行业的飞速发展。

一、移动支付业务规模迎来"井喷式"增长

2014年，移动支付行业发展迅猛，业务规模急速增长，交易笔数在电子支付业务中所占比例不断上升，日益成为用户普遍接受的支付方式之一。2014年国内银行共处理移动电话支付业务45.24亿笔，金额22.59万亿元，同比分别增长170.25%和134.30%；笔均业务金额为4 993.37元，日均处理业务1 239.45万笔，金额618.9亿元。其中，个人客户移动支付业务45.24亿笔，金额22.58万亿元；单位客户移动支付业务22.02万笔，金额76.92亿元[①]。

---

① 数据来源：中国人民银行。

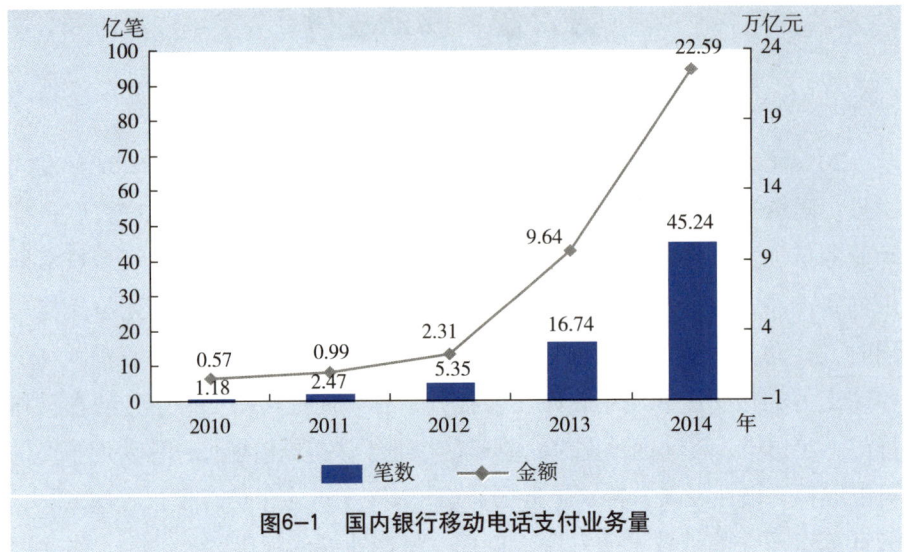

图6-1　国内银行移动电话支付业务量

2014年,支付机构共处理移动支付业务153.31亿笔,金额8.24万亿元,同比分别增长305.9%和592.44%;笔均业务金额537.47元,日均处理业务4 200.27万笔,金额225.75亿元。其中,全年共处理移动电话远程支付业务152.81亿笔,金额8.23万亿元;共处理移动电话近场支付业务4 927.13万笔,金额116.27亿元。[①]

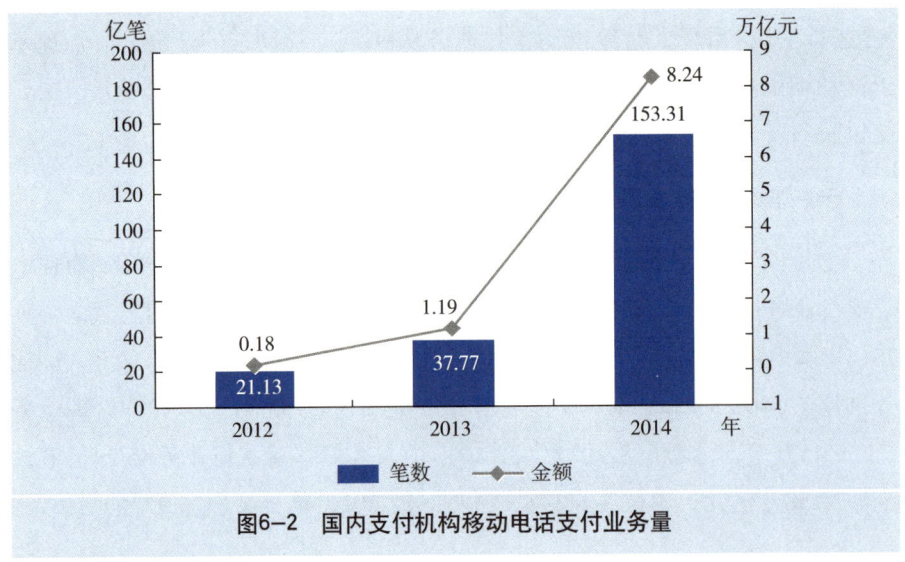

图6-2　国内支付机构移动电话支付业务量

---

① 数据来源:中国支付清算协会。

二、市场主体深入开展合作,充分发挥比较优势加大创新力度

商业银行主推手机银行、短信银行等远程支付业务,不断丰富功能应用,并与国内社交平台网络、电信运营商等机构深入合作进行业务推广和用户拓展。如工商银行、招商银行等与微信平台合作推出公众号,提供信息查询、账单管理、转账汇款、购买理财等服务;广发银行等通过与中国银联、电信运营商合作,推出NFC手机近场支付业务,向客户提供脱机消费、空中圈存、圈提等功能。

中国银联基于企业级TSM平台,与其成员机构开展项目合作,实现标准金融IC卡的空中发卡,推动移动近场支付产品的规模化发展。2014年,中国银联与中银通、安徽移动合作,推出"移动合肥通产品",在合肥地区实现了金融IC卡行业应用在SWP-SIM卡上的预置,持卡人使用NFC手机可直接完成非接支付。

支付机构方面,2014年,有8家非金融机构获得移动支付业务许可,获准从事移动支付业务的支付机构数量增至45家(见表6-1)。各机构充分发挥自身业务与技术优势,积极布局移动支付市场,进一步丰富手机钱包、微信支付等产品功能,满足客户多样化、个性化的支付需求。

表6-1　　　　移动支付业务许可证获批情况(截至2014年底)

批次	获移动支付业务许可机构数量(含增项)	发证日期
第一批获得支付业务许可证	15	2011年5月
第二批获得支付业务许可证	5	2011年8月
第三批获得支付业务许可证	12	2011年12月
第四批获得支付业务许可证	5	2012年6月
第五批获得支付业务许可证	1	2013年1月
第六批获得支付业务许可证	1	2013年7月
第七批获得支付业务许可证	6	2014年7月
总计	45	

三、客户应用基础日趋稳固,客户数量稳步提升

工业和信息化部统计数据显示,截至2014年底,国内手机用户数量达到12.86亿户,比上年末净增5 698万户,同比增长4.6%;移动电话普及率达到94.5部/百人;4G和3G移动电话用户总数分别达到9 728.4万户和48 525.5万户,在移动电话用户中的渗透率分别达到7.6%和37.7%。移动电话用户规模的提高,以及用户对移动支付接受度的提升,为移动支付发展奠定了良好的客户应用基础,加上市场主体不断加大优惠力度,推动了客户规模的爆发式增长。截至2014年底,国内银行的移动支付客户数量为5.04亿个,同比增长38.84%;[1]其中,单位客户数量为15.28万个,个人客户数量为5.04亿个。国内支付机构移动电话近场支付客户数量达到1.14亿个,同比增长90.83%;支付机构移动近场特约商户数量达到68 637户,同比下降23.67%。[2]

四、监管和自律制度不断完善,引导市场主体规范发展、提升风险防控水平

2014年,监管部门本着促进创新、规范发展、防范风险、维护各方合法权益的原则,在尊重市场运行规律基础上,继续完善移动支付行业的监管政策。2014年9月,人民银行发布《中国人民银行关于全面推进深化农村支付服务环境建设的指导意见》(银发〔2014〕235号),明确指出应认真总结农村地区移动支付试点成功经验,利用移动支付快捷、便利、自助服务管理等业务特点,发挥移动支付在推动农村金融普惠方面的独特优势,推动移动运营商与涉农金融机构、银行卡清算机构、支付机构等有关各方合作,因地制宜推动移动支付业务在农村地区的推广应用。2015年1月16

---

[1] 数据来源:中国人民银行。移动支付客户为统计期末签约或注册手机银行且具备支付功能的存量客户数。为避免重复计算,如果出现同一客户为多家银行的客户,计算加总数据时仅统计一次。

[2] 数据来源:中国支付清算协会。因天翼电子商务有限公司2014年对长期未发生交易的移动近场特约商户进行了清退,导致移动近场特约商户总数有一定幅度的下降。

日，人民银行发布了《中国人民银行关于推动移动金融技术创新健康发展的指导意见》，明确了移动金融技术创新健康发展的方向性原则，即遵循安全可控原则，秉承便民利民理念，坚持继承式创新发展，注重服务融合发展，这对我国移动金融技术创新健康发展具有积极的促进作用，有利于加快移动金融在公共服务、电子商务等领域的广泛应用，有效满足社会大众对安全便捷金融服务的需求，对提升我国普惠金融发展水平具有重要意义。

中国支付清算协会于2014年3月发布《移动支付业务风险防范指引》，是行业内首部针对多主体、多业务类型的移动支付自律性规范文件，重点从风险管理体系、用户、商户管理、终端风险、资金安全、系统安全及应用管理等方面进行自律约定；对营造公平有序的市场环境，引导市场主体提升风险防范能力和管理水平，促进行业健康发展起到积极作用。

第二节 运行特点

一、移动支付深入渗透至金融及生活消费领域，成为便民服务的重要手段

随着互联网支付服务向移动端的迁移，移动支付优先渗透至能够与移动社交、位置服务相结合或具备高附加值的行业领域，从而使基于移动互联网的消费、理财、休闲娱乐等应用率先得到普及。

基金理财方面，除支付机构相继推出余额宝、理财通等产品外，部分基金公司与支付机构合作，依托微博、微信等社交网络，为客户提供多样化增值服务，提升基金产品销售和管理的便捷性。如华夏基金在微信平台开通"微理财"业务；南方基金开通语音聊天服务功能，通过语音识别，投资者可以使用诸如"货币基金"、"实时赎回"、"我要理财"等语音指令，得到微信菜单里的相应服务；易方达基金公司在微信上推出"易方达微理财"服务账号并上线菜单式功能，客户可以在微信内实现基金申赎、账户查询等业务。

表6-2　　　　　国内部分移动互联网理财产品

序号	产品名称	发售平台或机构	主要对应的货币市场基金公司
1	工银薪金宝	工行融E行	工银瑞信
2	如意宝	民生银行	民生加银
3	天天富	银联电子	众禄基金
4	余额宝	支付宝	天弘基金
5	理财通	财付通	汇添富、易方达等
6	活钱宝	平安付	平安大华基金
7	添益宝	天翼电子	嘉实基金

保险服务方面，保险公司及中介机构持续拓展移动互联网等新营销渠道。淘宝、微信等已逐步成为保险公司的热门营销平台，服务内容主要涵盖保单资料查询、服务人员联系电话、缴费账号变更等咨询业务。中国人寿、泰康人寿分别推出微信统一投保及服务平台项目、微信理赔服务。中国人保财险对其微信公众号"人保财险网络直销"进行全面升级，接入快钱公司的信用卡无卡支付功能。

生活服务方面，商业银行和支付机构通过与相关行业的特约商户合作，向客户提供包括公共交通、公用事业缴费、打车、娱乐等基础服务，并通过优惠活动和价格补贴等方式进行推广。支付宝、财付通等支付机构与社交平台、媒体等开展合作，将社交、游戏、传播、习俗等要素有机地融为一体，提供具备新鲜体验、便捷操作的网络红包服务，吸引广大客户参与。相关统计数据显示，2015年春节期间，微信红包收发总次数为32.7亿次，除夕当日共有482万人参与，收发次数为10.1亿次，平均每个红包金额为10.7元；[①]除夕当日有6.8亿人次参与支付宝的红包游戏。

---

① 郭梦仪：《电商巨头"红包闹春"　微信、支付宝各补短板》，载《中国经营报》，2015-03-02。

表6-3　　2014年国内移动支付相关产品或服务涉及行业领域情况

单位名称	产品或服务	涉及行业领域
工商银行	工银e支付（手机银行）	转账汇款、生活缴费、购物
建设银行	12306铁路电子支付客户端	铁路售票、基金理财、生活服务
	快捷付	
	手机商盟	
北京农商行	"社区e服务"及"凤凰e账户"	投资理财、生活缴费
中国银联	银联钱包	金融、公共交通
平安付	壹钱包2.0	基金理财、生活购物
财付通	微信支付	红包、彩票、打车、公益
	手Q支付	生活缴费、娱乐、购物
支付宝	支付宝钱包	红包、打车、基金理财、娱乐

资料来源：相关会员单位报送的2014年移动支付优秀案例。

二、个人客户使用频率显著提升，对短信、客户端等远程支付方式的使用率较高

随着移动支付应用场景的日益丰富、产品和服务安全性的进一步提升，市场主体优惠力度的不断加大，客户对移动支付的信任度和接受度稳步提升，越来越多的客户开始接受和使用移动支付。中国支付清算协会调研数据显示（见图6-3），13.30%的客户每天都使用移动支付，41.30%的客户每周使用2~3次移动支付，16.70%的客户每周使用1次移动支付，三者合计71.30%。

图6-4显示了客户通常选择的移动支付方式，可以看出短信支付（69.70%）、客户端支付（44.30%）、手机网页支付（41.50%）等远程支付方式的使用率均高于近场支付方式（27.30%）。这归因于国内移动远程支付发展已较为成熟，多数互联网支付业务已逐步实现往移动端的迁移；而近场支付仍处在创新发展阶段，相关基础设施建设、产品解决方案、商业模式有待进一步完善，应用场景和领域有待深入拓展。

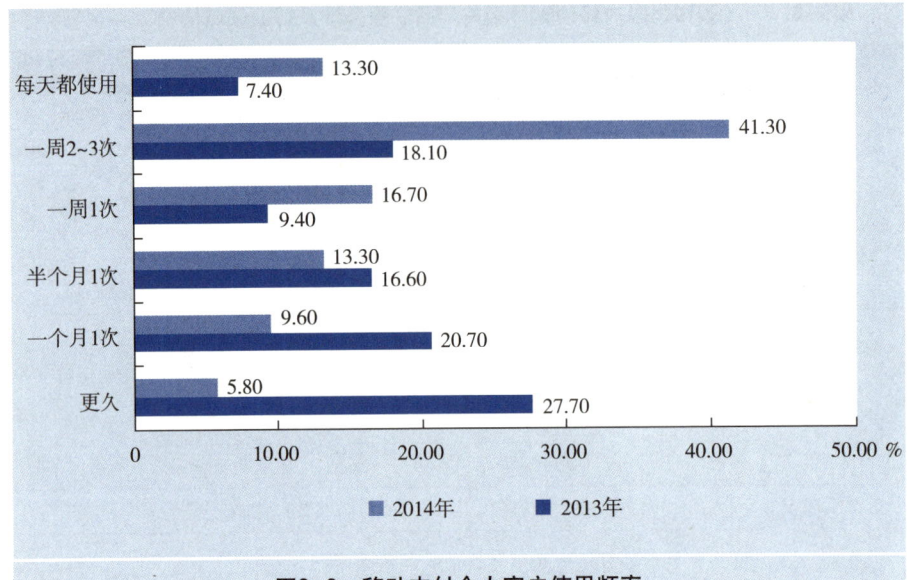

图6-3 移动支付个人客户使用频率

数据说明：数据由联动优势、支付宝、易智付科技等会员单位使用统一的网络问卷向个人客户采集获取。其中，2013年有效样本数量为1 200余份，2014年有效样本数量为7 381份。

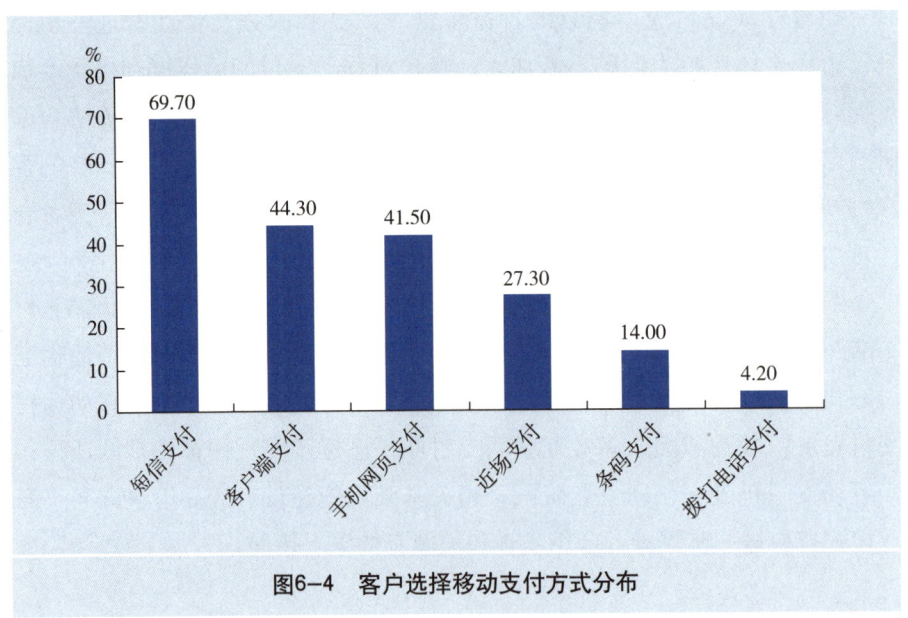

图6-4 客户选择移动支付方式分布

三、移动电话远程支付市场趋向成熟，近场支付仍处在探索发展阶段

随着移动通信和互联网技术的日益成熟、移动互联网的普及和传输速率的不断提升，移动电话远程支付的商业模式已相对成型，商业银行、电信运营商、清算机构、支付机构等市场参与主体均已推出各具特色的产品和服务，在客户数量和业务规模方面也均形成较大的体量。相较而言，受制于支付终端研发和推广，受理终端的新建、改造和维护，以及芯片卡更换等方面的成本投入较大，市场主体的业务合作模式有待优化和升级等因素，移动电话近场支付尚未形成较为成熟的、为各市场主体广泛接受的可持续商业模式，绝大多数产品和服务尚未得到规模化的推广和应用，市场整体格局也尚未实现均衡，整体仍处于深入布局与推广积累阶段。2014年，支付机构移动远程支付和近场支付业务金额占移动支付总业务金额的比重分别为99.86%和0.14%，近场支付业务的占比仍然很低。

四、移动支付安全面临新的挑战和压力，亟须强化风险防范手段和措施

随着移动支付产品和服务所涉及客户资金规模和信息流量的迅速提升，将可能吸引不法分子关注该项业务，利用病毒入侵、手机钓鱼、伪卡制作、伪基站等手段，盗用或窃取客户的账户资金和信息。而部分移动支付产品安全认证存在漏洞，交易流程设计不尽合理，容易形成风险漏洞；高级别的安全认证工具在手机终端的应用和推广仍然处在探索发展阶段。虽然大部分客户十分重视账户资金安全，但是通常在片面追求支付便捷性的时候忽视了安全性的存在，在使用移动支付时未能充分认识到手机终端已经成为包含客户身份信息、银行账户信息在内的综合载体，给犯罪分子提供了可乘之机。

中国支付清算协会2014年市场调研数据显示：安全性和便捷性是移动支付用户最看重的因素，分别占全部移动支付用户的77.4%和70%。77.8%的用户认为未来移动支付需要提高交易安全性，45.7%的用户认为移动支付需要提升支付操作的便捷性，42.9%的用户期望移动支付拓展服务应用范围，期望提高服务质量和放宽支付限额的用户占比分别为28.1%和24%。因此，需要产业链各方采取有效措施，不断加大风险防范力度，积极开展支付安全教育和培训，实现行业整体风险可控。

第三节 热点剖析

一、移动支付推动O2O等线上线下融合模式的创新发展，不断丰富支付应用场景

在移动支付行业发展初期，市场主体多基于移动互联网和通信网络开展移动远程支付业务，而移动近场支付业务发展相对缓慢，两种支付模式及对应的线上线下应用模式相对独立。近年来，随着基础设施和受理环境的逐步完善，NFC、条码、声波等技术在移动支付领域的运用和推广，相关主体加大产品和服务创新力度，不断丰富移动支付业务场景，推动线上线下业务模式的融合。线上交易到线下消费体验、线下营销到线上交易等O2O模式在移动支付的支持下得到迅速推广，在电影院、超市、便利店、餐饮、自动售卖机，以及出租车等生活消费领域均有应用。此外，O2O模式还延伸至医疗领域（即线上预约、支付，线下就诊），如支付宝与广州市妇儿医疗中心合作，用户可使用支付宝完成挂号、缴费、查看报告单等环节；广州市卫生局与微信合作推出"广州健康通"公众号，使市民可通过该公众号在线上实现广州约60家医院的预约挂号及支付。

二、HCE、Apple Pay等新技术推动移动支付产品性能和安全防范水平的提升，促进移动支付业务的普及和推广

通信传输技术方面，4G技术的应用将进一步提升无线传输速率，促进云技术、大数据在移动互联网领域的应用，移动支付行业将在用户端、产品端、受理端、通信渠道、安全环节等实现全方位的提升，优化移动互联产业的价值链条。

身份识别及认证技术方面，苹果公司的Apple Pay运用"Touch ID+SE"的鉴权方式，在一定程度上有助于提高移动支付的安全性，并能凭借其高端用户基础和良好的付费习惯迅速占领移动支付市场高地。截至2014年底，苹果公司已与美国运通、万事达和Visa三大卡组织、6家商业银行、梅西百货等22 000多家零售商达成合作意向，一经推出即能覆盖约80%的美国信用卡用户。而如果未来Apple Pay被成功引入中国市场，将对现有的NFC、条码、声波支付产生一定程度的影响，促使各类市场主体在业务合

作和市场布局等方面作出战略调整。

安全模块及加密技术方面,HCE技术的探索与尝试突破了手机内置安全模块(Secure Element,SE)的限制,将使得NFC服务的部署更加容易和便捷,缩短整个移动近场支付产业链,弱化了电信运营商和SE生产商在NFC产业链中的影响力,使金融机构能够摆脱硬件制约,独立主导移动支付近场业务发展。Visa和万事达公司均已对此作出尝试,将允许各自的卡片信息被储存在云端进行NFC支付。在2015年初达沃斯论坛上,银联总裁时文朝宣称,银联将积极探索基于HCE、Token、全移动支付等各类技术的业务模式,共同迎接支付创新发展的新时代。[1]

支付技术解决方案方面,苹果公司推出iBeacon,使配备有低功耗蓝牙(Bluetooth Low Energy,BLE)通信功能的设备通过向周围发送自己特有的ID,以完成室内定位和信息推送。由于iBeacon比NFC具有更广的信息传输范围(NFC标签的理论有效距离只有20cm,而iBeacon信息传输距离可达50m左右),将在位置营销方面得到更多的尝试应用。[2]

上述技术的引入或应用都将对移动支付,特别是近场支付的发展和普及起到积极的促进作用,对市场格局和相关市场主体业务发展产生不同程度的影响。

三、移动支付基础设施进一步完善,MTPS和企业级TSM平台建设和应用取得实质性进展

移动支付国家标准正式发布,国家级移动金融安全可信公共服务平台(MTPS)建成,为行业内实现合作共赢、互联互通奠定了良好的基础,将促进移动支付与金融IC卡的有机结合,在学校、公共交通、物流、商超等行业或领域实现"一卡多应用"的功能,有助于推动电子货币对传统支付工具的有益补充。2014年6月,央行与发展改革委联合发文,决定开展移动电子商务金融科技服务创新试点工作,并提出组织建设符合相关法律和标准的城市移动金融安全可信服务管理系统(TSM),实现与MTPS的对接,

---

[1] 参考资料:和讯网,http://tech.hexun.com/2015-01-23/172691914.html。
[2] 参考资料:腾讯科技,http://digi.tech.qq.com/a/20130915/001341.htm。

为移动电子商务提供密钥管理、身份认证、应用软件真伪鉴别、数据安全分发等可信服务。截至2014年11月底，已有15家地方或企业级TSM平台接入MTPS系统，多类应用也相继上线。[①]

四、农村移动支付业务得到深入推广和应用，对普惠金融发展起到良好的推动作用

在人民银行的正确领导下，在各级地方政府的大力支持下，通过支付服务市场各参与主体的不懈努力，农村地区移动支付试点工作稳步推进，较好地满足了农村客户以存取款、汇兑、贷款、保险为主的基础性金融服务需求，有效缓解了农村金融服务需求大、金融网点数量少、金融服务供需矛盾突出等问题，有力促进了农村等欠发达地区经济的发展。如中国银联通过与商业银行、通信运营商等移动支付产业各方合作，结合农村市场实际，将银联移动支付引入农村地区，服务内容除跨行转账、小额取现、余额查询等基础性支付功能外，还可实现农资购销、涉农保险、农事查询以及公共事业缴费、手机充值、交通票务等特色支付应用。苏宁易购服务站落户江苏省宿迁及盐城所辖乡镇，服务站内的商品以二维码展示为主，涵盖日用百货、家电、食品酒水等类别，此外，服务站还具备品牌推广、购物消费、金融理财、物流售后、便民服务、招商等增值功能。

第四节　趋势展望

一、移动支付业务规模延续高速增长态势

随着更多的互联网支付业务陆续向移动端迁移，客户对移动支付使用度、信任度和接受度的不断增加，移动支付行业持续处在高速发展阶段，在用户端、产品端、受理端、通信渠道、安全环节等实现全方位的提升，推动市场规模的迅速扩大。从近几年业务增速看，银行移动支付交易金额的年增长率始终保持在100%以上，支付机构移动支付交易金额更是达到数倍的增长规模。单一市场主体移动支付业务占总业务规模比重也有较大幅

---

① 参考资料：http://www.nbd.com.cn/articles/2014-11-27/878813.html。

度的提升，如2014年11月11日，支付宝全天成交额571.12亿元，移动端成交额已占总交易量的42.6%。可以预见，移动支付行业将保持这一业务发展态势，并在小额、便民支付领域发挥更为积极的作用。

二、移动支付加速与相关业务领域的融合渗透，促进市场参与主体积极调整优化业务经营战略

移动支付与其他相关支付业务之间相互融合、渗透，将进一步衍生出新的业务模式和服务方式，给传统支付业务和部分行业领域带来不同程度的冲击和影响。特别是互联网和移动通信技术的进步，将有助于推动移动支付领域的业务创新，逐步向金融、交通、医疗、教育等领域进行渗透，并给传统业务模式带来实质性的变革。从事不同支付业务的市场主体需要尽快适应变化，顺应移动互联的发展大趋势，结合自身业务特色和优势，通过业务转型、业务拓展和业务融合，及时作出战略调整，降低综合运营成本，不断提升客户黏性，以应对支付市场的激烈竞争。

三、市场主体继续尝试将科技手段与支付应用融合，探索新的业务模式和产品服务

在互联网、信息处理、大数据应用、云计算、搜索引擎等技术和手段推动下，市场主体正在推动科技手段与移动支付应用的融合，创出新的业务模式和产品，不断拓展移动支付业务的应用空间，提升支付服务的安全性能。一是NFC支付、二维码支付、蓝牙支付等可能被尝试应用于小额、免密支付当中；二是智能手环、Apple Watch等穿戴式设备将可能与移动支付深入结合，应用于公交、地铁、便利店、咖啡厅等非接触支付应用场景；三是Token（令牌）技术应用于手机终端，将更有效地保障移动支付的安全。

四、移动支付试点工作持续推进，农村支付服务环境建设和普惠金融发展迎来新机遇期

市场主体将积极参与到农村支付服务环境建设当中，发挥各类商业模式的特点和优势，推动农村地区移动支付服务创新发展。一是充分考虑农村用户消费习惯和操作方式，不断推出符合其特色需求的移动支付产品和服务，降低操作的复杂度，增加支付的便捷性。二是丰富服务网点的业务功能，加快受理终端的布放，进一步改善农村地区支付受理环境，确保支付的成功率。三是研究建立合理的收费定价策略，通过不同区域差别定价等方式降低农村地区金融服务综合成本，实现对农村移动支付用户的拓展和培育。四是加强风险管理，保障支付安全，维护农村消费者的合法权益，并采取多样化的方式深化支付结算知识宣传培训工作，提升农村用户对法律法规、综合金融知识的认知度。

专栏6-1
HCE技术在移动近场支付中的应用

HCE（Host Card Emulation），是指用手机的运算能力来模拟芯片卡，其最大特点是在移动近场支付过程中无须实体安全模块（Secure Element, SE）的参与，从而使其技术解决方案完全不同于目前主流的全终端、SIM卡、SD卡三种NFC方案。HCE支持4种敏感信息储存方式，分别是主机SE、云端SE、TEE（可信执行环境）和UICC SE，在国外应用实例中，万事达和Visa均选择云端SE作为其HCE业务发展的首选方案。本专栏将主要以云HCE为研究对象，对HCE模式和传统NFC模式进行对比分析，归纳云HCE技术应用于移动近场支付的优势特点及风险问题，并提出相关政策建议。

一、HCE模式与传统NFC模式对比分析

在传统的NFC移动支付方案中，交易时NFC模块只能与安全模块（SE）进行交互，应用的指令只能读取到安全模块的处理结果，而HCE技术能利用手机终端设备的运算能力代替安全模块处理NFC信息的交互。在没有安全模块的情况下，可以通过两种方式保存个人敏感数据，一种是完全以软件的加密算法来保存，另一种是将安全模块"云化"，即将个人化数据保存在云端，移动客户端仅作为指令的传输平台。

基于云HCE方案的支付流程如下：用户打开应用，在通过身份验证后，应用HCE技术模拟芯片卡；每次交易时，含模拟芯片的终端先与服务器建立一个安全可信的通信信道，然后将POS传来的交易信息加密后传送至云端处理，待云端反馈信息后，完成交易。

二、云HCE方案优势和特点

一是弱化电信运营商对NFC产业链的影响，使金融机构主导模式得以实现，有助于优化产业链结构。产业链过长、参与主体众多一直是影响NFC移动支付方案推广的一大因素，金融机构、电信运营商、第三方支付机构、手机硬件厂商、服务提供商等产业链上的各方都想从中分得一杯羹，多方利益的博弈使NFC移动支付处于缓慢发展的状态。目前市场上广为认可的SWP-SIM技术方案中，是以SIM卡作为安全模块，因此，金融机构不得不与电信运营商合作共用安全模块（SE），服务提供商在开发APP应用时也要考虑到与电信运营商的SE匹配和兼容，而HCE方案使得SE被软件模拟所替代，弱化了电信运营商和SE生产商在NFC产业链中的影响力，使金融机构能够摆脱硬件制约，独立主导移动支付近场业务发展。

二是云HCE能实时切断芯片卡功能，保障客户资金和信息安全。如客户挂失手机，手机上的支付应用可以即时失效。所有卡信息不可读，电子现金支付也不可用；手机应用中将不会保存或截留任何个人化数据、卡片数据、APDU（Application Protocol Data Unit，应用协议数据单元）指令以及交易相关信息，只提供可信的通信信道与报文中转。

三是云HCE方案兼容性较强，对移动近场支付相关业务环节影响较小。云HCE完全兼容现有的芯片卡通信标准和既有的业务流程，即从通信频率到交易流程、交易指令流和交易结果看，采用HCE方案与采用NFC-SE方案的"刷手机"交易流程基本一致。此外，云HCE兼容既有的受理终端设备，不需要做附加技术开发即可直接支持"刷手机"交易；对于纯脱机环境的终端设备而言，从安全性考虑，可能需要在黑名单中增加相应的判断规则，但也不涉及业务流程的调整。

四是具有较强的业务可拓展性。由于HCE应用技术通过智能手机上的应用（APP）来实现卡模拟的功能，因此，天然就存在一个手机应用（APP）

的平台，可以为持卡人提供更多的配套服务功能，也为发行方带来更多业务拓展的可能性。只需要通过简单的APP更新，即可完成应用发布和应用推送，十分方便。

三、存在的风险及问题

HCE方案存在以下缺陷或不足，一是将安全模块（SE）"云化"后，每笔交易必须连接互联网络，在网络环境较差的情况下可能出现交易超时的情况，影响用户体验。二是无论是本地软件还是云端SE的方案，都没有硬件级别的安全性高。用户个人信息、卡号、密码等敏感数据完全由软件加密算法来保存可能存在风险隐患。HCE技术能否在金融级别的移动支付领域得到推广及应用，取决于相关主体是否能够解决本地软件、远程云端SE的安全问题，使之达到国家金融安全标准。

四、策略建议

一是建议金融机构积极探索针对HCE模式的移动近场支付安全解决方案，弥补软件加密潜在的风险隐患，保障客户资金和信息安全，提高NFC支付推进的速度和简便程度。

二是电信运营商根据支付应用安全分级采用不同的技术（HCE或SE）进行推广，即对于安全性要求低的应用迅速采用HCE技术培育市场用户习惯，对于安全性要求高的应用采用基于SE的NFC解决方案。

三是各市场参与主体加强业务合作，形成优势互补，针对HCE技术在安全性方面存在的不足，前期可应用于会员卡、优惠券等功能场景，而在金融支付应用中继续使用硬件加密技术，并着力建设运营SE安全和鉴别认证机制，推动移动近场支付的普及和发展。

专栏6-2
支付宝钱包

伴随智能手机和移动应用的快速发展，使用移动设备进行交易支付已变得十分普遍。手机钱包作为移动支付重要创新产品，已兼具交易支付、账务管理、信息搜索、位置服务等多项功能，较好地满足了广大客户的便捷支付需求，赢得整个市场的青睐。

支付宝钱包作为其中一种典型产品于2009年10月推出，并于2013年11月正式宣布成为独立品牌。目前，钱包支持iOS、安卓等多类操作系统平台，已内嵌支付宝提供的主要网络支付产品和服务，包括信用卡还款、公共事业缴费、投资理财、话费及游戏充值、酒店旅游票务等多项应用；并包含符合移动支付随时、随地、随身特点的个性化增值服务，如快的打车、当面付、亲密付、红包等。

截至2014年10月，支付宝钱包的活跃用户数已经达到1.9亿个，移动支付平均日交易笔数超过4 500万笔，在支付宝整体业务占比超过50%。未来，支付宝钱包还将深入拓展三四线城市和农村市场，通过移动平台和云计算及数据技术改善上述区域的医疗、交通、公共服务水平，并推动移动金融服务在农村的普及。[1]

---

[1] 参考资料：新浪财经，http://finance.sina.com.cn/360desktop/money/bank/hykx/20141016/125920557417.shtml。

第七章 预付卡[①]

受国家宏观经济环境变化的影响,2014年预付卡行业步入深度调整期,预付卡机构积极寻求转型途径,深耕行业应用价值,进一步优化业务结构、调整业务布局并取得了一定进展。但在宏观经济下行、客户需求萎缩及行业转型多重压力作用下,一部分预付卡机构显现出风险防控能力不足,个别预付卡机构甚至出现因经营管理不善、擅自挪用客户备付金导致的风险事件,引起了监管部门和社会公众的普遍重视和广泛关注。因此,在支持预付卡机构通过持续扩大个人用户规模及深挖行业应用价值、丰富服务内涵,实现行业平稳转型、优化升级的同时,迫切需要建立行业退出机制和风险覆盖转移机制,通过引导支付机构提高合规经营意识,推动备付金存管银行提高资金监控能力和水平,创新监管手段、提升监管效能、优化监管政策等综合手段的运用,有效防范和化解行业风险,促进预付卡行业的健康发展。

第一节 市场总体情况

2014年,预付卡机构数量基本保持稳定,地域分布更加平衡。受行业内外部压力影响,发卡规模下降明显,受理规模也受到一定程度的影响,但伴随预付卡机构加紧市场拓展、深耕市场的步伐,商户数量和网点数量呈现稳步增长,尤其是民生类商户规模增长较为迅速,行业整体正向着小额便民支付领域转型发展。

一、新获牌照机构数量较以往年度减少,机构地域分布趋向平衡

2014年,新获得人民银行业务许可从事预付卡发行与受理业务的支付机构共计6家,3家为首次获得《支付业务许可证》,其他3家为新增业务类型。

[①] 本章所指预付卡,均为多用途预付卡,不包括单用途预付卡。

表7-1　　　2014年新获预付卡业务许可机构情况

业务类型	公司名称	许可证编号	业务覆盖范围
预付卡发行与受理	山东飞银智能科技有限公司	Z2026637000015	山东省
	新疆一卡通商务服务有限公司	Z2025265000016	新疆维吾尔自治区
	西安城市一卡通	Z2025161000011	陕西省

表7-2　　　2014年新增预付卡业务类型机构情况

业务类型	公司名称	许可证编号	业务覆盖范围
预付卡发行与受理（仅限线上实名支付账户充值）	联通支付有限公司	Z2004211000016	全国
	中移电子商务有限公司	Z2004343000017	全国
预付卡受理	拉卡拉支付有限公司	Z2002511000017	全国

截至2014年末，获准从事预付卡业务的支付机构数量增至173家，占获牌支付机构总量（合计269家）的64.31%。

表7-3　　　2014年末预付卡机构牌照数量情况

业务类型	类型	数量（家）
预付卡发行与受理	商业预付卡类机构	135
	公交一卡通类机构	24
	线上充值类机构	7
预付卡受理	全国范围受理机构	5
	北京辖区受理机构	2

166家获准从事预付卡发行与受理业务的机构中，13家业务覆盖范围为全国（包括7家线上充值类机构）；122家业务覆盖范围为单一省份（市、自治区），占比达到73.49%；31家业务覆盖范围为2~5个省（市、自治区），占18.67%，较上年上升2.1个百分点。

从获牌预付卡发卡机构注册地点的分布来看，虽然获牌机构整体上仍然集中在大中城市，但新获牌机构已不再集中在北上广深一线城市，且新疆地区首获"预付卡发行与受理"牌照。经统计，北京和上海以31家居首位，江苏以14家居次，占全国获牌预付卡发卡机构总数的45.78%，较上年下降12.8个百分点。截至2014年末，仅有青海、宁夏、西藏3个省（自治区）尚无获牌预付卡发卡机构，机构地域分布由此前的不均衡状态逐渐趋向均衡。

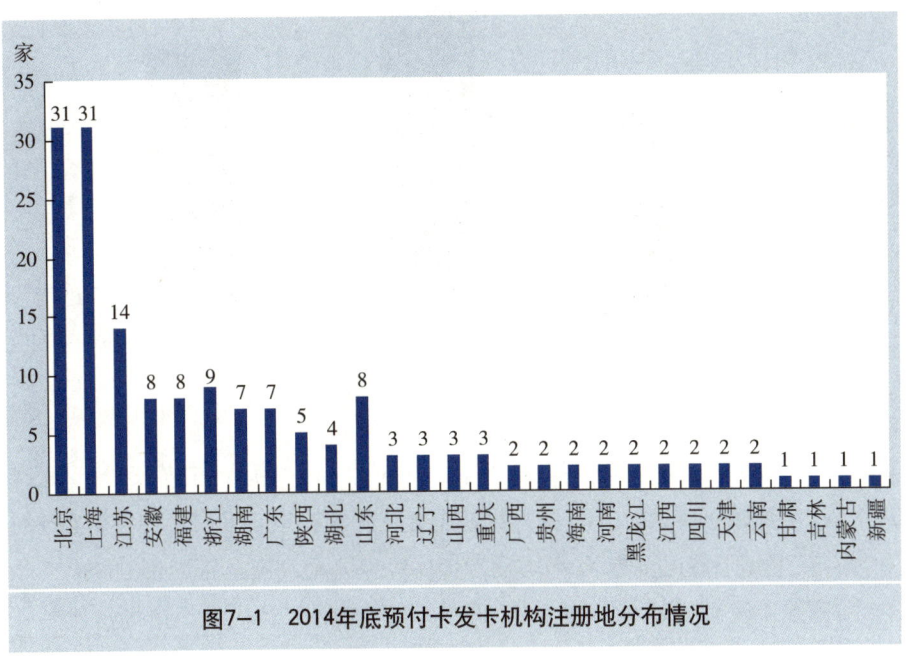

图7-1 2014年底预付卡发卡机构注册地分布情况

二、发卡数量①萎缩过半，线上充值类发卡规模下降最为明显

2014年，预付卡发行业务量下降较为明显。166家预付卡发卡机构合计发卡2.39亿张，较上年下降62.65%；发卡金额740.88亿元，较上年下降14.82%；机构年均发卡143.98万张，金额4.63亿元，较上年分别下降64%和14.89%。

135家商业预付卡类机构共发卡5 400万张，金额417.44亿元，市场占比较上年分别上升7.12%和4.04%；机构年均发卡40万张，金额3.09亿元，较上年分别下降46.67%和16.26%。

---

① 该部分数据来源于中国人民银行。

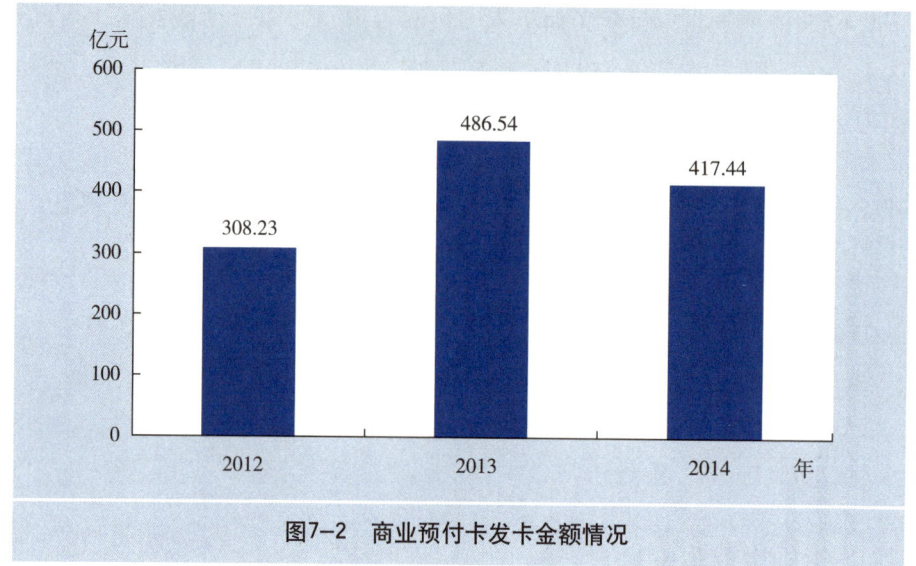

图7-2　商业预付卡发卡金额情况

24家公交一卡通类机构共发卡2 900万张，市场占比较上年下降2.71%；金额230.19亿元，市场占比较上年上升6.23%；机构年均发卡120.83万张，较上年下降69.47%；年均发卡金额9.59亿元，较上年增长6.56%。

7家线上充值类机构共发卡15 600万张，金额93.25亿元，市场占比较上年分别下降4.57%和6.63%；机构年均发卡2 228.57万张，金额13.32亿元，较上年分别下降80.1%和68.13%。

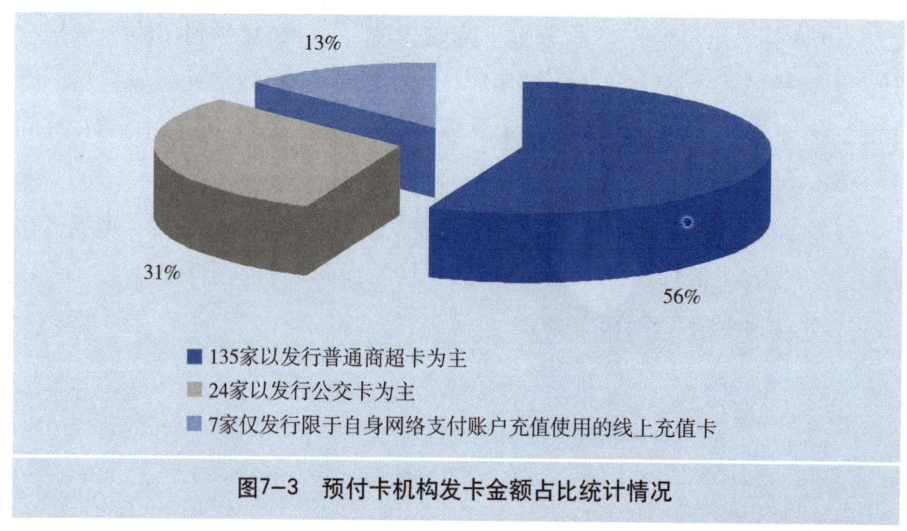

图7-3　预付卡机构发卡金额占比统计情况

三、预付卡受理[1]逐步转向小额便民领域,大机构规模优势凸显

受国家宏观政策调整和机构积极转型调整多因素影响,发卡机构的笔均受理金额下降较为明显,预付卡向小额便民领域渗透势头逐渐呈现。2014年,61家机构共开展预付卡受理业务86.13亿笔,受理金额539.24亿元,笔均交易金额6.26元,较上年下降1.57元,降幅为20.05%。

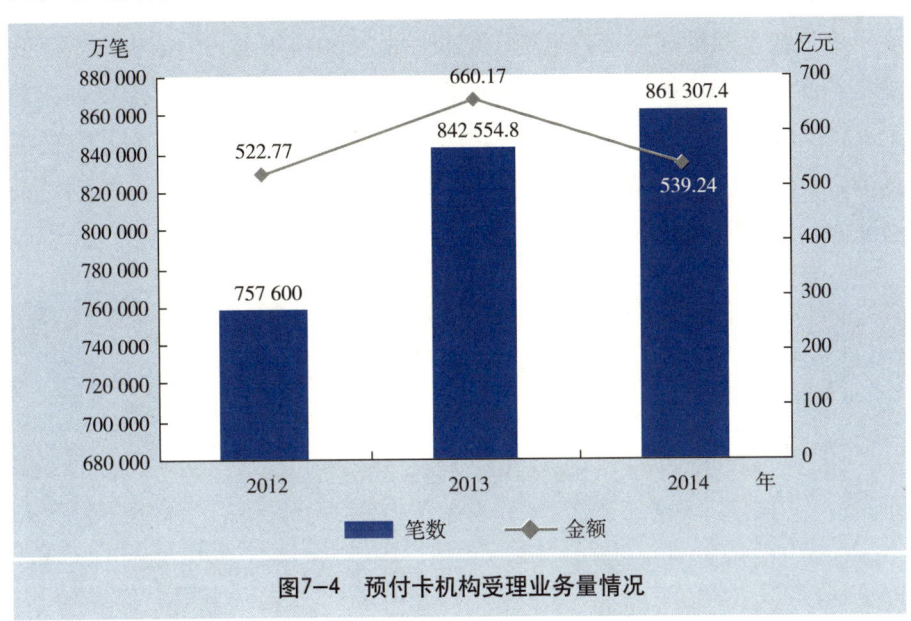

图7-4 预付卡机构受理业务量情况

他发卡受理方面,7家[2]仅获准预付卡受理业务许可的机构共受理预付卡4 850.72万笔,金额99.01亿元,分别较上年下降33.09%和20.42%;笔均受理金额为204.11元,增长18.93%。此外,6家发卡机构共受理他发卡14.31万笔,金额1.08亿元,笔均受理金额754.72元。

自发卡受理方面,54家发卡机构共受理预付卡85.64亿笔,同比增长2.80%;金额440.24亿元,较上年下降11.36%;笔均受理金额为5.14元,较上年下降13.92%。其中,北京市政交通一卡通有限公司、重庆城市通卡有限责任公司以及厦门易通卡运营有限责任公司3家机构的受理业务笔数占总

---

① 该部分数据来源于中国支付清算协会行业运行信息统计分析系统。
② 其中,快钱因从事单用途预付卡受理业务,其受理业务数据未纳入统计。

受理笔数的93.23%;北京市政交通一卡通有限公司、山东鲁商一卡通支付有限公司以及资和信电子支付有限公司等14家机构的受理金额超过了10亿元,占总受理金额的81.19%,大机构规模优势更为突出。

四、特约商户数量和网点[①]稳步增长,民生类商户最受青睐

2014年,各机构拓展商户的热情不减,预付卡使用领域、范围持续扩展,商户数量和受理终端数量稳步增长。截至2014年末,64家机构累计发展特约商户95 705家,特约商户网点总计306 603个,布放预付卡受理终端1 542 254台,同比分别增长6.32%、5.30%和143.76%;平均每家机构发展特约商户1 495家,特约商户网点4 791个,受理终端2.41万台,同比分别增长37.92%、36.57%和216.19%。

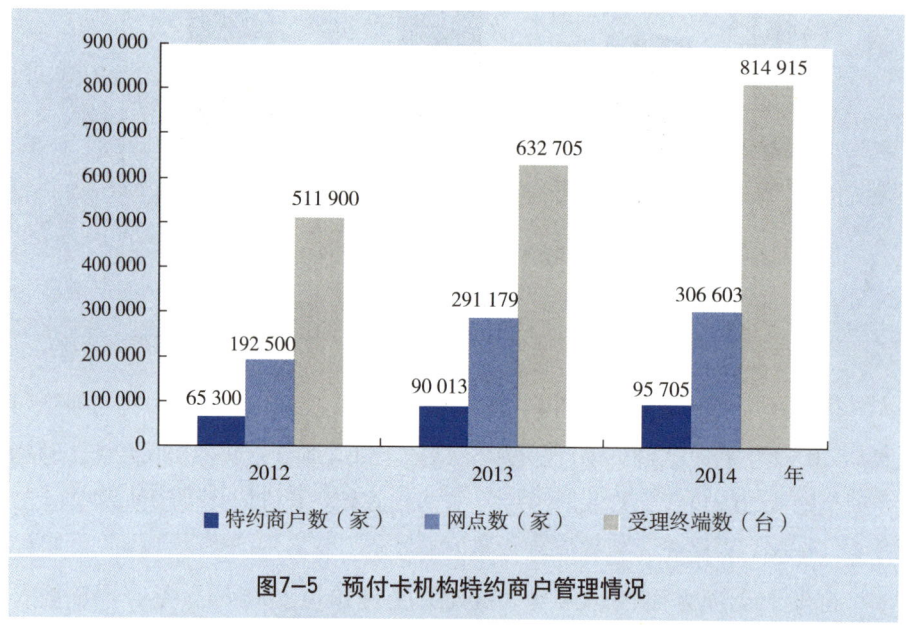

图7-5 预付卡机构特约商户管理情况

特约商户中,一般类商户55 218家,民生类商户14 415家,较上年分别增加6.98%和38.71%;餐娱类商户25 902家,公益类商户170家,较上年分别下降3.16%和86.46%。

---

① 该部分数据来源于中国支付清算协会行业运行信息统计分析系统。

特约商户网点数量方面，餐娱类商户77 690个，每家商户法人平均受理网点数量达到3个，较上年上升12.78个百分点；民生类商户网点数量为79 449个，平均每家法人商户的网点数量为5.5个，较上年上升2.61个百分点；一般类商户网点数量为149 198个，平均每家法人商户的网点数量为2.7个，较上年下降13.46个百分点；公益类商户网点数量为266个，平均每家法人商户的网点数量为1.6家，较上年下降39.39个百分点。

受理终端数量方面，公益类商户772台，较上年下降96.34%；一般类商户466 513台，餐娱类商户147 730台，民生类商户199 900台，较上年分别上升34.19%、1.68%和68.45%。可见，民生类商户已逐渐成为预付卡机构业务拓展重点领域。

第二节 运行特点

2014年是预付卡行业整体发力转型之年。不少支付机构已从优化业务结构着手，努力提升产品的可识别度，不断创新业务品种，并结合特约商户O2O战略布局和智能移动终端的普及，开拓自身业务领域、丰富服务内容，为持卡人和特约商户提供更加便捷易用的产品和服务，提升两端的黏性。

一、部分行业领先机构优化业务结构，致力于提升综合服务能力

2014年，共有48家预付卡机构经监管部门获批变更了牌照内容。其中，3家机构扩大了业务经营地域，6家机构新获得了"互联网支付"业务许可，1家机构在新获得"预付卡受理"业务许可的同时，同时获得了"移动支付"业务许可，业务类型的丰富和结构优化，有利于机构推进业务综合布局和整合，推动业务创新升级。

表7-4　　2014年预付卡机构牌照信息变更情况表

序号	许可证编号	公司名称	变更事项
1	Z2019453000011	云南本元支付管理有限公司	
2	Z2013431000011	中钢银通信息技术服务有限公司	新增互联网支付
3	Z2006444000010	广州易联商业服务有限公司	
4	Z2003731000019	上海畅购企业服务有限公司	新增互联网支付 地域增加
5	Z2020437000010	山东高速信联支付有限公司	地址 新增互联网支付 地域增加
6	Z2004211000016	联通支付有限公司	新增互联网支付
7	Z2004343000017	中移电子商务有限公司	新增预付卡发行与受理
8	Z2002511000017	拉卡拉支付有限公司	新增移动支付 新增预付卡受理
9	Z2012445000017	集付通支付有限公司	地域增加
10	Z2024821000016	先锋支付有限公司	
11	Z2024311000013	永超源支付科技有限公司	
12	Z2022653000013	云南银通支付管理有限公司	
13	Z2022211000018	北京恒达万华支付有限公司	
14	Z2021732000010	江苏大贺会支付商务服务有限公司	
15	Z2020913000013	河北北人冀通支付服务有限公司	名称
16	Z2018235000018	福建省瑞特商业支付有限公司	
17	Z2016611000016	北京广聚福支付有限公司	
18	Z2015261000011	西安银信商通电子支付有限公司	
19	Z2015461000019	陕西邮政西邮寄电子支付有限责任公司	
20	Z2009031000013	通联商务服务有限公司	
21	Z2023531000019	上海索迪斯万通服务有限公司	
22	Z2019146000014	海南海岛一卡通支付网络有限公司	
23	Z2013131000014	上海商业高新技术发展有限公司	
24	Z2013531000010	上海大千商务服务有限公司	
25	Z2009731000016	上海纽斯达科技有限公司	法人
26	Z2006135000014	厦门易通卡运营有限责任公司	
27	Z2002744000016	平安付科技服务有限公司	
28	Z2000133000019	支付宝（中国）网络技术有限公司	
29	Z2000611000010	开联通网络技术服务有限公司	

续表

序号	许可证编号	公司名称	变更事项
30	Z2019045000016	广西支付通商务服务有限公司	地址
31	Z2016111000011	北京华瑞富达科技有限公司	
32	Z2017150000011	重庆千礼科技有限公司	
33	Z2010131000010	上海杉德支付网络服务发展有限公司	
34	Z2004111000017	天翼电子商务有限公司	
35	Z2001344000012	深圳市快付通金融网络科技服务有限公司	
36	Z2001611000018	北京银联商务有限公司	
37	Z2016950000015	重庆城市通卡支付有限责任公司	法人名称
38	Z2017213000016	御嘉支付有限公司	
39	Z2017623000010	哈尔滨金联信支付科技有限公司	
40	Z2014632000016	苏州市民卡有限公司	
41	Z2015361000010	陕西易通商联网络支付科技有限公司	名称地址
42	Z2018135000019	福建省掌财通支付服务有限公司	
43	Z2018335000017	厦门象屿支付有限公司	
44	Z2015144000014	深圳商联商用科技有限公司	法人地址
45	Z2012737000014	山东网上有名网络科技有限公司	
46	Z2018943000011	长沙商联电子商务有限公司	
47	Z2002431000014	平安付电子支付有限公司	名称法人地址
48	Z2017414000013	山西兰花商务支付有限公司	

在目前形势下，预付卡机构逐渐摆脱单纯依靠发卡量、资金沉淀利息、刷卡费率等基础收益格局的局限，从战略规划高度综合布局，根据市场及客户需求变化不断调整优化业务格局，丰富业务应用场景，提升客户体验和黏性，发挥多种业务结合的综合效能，努力提升增值服务空间收益。

二、行业步入深度转型期，逐渐形成产品差异化竞争格局

伴随宏观经济环境的变化，预付卡行业依托的企业福利和礼品等传统领域发展空间进一步收窄，同质化竞争和价格战促销方式不仅拉低了行业整体利润水平，也使市场参与者内外俱伤。外部环境压力及行业内在发展需求推动预付卡行业步入深度转型期，预付卡目标客户将逐步从对公市场转向个人市场，持续丰富客户和商户两端的服务内容；努力做好客户细分及业务市场细分，了解并贴近客户内在差异化需求；特约商户的拓展趋向精细化、品质化；结合电子商务O2O模式深入推进以及支付服务向移动端迁移趋势，推出业务和服务创新。

在市场实践层面，不少机构也摸索出了一套与本机构资源优势、特性相适配的特色卡产品和服务，依托个性化的预付卡业务，以纵深化全方位的服务模式，精心培育差异化品牌竞争优势，实现业务成功转型，为行业突破同质化竞争困局起到了良好的示范效应。

表7-5　　　　　　　　　　特色卡产品简介

产品类型	使用范围	功能介绍
园区一卡通	大型工业园区	主要包含门禁、考勤、企业福利、员工就餐、消费购物等功能
行业一卡通	交通、加油等特定行业	与行业特性、行业特定服务内容深度结合
商圈一卡通	商业地产、大型商场	与业主卡、商场积分卡结合，既可以定向支付也可以完成日常消费
校园一卡通	校园及大学城	将学校内部定向支付与通用型预付卡结合，方便学生日常学习和生活消费
企业一卡通	大型企业	为企业提供个性化定制的联名卡或专用卡，集身份认证、门禁、饭卡、消费等为一体，使交易方式和商业运营模式更加丰富多样
产业链一卡通	汽车、物流等行业	以纵深化全方位的服务模式集成了产业供应链服务，实现"用户—企业—供应商"之间的无缝化链接

资料来源：本表内容均根据协会调研内容整理。

专栏7-1
预付卡转型与创新产品简介

一、预付卡版"余额宝"——得仕红利卡

2014年11月,上海得仕企业服务有限公司推出了一种全新的预付卡产品——得仕红利卡。得仕公司获得持卡人授权后,通过与富国天时基金公司的合作,自动为得仕红利卡持卡人申购与卡内资金余额等值份额的货币基金,从开卡次日计算收益。得仕红利卡在限额方面和实行认证方面严格执行有关规定,货币基金份额加收益不超过5 000元,且购卡人必须为经过实名认证的个人用户。

得仕红利卡的核心业务是自动理财。开立基金交易账户、申购货币基金、分配收益、赎回和消费金额的结算均是由富国基金和得仕公司业务系统自动完成,购卡人无须进行其他任何操作。具体流程是:当客户的购卡资金到账后,基金公司将自动为客户开立基金交易账户,并自动申购与得仕红利卡面额等值的富国天时货币基金份额并按时发放收益;持卡人在得仕公司线上或线下特约商户消费时,卡内对应的富国天时货币基金份额将自动赎回,由得仕公司结算给特约商户;持卡人消费后,继续享有未消费金额的货币基金份额产生的收益。

得仕红利卡将服务延伸到持卡人资金理财领域,通过将卡内沉淀资金自动挂钩富国基金旗下货币基金,实现了持卡人消费和理财两不误的美好夙愿。

二、公交通卡类创新场景介绍——杭州市民卡

杭州市民卡在医保应用、惠民征信建设、公用服务应用方面颇具特色。

（一）医保应用

截至2014年12月底,市民卡的医疗应用已覆盖杭州市12家市属医院、45家社区卫生服务中心、47家县级医院(含县社区中心)、10家省级医院和3家民营医院。市民卡正在逐步取代医院发行的就诊卡,实现一卡全

市联网医院通用和充值、住院费预缴、每日清单打印、出院结算单打印等功能，同时在护理站实现出入院办理、结算等业务，方便患者自助办理业务。这是社会保障应用与预付卡支付服务相结合的一项便民应用，通过将医保与预付卡支付功能相结合，优化门诊流程，不仅减轻医院柜面收费的压力，还大大缩短了患者的就诊时间。

（二）惠民征信建设

市民卡公司利用庞大的客户群和海量数据，尝试建立杭州市民个人信用信息服务平台，构建市民信用评级体系，使市民卡成为市民个人信用信息采集和应用的载体。目前，已完成征信业务基础系统建设，通过国家信息系统安全等级三级测评，完成征信业务可行性研究报告及内控制度制定，并向人行总行正式提交了杭州惠民征信有限公司（筹）个人征信业务许可证申请材料。

（三）公共服务应用

市民卡大力推广刷卡健身，实现杭州市公办中小学校体育场地免费开放；联合杭州图书馆，为全市800万市民卡用户免费开通图书借阅功能；配合杭州市大学生基本医疗保险政策，为参保的高校大学生统一办理市民卡；为全市80余万名志愿者，推出"市民卡志愿服务信息记录功能"；为境外人士发放市民卡（社保卡），满足境外人士在杭就医结算和办理其他社会事务的需求，等等。

三、特约商户端O2O布局加快，带动了预付卡产品的创新

随着电商行业的不断发展演变，线上商务在市场份额中的迅速成长扩大对线下实体商户经营产生了显著冲击。为适应行业变化趋势，众多实体商户也开始深层次发掘"互联网+"的创新途径，欲借力互联网信息透明化、交易成本低、深化分工和提升劳动生产率的优势，实现传统商贸行业"触网"，从而推动了O2O模式落地生根和繁荣生长。与此同时，持卡人对线上受理预付卡的需求与日俱增，商贸机构与预付卡机构达成线上合作成为双方所需，"购物+会员服务+支付"的产业链条亟待打通。

部分预付卡机构也借力特约商户的O2O战略布局大势，积极拓展特约

商户网上商圈，满足持卡人线上交易需求，有效扩大交易量。同时，依托系统建设经验推动商户端系统建设，并利用自身积累的持卡人数据和分析技术对交易信息进行消费心理分析，帮助商户提升推广促销的针对性，帮助其明确经营定位，力图实现产品和服务的可追踪、可衡量、可预测性，不仅显著提升持卡人消费频率，丰富了特约商户会员服务体系内涵，还提高了持卡人的用卡满意度，有效巩固了商圈和客户两方面的黏性。在这方面，机构的产品和服务创新动作频出。

四、继续深耕已有支付生态圈，服务领域和内容不断扩展丰富

部分预付卡机构依托经年积累的稳定发行能力、商户受理网络、支付服务系统和专业支付经验，为商业企业或行业客户提供一揽子的预付卡支付及服务解决方案。

一是持续拓展受理网络。预付卡机构已普遍意识到满足持卡人个性化需求的重要性。因此，持续扩大预付卡支付场所和场景，帮助持卡人实现用卡便利和实惠，丰富和提高用卡体验成为获客的关键。商业预付卡的使用目前已基本覆盖日常生活的各个方面，包括公用事业缴费项目、商场、超市、餐饮、加油、旅游景点。公交一卡通的应用范围也从传统的渡轮、出租车、公共自行车、停车场、路桥年费等公共交通领域延伸至加油加气、食堂、农贸市场、便利商超、自助贩卖、旅游景点等多种生活支付场景。

二是增强商户端增值服务能力。以发行行业卡及商圈卡为主的预付卡机构将预付卡支付功能与特约商户的会员权益、折扣促销相结合，与特约商户的会员系统实现对接，叠加预付卡的会员、优惠、积分等功能，协助商家做活动、策划、推广、精准营销、数据分析，帮助其丰富会员管理体系功能，为特约商户显著增加和锁定客源，有效提升经营业绩，深化了双方的合作深度和广度。

三是深度开拓行业、企业市场。面向大型行业和企业发行的预付卡，其中很重要的一部分是企业福利。一些预付卡企业除了深挖当地大型企业及特殊行业的福利市场外，还将预付卡与企业在资金、业务流程管理等方面的需求相结合，借助支付环节嵌入企业对资金、人员、物流管理的具体需求，实现资金流转透明化，通过货币基金理财产品的叠加，有效提升企业资金、现金流等方面的管理效率，提高了与企业合作的依存度，开辟了获利来源和空间。

四是积极适应客户移动端使用习惯。为顺应客户从移动端获取信息的趋势和习惯，提升客户体验，部分机构推出了手机APP，加载多项增值服务内容，如提供可地图定位充值点与消费点，查询卡片余额与消费记录，支持带有NFC功能的手机为卡片进行充值、失卡与拾卡找寻、便民卡年审、刷卡优惠等项服务，为持卡人打造"贴身服务管家"，对于强化持卡人黏性特别是年轻消费者黏性效果显著。

专栏7-2
预付卡APP界面及功能简介

厦门e通卡手机APP——充值点、消费点轻松查，手机充值快速方便

厦门易通卡公司推出的手机APP，将e通卡的客户服务从线下延伸至线上。这种全新的"掌上"服务方式，是信息集团易通卡公司紧随移动互联网的发展潮流，为持卡人打造的"贴身服务管家"。2014年3月e通卡手机APP正式上线运营，上线10天下载量突破1万次，截至目前，e通卡手机APP累计下载量已近15万次，处理各类查询信息超过50万条次。"拾卡不昧"栏目从上线至目前20天内，注册用户超过3 000人次，发布失卡信息超过600条。"联盟商户"、"优惠信息"栏目累计点击量达到20万人次。热门功能主要包括：

1. 查e通卡余额与交易记录。在"我的e通卡"功能板块输入e通卡卡号进行绑定后，可查询卡片的余额与近三个月内最近20笔交易记录，消费信息清晰明了。

2. 查询服务点。e通卡手机APP具有地图定位功能，可实时查询周边的e通卡消费点、充值点、售卡点、客服网点地图分布信息。

3. "拾卡不昧"功能。在e通卡丢失时，可使用"拾卡不昧"板块，登记手机号码与卡号信息。同样，如果有人拾到卡片，可以即时发布"拾卡招领"信息。失卡信息与拾卡信息匹配无误，拾卡人可以联系失主取回卡片。

4. 查询年审信息。点击"学生卡/敬老卡年审查询"功能板块，输入学生卡或敬老卡的卡号，能查询卡片优惠有效期，同时还能在查询页面获取详细的年审业务办理指引信息。

手机APP应用，是产品服务移动信息化的重要实践，使平时持卡人需要到客服网点或通过电话平台才能了解到的信息，通过手机APP即可查询，也可办理部分e通卡业务，进一步拓宽了服务渠道，降低了持卡人用卡服务成本和公司运行成本，提升了服务效率，是预付卡行业在移动客户端创新应用的良好范例。

第三节 行业发展中面临的主要问题

随着消费市场的不断扩大和支付手段多元化、层级化，预付卡行业得以迅速发展。依托新的发展思路和路径，行业转型及优化升级趋势也日渐显现。监管部门针对预付卡行业和业务特性出台了相应监管政策，特别是对预付卡行业客户备付金风险管理给予了高度重视。在业务发展以及实践操作中，预付卡行业发展面临多重压力，宏观经济环境的变化、行业政策限制以及产品固有特性均对预付卡行业的发展产生不同程度的影响和制约。在行业利润空间收窄、盈利能力不足的情况下，部分机构合规意识及合规经营能力方面的缺失有所暴露，特别是客户备付金方面存在的风险引人注目，均需从不同层面加以引导和规范。

一、发展外部环境的变化导致行业内生发展动力相对不足，亟须寻找新的发展空间

2014年，宏观经济增速整体下行以及政府对公消费政策的调整，对预付卡行业和市场影响较大。在未建立以个人客户为主核心的市场战略和架构之前，对公客户数量明显下降，市场需求乏力，导致预付卡机构销售业

绩整体有不同程度下滑，多数中小型预付卡机构仍然面临着产品和服务单一、区域竞争激烈的情形，经营情况和盈利水平面临较为严峻的考验。

从牌照的发布情况来看，预付卡机构在地区分布上已趋于均衡，市场竞争也较为充分，监管部门放缓预付卡牌照的发放步伐，对抑制行业恶性竞争和实现市场自然优胜劣汰起到了一定作用。同时，单用途预付卡资金监管标准偏低，其利用客户备付金获得超额收益的能力高于客户备付金仅能以活期和定期存款形式存放的已获牌机构，对多用途预付卡的使用形成挤出效应。获牌预付卡机构依靠备付金利息沉淀、商户手续费活力的传统盈利模式很难支撑业务的长期发展，间接影响了其严格执行监管办法的主动性。此外，市场上部分无牌机构非法经营活动活跃，这些机构为占领市场采用零费率甚至负费率竞争手段，其发票开具不受政策限制，扰乱了正常的市场竞争秩序。无牌机构进入退出市场行为不受监管，客户合法权益因此难以得到有效保护，对市场的消极影响间接影响到客户对于多用途预付卡的认知，连带损害了已获牌企业的声誉。

近年来，各种新兴支付工具和手段发展迅速，二维码扫描支付、微信支付等新型支付方式普遍适用于线上线下各种支付场景，基于移动端的特性可以很快建立和巩固与客户的黏性，分割市场的能力强、速度快。预付卡支付方式与新型支付工具相比，竞争力较弱，行业竞争压力不断增大，迫切需要寻求新的发展空间。

在内外部环境双重作用下，部分机构积极寻求机构兼并重组，也有机构已从公司整体战略布局考虑退出预付卡市场。

二、客户备付金管理水平仍需持续提升

经过一个阶段的教育引导及规范，预付卡机构和备付金银行对客户备付金管理的规范性及系统管理自动化的程度较从前有所提升，但仍存在一些共性缺失和不足。如部分机构客户备付金与自有资金分类管理界限不严格，存在账户混用的现象；选择的备付金存管银行不符合监管部门资质要求；存放备付金的银行及账户数量不符合制度要求，数量过多且分散；存管行客户备付余额不符合监管制度的比例规定；备付金存放及使用形式多样且有很大的随意性，导致客户备付金风险程度存在不确定性。同时，部

分预付卡机构业务处理系统处理能力不足，财务结算能力与业务扩展水平不相匹配，对客户备付金安全形成了潜在威胁。

此外，部分备付金银行尚未全面认知所应承担的备付金存管职责，将预付卡机构及客户备付金分别视为普通对公客户、普通企业存款来对待和管理，未能充分履行对支付机构客户备付金存放、划转、使用实施监督的职责，主要表现在对支付机构以不合规形式归集、使用、调拨客户备付金的行为未进行监督核对；缺乏有效途径掌握支付机构所有备付金银行存放信息；反洗钱义务履行不到位，对备付金划转过程中的大额可疑交易不进行真实性审核和必要预警，未能及时发现和制止违规使用客户备付金的行为及后果。

三、正向激励政策尚待完善，风险覆盖和转移机制及市场退出机制亟待建立

现行政策法规已经建立了预付卡机构合规经营管理的框架和基本规范，但对具有良好风险控制、资金及业务管理规范的预付卡机构在业务创新、收益保障方面尚缺乏差异化管理和相应的政策支持，正向引导尚不充分，不利于激发和培养机构从事业务创新的动力；未建立市场风险覆盖、转移及退出机制，当机构发生风险问题时，相应风险无法得以覆盖和缓释，持卡人及商户合法权益保障尚无具体措施和落地途径，行业对风险准备金机制及市场退出机制出台的期待强烈；在行业层面风险信息共享机制尚未建立健全，违规机构及从业人员黑名单机制未建立，机构违规成本偏低，违规信息的分享和警戒效用尚未得到发挥。

专栏7-3
预付卡行业主要风险类型

经营风险：因发卡机构经营不善，出现携款潜逃或突然歇业、倒闭等情况，影响或损害持卡人、商户及受理机构利益。

挪用资金风险：发卡机构受利益驱动，将发卡资金用于不动产投资，股权、证券等投资及借贷，无法正常向受理商户按时支付交易资金，损害商户、持卡人合法利益。

洗钱及欺诈风险：发卡机构、商户参与或从事洗钱等违法犯罪活动协助不法资金的清洗和转移；商户受理伪卡、套现、虚假交易等欺诈交易，造成持卡人、发卡机构或受理机构经济损失的。

信息及系统风险：发卡机构、受理商户倒卖购卡人信息，造成购卡人个人信息泄露；因系统运行安全问题，发生卡片和交易信息泄露等信息安全事件，造成持卡人、商户及受理机构损失的。

四、个别特殊行业面临双重监管标准，在执行层面存在困难

公交一卡通类预付卡企业在开展业务时需要同时遵从交通主管部门行业政策及人民银行预付卡业务监管政策，两个监管部门之间的政策存在一些差异，给企业在具体执行中带来了困惑，有必要进行部门间政策协同。一是备付金使用用途规定不一致。交通部发布的《关于促进公共交通一卡通行业健康发展加快实现互联互通的意见（征求意见稿）》提出，客户备付金可用于购买交通工具领域的债券，以支持交通事业的发展，但此规定不符合人民银行目前对客户备付金存管方式的监管要求。二是交通主管部门允许交通卡互联互通的跨地域使用，此政策与人民银行发放预付卡牌照时设定的地域限制存在冲突。人民银行已颁发的预付卡支付牌照均有明确地域限制，而交通部布局的城市一卡通要实现城市间的互联互通，必然突破牌照的地域范围。在交通卡与商用预付卡两项功能合一的情况下，实现互联互通功能与遵守牌照地域限制之间存在选择困境。

第四节 解决对策及相关建议

为促进预付卡行业的长期稳定发展，监管部门与行业自律组织应综合运用多种措施，形成促进已获牌企业支付业务规范发展的合力，不断优化预付卡行业发展政策环境，给予其及时的支持引导，使行业在合法合规经营的前提下不断发展壮大。

一、优化现行制度办法，促进预付卡行业实现平稳转型

《支付机构客户备付金存管办法》确立了备付金全额专户银行存管、银行分类和账户分层管理、资金封闭运行和使用、备付金信息多方核对校验、重要监管指标动态调整等要求，规范了客户备付金的存放、归集、使用、划转等行为，也确定了人民银行行政监管、商业银行外部监督、支付机构自我管理的多方合作监管模式，在各方充分履职的情况下，能够保障备付金的安全。在这一前提下，对管理规范、经营稳健、积极配合监管的支付机构，应适当丰富其备付金存管形式，如适当增加无风险或低风险投资范围，增强其获利能力、提高其收益水平和资金流动性，发挥政策的正向激励作用。

同时，从保障行业发展角度考虑应及早建立行业风险保障机制，从而确保有效应对行业风险，保障客户权益。在风险保障机制的制度设计中，建议与其他业务管理类制度规范文件配合，通过科学评估机构业务规模、备付金规模、经营期限、风险准备金等情况，综合加权考虑得出风险准备金计提比例，确保既要能够分散分担机构风险，鼓励预付卡机构良性发展，又要避免此保障机制成为高危机构"搭便车"或作为避风港的便利，损害行业公平。此外，按照"规范发展与促进创新"的总体监管思路，应尽快出台相关配套监管制度和实施细则，统一客户备付金核算方法，加强客户备付金管理，提高监管可操作性，规范支付业务开展。

专栏7-4
单用途预付卡履约保险制度

在我国，单用途商业预付卡作为营销、资金管理的重要工具被广泛应用于零售、住宿餐饮及居民服务业等各领域。为规范单用途商业预付卡市场秩序，保障消费者权益，2012年9月，商务部颁布了《单用途商业预付卡管理办法（试行）》，要求发卡企业按照发卡金额的一定比例缴纳存管资金，或通过购买保证保险等方式冲抵存管资金，以避免因企业破产等原因导致消费者手中的预付卡无法兑付。为配套管理办法的出台，单用途商业预付卡履约保证保险于2012年底正式推出上市。

为进一步发挥保险在保障消费者权益、规范单用途商业预付卡管理中的积极作用，2013年10月，商务部与保监会联合下发了《商务部 保监会关于规范单用途商业预付卡履约保证保险业务的通知》（以下简称《通知》），对预付卡保证保险业务提出了明确的要求，提供了清晰的政策指引。

为贯彻落实《通知》的有关要求，履行社会责任，增强承保能力，规避市场风险，保险行业成立了单用途商业预付卡履约保证保险共保体，共保体由中国人保财险、中国平安产险、中银保险、中国太平洋产险、阳光产险、天安财险6家保险公司组成，中国人保财险为共保体首席承保人及出单公司。

单用途商业预付卡履约保证保险共保体是财产保险领域继"核共保体"之后成立的第二个行业共保体，是保险业发展模式改革创新的又一次有益尝试。共保体的成立，将有效提高保险行业在预付卡保险领域的整体承保能力及抗风险能力，进一步充分发挥商业保险机制在促进预付卡市场健康发展中的作用，为商业发卡企业及广大持卡消费者提供更全面、更优质的风险保障。

二、对预付卡机构开展风险评估，提升合规经营意识和水平

为增强行业的核心竞争力，提高预付卡机构合规管理的积极性，监管机构一方面应继续严格新机构市场准入，整肃市场无牌照经营行为；另一方面，要充分利用第一批支付业务许可到期的良好契机，对需要申请牌照展期的机构从企业合规经营、生产经营情况等方面对支付企业进行综合评估，尽职调查创新业务实质，深入了解支付机构的经营理念、运作方式、盈利模式、业务合作、内部控制、财务管理、业务持续性、机构成长性等内容，建立机构分级管理机制，对挪用备付金行为的支付机构和商业银行"零容忍"。建立健全市场退出机制，鼓励现有机构兼并重组持续发展；进一步强化备付金银行资质要求，限期终止不具备相应资质银行备付金存管业务；研究拟定支付机构公司治理规定，以及关于支付机构高管人员资质准入、从业资质考核等制度并纳入评估内容，提高《支付业务许可证》的含金量。

同时，加强客户备付金监控，一要全面摸清获牌企业业务情况、财务情况、关联公司资金情况，密切监测公司情况，特别是要重点关注发现的经营困难、业务亏损、无盈利能力、高度负债的机构。二要尽快推进支付机构非现场监管系统建设，强化动态监测，严防资金风险。三要明确备付金银行监督责任，强化备付金银行对损失应承担的责任。

三、发挥备付金银行的主动性，构筑客户备付金安全防线

充分调动和发挥商业银行外部监督作用，构筑客户备付金安全防线。预付卡机构应严格遵守监管部门《支付机构客户备付金存管办法》和《中国人民银行关于建立支付机构客户备付金信息核对校验机制的通知》的相关要求，配合备付金银行共同落实客户备付金校验核对机制，据实填报备付金信息报表，尽快完成本机构业务系统与银行备付金存管系统的对接，杜绝以任何形式挤占、挪用客户备付金行为。符合人民银行资质认可的存管银行须建立覆盖资金流转事前、事中、事后监控体系，提高自动化核验管理能力，严格落地各项职责。

专栏7-5
关于强化银行备付金存管工作的几点建议

一是深刻认知备付金存管工作的重大意义。商业银行要站在对消费者负责、对社会负责、履行客户权益保障义务的角度，履行存管职责，强化备付金存管的外部监督职能，防止挪用占用情况。

二是规范事前预防、事中监控、事后报告的全过程监督制度，规范机构备付金账户开立、变更和撤销及资金的划转使用。不得协助其违规大量、分散开立备付金账户，协议中应清晰约定划转的支付指令以及发生损失时双方应承担的偿付责任和方式。监督入金、出金、使用、划转行为，监督其将收到的备付金直接、全额、完整存入备付金专户，防范虚构信息及虚假入账行为。强化出金行为管理，严密监测备付金流转路径，规范手续费收入结转等高风险出金业务及现金支出和赎回业务，尽职审核支付指令。发现虚假提供资料或者支付指令明显违规的，应核实流水商户结算及划转情况，必要时拒绝。研究建立备付金波动模型，通过检测余额偏离度等指标，增强风险识别和预警能力，及时报告人民银行。

三是强化核对校验工作，提高监督的信息化水平。对信息报表要切实承担审核职责，确定账账相符、账实相符，必要时在其业务系统直接提取备付金信息、测试交易。抓紧建立客户备付金存管系统并持续完善系统功能，尽快实现系统对接，提升技术检测能力。

四是督促指导行内不同职能部门和分支行形成监督合力。总行要按照备付金监管工作法人负责制的要求，统一协调，全面掌握支付机构在本行系统内账户开立、使用、变更和撤销情况，定期对分支行开展监督检查和指导并及时纠正工作偏差。

五是切实履行反洗钱义务，加强与监管部门的配合度。监测和报告大额可疑交易，定期报告备付金存放、归集、使用、年终余额及对业务合规性的评价等，积极配合监督检查。按照监管部门要求上报客户备付金存管业务专项报告。

专栏7-6
支付机构客户备付金管理存在的问题及政策建议

近年来,随着支付机构支付业务的快速增长,客户备付金规模迅速增长,管理压力不断加大,面临的风险隐患和问题加速积聚并逐步暴露。近期,个别地区发生了预付卡发行与受理机构因违规经营引发的资金风险事件,造成了较大的社会影响。上述风险事件的发生也再次表明,加快完善支付机构客户备付金管理机制和手段,切实保障客户备付金安全,抵御、缓释突发信用风险,保护消费者合法权益的重要性和迫切性。针对当前客户备付金管理存在的突出问题,本文从保护支付消费者权益的视角,借鉴国内外其他行业实践经验,研究并提出了建立支付机构风险保障基金,完善和落实风险准备金管理办法,保障客户资金安全,提高社会公众对支付行业信心的政策建议和思路。

一、支付机构客户备付金基本情况与属性

《支付机构客户备付金存管办法》中规定:客户备付金是支付机构为办理客户委托的支付业务而实际收到的预收待付货币资金。自2010年6月人民银行将非金融机构支付业务纳入监管以来,截至目前,共有269家机构获得许可成为支付机构。截至2014年第三季度末,支付机构客户备付金余额2 055.47亿元,同比增长99.60%。根据中国支付清算协会统计数据,截至2013年底,备付金余额在5 000万元以下的支付机构有77家,机构中占比为56.6%,备付金余额占比为0.81%;5 000万元以上1亿元以下的12家,机构占比8.8%,余额占比0.59%;1亿元以上5亿元以下的26家,机构占比19.1%,余额占比4.41%;5亿元以上10亿元以下的7家,机构占比5.3%,余额占比3.41%;10亿元以上50亿元以下的11家,机构占比8.1%,余额占比16.6%;50亿元以上的3家,机构占比2.2%,余额占比74.2%。5家规模较大的支付机构余额占比达80%以上。

客户备付金基于客户使用支付服务的需要而产生,支付则依存于买卖双方间的收付款行为,客户备付金的性质与归属受交易相关方的法律关

系影响。从物权视角来说，客户是行使支配权并获取利益的主体；从债权视角来说，交易资金流动并未发生所有权的转移。比如在网络支付交易模式下，客户将资金（货款）交付支付机构，由其代为保管时，双方形成了《合同法》第三百六十五条规范的保管合同之债，该部分资金因延时交付、延期清算而形成沉淀资金（客户备付金，下同）；支付机构在接受客户支付货款的指令后，将资金（货款）支付给商家，双方形成《合同法》第三百九十六条规范的委托合同之债。沉淀资金是支付机构代为支付给卖家的资金（货款），并非可以自由使用的资金。因此，对于沉淀资金，支付机构仅代为保管，并不发生所有权的转移。

二、客户备付金管理存在的主要问题

（一）刚性统一的监管标准无法实现激励相容，客户备付金管理制度难以严格落实

现有监管制度的设计充分考虑了支付机构客户备付金的全额存管和资金安全，从业务准入、客户备付金安全、业务规范角度建立了人民银行、商业银行协作监督的管理机制，但在监管要求上未体现不同支付机构在资本实力、经营规模、管理水平及风险承担能力等方面的差异，监管的灵活性和正向激励不足，造成客户备付金违规行为频繁发生。如支付机构为了谋求利益挪用客户备付金的行为，不按监管要求开立备付金存管账户的情况，备付金存管银行日终余额未能达到上月所有备付金银行账户日终余额合计数的50%，有的甚至不足30%；不少机构客户备付金与自有资金也未能实现分户管理，资金账户管理混乱，客户备付金被较为容易地挪作他用等。尽管人民银行已要求支付机构与商业银行建立客户备付金信息核对校验机制，但根据商业银行的反映，仅有少数的机构完成了系统对接，大多数支付机构未能按照要求完成系统改造。此外，风险准备金管理制度虽已提出，但具体实施办法还有待研究和制定。

（二）支付交易信息相对封闭，机构与银行之间利益相关性强，客户备付金监管难度大

一方面，目前支付机构支付业务涉及的交易、清结算信息大多游离于银行体系之外，商业银行在交易监控及资金监管方面存在盲区。特别是预

付卡机构的支付交易主要通过其内部系统进行，备付金的划转与商户结算完全由其通过向商业银行发送支付指令来完成。从事网络支付业务的支付机构与大量商业银行直连，自行完成支付信息转接及其资金清算的处理，之后商业银行根据协议向商户结算资金，实质上客户支付交易完成后，资金清结算在支付机构内部即可完成处理，交易和支付信息缺乏透明度，人民银行和商业银行难以在事前、事中对客户备付金的产生、划转和使用进行有效监管。

另一方面，支付机构在多家商业银行开立多个不同性质的备付金账户，由于备付金银行间存在明显的信息不对称，商业银行备付金监督的成本高且缺乏积极性。即使监管部门已经要求商业银行和支付机构及时上报备付金余额，但商业银行未进行核实直接上报支付机构提供数据的情况目前大量存在。而且，备付金银行与支付机构在实际业务中是商业合作关系，即支付机构除了是其事实上的存款客户外，双方往往还存在投融资、理财、征信、资金托管业务等其他方面的合作，实际上已经形成较强的利益相关性，这必然会影响商业银行作为备付金银行的实操性与独立性，商业银行在利润驱动下，难以落实对支付机构备付金的监管要求。

（三）备付金管理的支持手段不足，缺乏有效的风险应对措施和救济保障机制

一是市场中缺乏有效监管客户备付金的平台和手段。人民银行2013年底发布的《支付机构客户备付金信息核对校验机制》，要求支付机构、备付金银行每日核验客户备付金信息，做到账账相符、账实相符。但客户备付金管理中的问题和风险，多数只能在已发生风险事件、造成客户损失时才被发现，其根本原因在于缺乏统一、有效的资金监管平台和账户监控手段，难以实现对备付金的事前、事中核验监管。

二是客户备付金发生风险事件时缺乏有效的风险应对措施和救济保障机制。对于支付机构客户备付金被挪用而导致重大经济损失的，缺乏相应的救助机制和补偿措施。虽然人民银行在《支付机构客户备付金存管办法》中已明确风险准备金计提要求和标准，但具体管理方法还未明确，相应运行机制也未建立。支付机构风险事件的传递效应十分明显，单一机构发生风险容易传导甚至蔓延至整个行业，对行业造成潜在的声誉风险，

引发更为恶劣的影响。2014年底，上海地区预付卡信用风险事件的发生，就导致消费者与特约商户失去对行业的信心，部分商户甚至停止受理预付卡，持卡人也出现急于赎回的情况，对运行良好的预付卡公司造成了严重影响。

三、政策建议

（一）细化客户备付金管理制度，增强制度可行性，适当增加客户备付金的使用途径

从鼓励创新，增加资金使用效率的角度来讲，可以适当拓宽客户备付金的使用途径，适当发挥正向激励作用。细化客户备付金管理的具体要求，根据支付机构合规经营和风险管理能力等方面的不同，进行区别对待、差异化管理，允许符合条件的支付机构将客户备付金应用于银行存款以外无风险资产的投资，提高支付机构资金管理水平，控制支付机构挪用备付金造成的风险损失。

（二）加快搭建业务管理系统，严格落实支付机构客户备付金信息核对校验机制，及时掌握客户备付金变动情况

总结人民银行分支行目前已建立预付卡业务管理系统的经验，降低系统开发和对接成本，明确统一的系统接口标准和业务功能，指导分支机构加快建设支付机构业务管理系统，及时收集支付业务信息，实现备付金的事中核验监管、自动预警及公共监督等功能。通过支付机构业务系统与备付金银行的客户备付金信息之间的核对、校验，严格落实支付机构客户备付金信息核对校验机制，及时发现与防范支付机构挪用客户备付金的行为，构筑客户资金安全防线，切实保障客户合法权益。

（三）尽快成立支付机构风险保障基金，建立客户备付金风险应对和救助机制，维护社会公众对支付行业的信心

借鉴国内证券、保险行业中已经建立的保障基金制度，成立支付机构风险保障基金，有效应对支付机构客户备付金等风险事件的发生，减少和降低因个别机构发生风险问题而对行业整体产生的负面影响。支付机构风险保障基金制度的建设，不涉及或改变客户备付金所有权及其孳息归属。从风险管理角度看，有利于统筹风险准备金的使用，加强行业风险防范能

力；从消费者权益保护角度看，则可以在风险事件中为消费者提供事后救助，维护消费者财产安全。

风险保障基金建设的主要思路是：前期可实行"集中托管、分户管理"方式，开立统一管理账户，归集各支付机构风险准备金，下设二级子账户分户管理核算；后期可适时成立非盈利性管理公司作为基金运营主体，对风险保障基金进行集中化、专业化管理和运作。基金的资金来源：可以支付机构计提的风险准备金为主。前期，可对支付机构计提的风险准备金实施全额管理。待基金资产达到一定规模并保持稳定后，可根据支付机构资本实力、业务规模、盈利能力、运营管理、风险管理和内部控制水平等方面的差异，分类分级采取差别缴纳或返还费率机制，动态调整缴纳金额或对风险准备金进行部分返还。根据初步测算，基金年筹集额在6亿元左右。基金的主要用途是：为在支付机构被依法撤销、关闭或破产时，按照规定对支付公司的客户/债权人提供有限保障，或是在支付机构发生备付金缺口等重大风险，可能引发群体性事件和市场稳定时，对客户备付金损失进行偿付。具体的偿付机制及处置机制可组织行业各机构讨论形成。

（四）充分发挥行业自律作用，汇聚行业力量，提高客户备付金管理和风险防范能力

一方面，积极配合监管机构，对会员单位开展自律检查和风险评估，督促会员单位加强自我管理水平，健全客户备付金自我约束机制，规范商业银行对客户备付金的日常监管行为，保障资金安全。另一方面，采取多种方式落实客户备付金管理制度和措施。如建设全国性预付卡信息公示系统，提高预付卡行业透明度与客户备付金的安全性；适时搭建网上支付清算系统，吸纳支付机构直接接入系统，将支付机构支付业务纳入支付体系监管之内；借鉴国际先进经验和做法，建立支付机构风险保障基金，应对行业发生的信用风险事件，缓解政府部门对客户备付金的监管压力，保障行业健康发展。

四、发挥行业自律作用，引导会员合规经营，促进行业健康发展

行业自律组织应依托会员单位，发挥正向传导机制，通过继续加强对会员单位的政策宣传与业务培训力度，强化业务规范，带动行业发展。应进一步落实已出台的各项预付卡自律制度，提高机构自律意识，并通过加强宣传、风险评价、自律监督等形式，使自律力量深入渗透到机构经营和内控管理中，形成行业自律常规化、同业竞争公平化的自律文化。此外，行业自律组织还应进一步加强机构关键岗位人员的职业道德规范教育和职业素质培养，研究国内外成功业务模式，搭建会员之间交流协商的平台，丰富会员业务经营思路，提升预付卡机构对风险的防范能力。

在备付金安全自律管理方面，行业自律组织应通过培训、研讨及座谈会等形式，帮助机构建立健全自我管理和约束机制，加强支付机构和备付金银行的风险意识、合规意识及消费者权益保护意识，规范商业银行和机构间的合作行为，保障资金安全。同时，主动采取有效手段加强舆论监控，搜集预付卡会员单位的风险事件报道，第一时间核实真实性，及时澄清对预付卡会员单位的失实报道，引导社会舆论对预付卡行业的公正评判，避免误解扩大升级对金融稳定产生的不良影响。

第五节 未来发展趋势

未来的一段时间，预付卡行业仍需努力转型，谋求创新发展。互联网金融及电子商务的飞速发展，将为预付卡行业注入新的活力。大型商业集团在O2O的背景下将会加快对支付行业的布局，大机构规模优势将开启机构间的兼并重组的大幕，而预付卡与互联网的融合，将推动行业形成更丰富的产品和更优质的服务，预付卡也将向着无卡化和电子化趋势发展。

一、预付卡机构与O2O大型商业集团的结合将成为行业转型升级的良好契机

预付卡胜出的关键在于用户群和商户群数量的获取和价值的开掘。但是，用户多数会选择较有影响力的商业预付卡，那些业务起步晚、知名度较低的预付卡市场后入者其品牌得不到用户认可，业务拓展困难。因此，

寻求与正在进行O2O战略布局的大型商业集团合作成为机构迅速获得用户和商户的有效路径之一。

通过与O2O大型商业集团的合作，可以依托其基本支付功能，深入发掘行业应用价值，为相关行业或产业链中的商户提供增值类管理、信息等服务，增强商户黏性。从目前趋势来看，企业针对供应链的管理需求越来越强，预付卡机构利用"供应链管理"理念发展业务，能使机构更加了解客户对产品和服务的需求，更加深入了解持卡人和商户消费者的真正需求及变化，利用更多新的技术为消费者提供更为便利的支付环境，同时还能够为支付机构节约成本，提升收益水平。与此同时，发卡机构还可以充分利用线上线下融合的优势，丰富企业营销模式，突破发展"瓶颈"。

二、机构间并购重组加剧将进一步引致行业格局发生变化

目前，全国多用途预付卡市场格局在市场份额分割方面呈现大型发卡机构占据绝对优势的局面，若干大型发卡机构占据绝对竞争优势，因而在商户与收单渠道上更易获得相应优势。那些在全国整体影响力还较弱，商户拓展较为困难的中小型预付卡机构，不仅在业务开展及运营上举步维艰，且在与核心商户（商超类商户）合作时，除了要满足对方消费交易量的要求外，往往还需向商户支付巨额保证金，严重影响企业的资金流动能力和获利水平，其在市场上的竞争能力进一步被削弱。

未来，随着预付卡机构经营情况两极分化和业务拓展范围的调整，部分中小预付卡机构可能面临被实力较为雄厚的预付卡机构兼并的可能，另外，中小预付卡机构也在积极寻求与大型机构的合作道路。通过资源整合重组，市场格局仍会发生进一步变化，市场将面临深度洗牌，大机构之间的竞争也将更加激烈。

三、预付卡与互联网业务的融合将成为丰富业务类型和提升服务能力的重要途径

随着互联网的发展及智能移动终端的普及应用，预付卡行业未来的电子化进程也将加速。网络购物的持续繁荣发展给线下预付卡的消费带来了巨大冲击，越来越多的人选择网络购物，预付卡行业在此冲击下如何保有商户、保有消费者成为预付卡扩张发展的一大难题。

在拥抱个人消费市场的同时，众多预付卡发卡企业将寻求与技术支持企业的合作，在O2O的大背景下放眼于线上线下的融合，让消费者既可以选择使用实体卡在发卡企业门店进行消费，也可以选择虚拟卡的方式进行购卡和消费，甚至可以将预付卡账户余额转移至手机或其他互联网应用终端，通过互联网渠道进行充值、兑换以及转赠。目前已有部分通卡类预付卡机构出于方便持卡人的目的，在实体营业厅和充值点的基础上，成功开通了自助充值、网上充值、NFC手机充值功能，为持卡人提供用卡配套服务，受到市场的欢迎和好评。从2014年牌照调整和未来行业发展外围环境变化及趋势可以看出，预付卡企业普遍看重获得互联网支付业务许可，获取打通线上线下支付环节、激发支付背后价值的手段。

四、预付卡电子化和无卡化趋势更加明显

随着互联网发展和智能移动终端的扩展，NFC技术的逐渐成熟和推广会对未来预付卡的发展产生积极影响，促进预付卡行业推动成熟技术的创新应用，为业务的创新提供技术基础，并促进业务创新的深入发展。可以预见的是，磁条预付卡升级为芯片预付卡并最终加载至移动端将成为可能，预付卡机构应结合多种网络通道，不断创新支付服务形式，探讨与互联网支付、移动支付、4G网络、微信等创新支付方式和技术产品的融合，通过将原先的预付卡功能结合商户APP嫁接到移动端，推送至用户，推动预付卡向无卡化和电子化方向发展。

专栏7-7
国际卡组织预付卡业务发展状况及优势浅析

Visa和Master两大国际卡组织在国际银行卡转接清算市场雄踞多年，在全球市场均拥有绝对优势。国际卡组织不但努力扩大银行卡清算市场，持续巩固其市场地位，深耕银行卡产品和服务，还在开拓其他市场方面不遗余力。依托强大的全球网络、服务能力及安全保障优势，国际卡组织在预付卡市场的掘进方面也独领风骚，在产品设计和思路方面各具千秋。

一、国际卡组织的主流预付卡产品介绍

（一）Visa旅游现金卡（VTM）

Visa除了传统的借（贷）记卡产品外，还提供预付卡产品（Prepaid Card），使金融机构可以为尚未在本银行开户的消费者群体提供可充值使用的预付卡产品。Visa旅游现金卡（Visa Travel Money）就是这样一张预付旅游卡，持卡人可以在任何时间从世界各地150多个国家或地区近100万台Visa自动提款机中，提取当地货币的现金作旅游之用，也可以在Visa全球超过3 000万家商户和部分网上商户进行消费（具体商户名录和卡片限额由发卡银行决定）。同时，Visa旅游现金卡是一张需要密码的、不需要与个人银行账户关联的、一次性的预付卡，因此，持卡人可以在卡内资金用尽后丢弃，使用非常方便，是比现金和支票更加安全和方便的选择。此外，Visa还提供预付费礼品卡，在任何受理Visa借记产品的商户均能使用。

（二）万事达特色预付卡产品

万事达与Visa的预付卡产品不同，万事达没有主打的预付卡产品，主要通过自身的平台优势为金融机构和境外专业发卡机构（如Payoneer、Travelex）提供个性化的预付卡计划管理服务，产品相对多样。

1. 与Payoneer等发卡机构的合作产品。Payoneer机构是万事达授权的具有发卡资格的机构，能够发行万事达预付实体卡和虚拟信用卡，可以在世界各地有万事达标识的ATM上取现或在POS机上刷卡消费，或者在支持万事达在线付款的商家使用。此外，Payoneer还为卡片持有者开通一个US

Payment Service，并提供一个美国银行的账号，持卡人可以将其用于收取国外各个广告联盟的付款，且是即时到账的，这对国内外没有美元账户却需要收取外汇的个体商户非常实用。利用此项优势，Payoneer已经吸引了数千家商户联盟以及数百万收款人的加入，合作伙伴涉及领域众多，服务遍布全球210多个国家，成为了支付行业的领先者。万事达与其他机构的合作产品与该产品类似。

2. 尼日利亚身份证。2014年9月，尼日利亚开始试发行新的国家身份管理系统（NIMS），身份证的背面有万事达的logo，可以作为万事达预付卡使用，支付功能已经获得当地银行的支持。新的NIMS卡包含了持卡人的两张照片、出生（死亡）记录、医疗保险、税务信息和汽车驾照，上面的芯片储存有个人的生物识别信息，包括10个指头的指纹和扫描的虹膜。

虽然隐私国际对尼日利亚政府整合数据的野心表示担忧，但尼日利亚官员声称新的国家身份管理系统将有助于实现更有效的治理，创造无现金的经济，刺激经济增长、投资和贸易。

3. ISIC通汇万事达卡。2014年12月，万事达卡联合ISIC国际学生证协会、通汇（香港）投资咨询有限公司推出了为中国留学生量身定制的电子旅行支票——ISIC通汇万事达卡，主要功能有：可在世界范围内通行使用学生身份证明、享受万事达卡全球支付网络和持卡人专属权益、专属学生折扣及优惠、卡账户在线管理以及7×24小时客户服务。此外，12周岁以上的在读留学生凭本人有效身份证件即可在网上进行申请，按照预约时间及网点即可领取实物卡片，申领流程简便，审核周期短。

教育部发布的数据显示，2013年中国海外留学生总数突破41万人，并呈现持续上升的趋势，而各种假期的短期游学项目也正在成为市场新的热点。满足这一群体和市场需求的跨境支付产品，对支付企业意味着新的市场机会。而ISIC通汇万事达卡可在140多个主要国家和地区的餐饮、交通、娱乐、教育等领域为联名卡持有者提供多种优惠，不仅可以更好地服务于青年及学生族群在海外的消费生活，也开启了青年学生族群在金融产品领域中的新高地。

4. 英国Osper儿童预付卡。2014年7月，英国初创公司Osper推出了适用于儿童的万事达预付卡，主要面对英国8岁到18岁的未成年人，主要用于商店消费、网上支付以及一定额度的ATM提款。同时推出了配套的苹果和安卓系统APP,可以查询余额和交易记录,父母可以同时通过自己手机APP监督孩子的资金花费情况。

Osper公司表示,该预付卡的推出旨在让父母与孩子更加透明公开地讨论零花钱,让儿童在安全的家庭环境中,能够自己理财,拥有资金自由,并学会自由支配自己的资金。

二、国际卡组织发展预付卡业务优势分析

(一)畅通发达的发卡管理体系

两大卡组织的预付卡都是通过全球合作的发卡银行或专业机构进行发行的,自身不单独发卡。VTM向持卡人提供线上申请和线下直接购买等多种购卡渠道,持卡人除了可以直接去Visa合作银行、发卡机构甚至售卡商户或网点直接购买外,还可以通过联络Travelex cardservices@travelex.com来查询发卡代理的详情及地点,申请非常方便。而万事达在2010年以2.90亿英镑(4.58亿美元)现金收购了通济隆(Travelex)的预付卡计划管理(CPM)业务,实现为通济隆店面及在线渠道出售的通济隆现金护照(Travelex Cash Passport)预付卡提供计划管理服务。由于通济隆是世界最大的外汇零售专业机构,拥有800多个零售店和16 000多家企业客户,万事达通过此项交易获得了全球预付旅游卡发卡市场中可观的份额。

(二)遍布全球的受理商户和ATM取现支持

卡组织强大的商户平台和受理网络,对预付卡业务合作伙伴来说,是最富有吸引力的。VTM可以从150多个国家或地区近100万台Visa自动提款机中,随意提取自己的旅游资金。此外,持卡人还可以通过Visa自动提款机享有Visa提供的更低外币兑换率。而万事达预付卡可在全球数千万家万事达的线上线下商户及超过190万台ATM上进行购物或取现。

正是依托强大的受理网络,部分国家的政府和企业还利用Visa和万事达的预付卡产品发放医保资金和医疗补助、失业救济金、员工工资以及其他福利金等。

(三)卓越的客户服务体系和技术安全保护

鉴于2014年多家信用卡公司出现的数据信息泄露事件,两大卡组织

都在积极采取各种措施确保持卡人信息安全,并向客户提供更加完善的服务。例如,VTM如果遇到遗失或被偷,Visa全球紧急服务中心向持卡人提供多种语言的7×24小时免费热线协助,防止资金损失;或者多购买一张备用VTM与主卡分开保管,利用备用卡提取剩余的现金。同时,预付卡交易数据均通过VisaNet进行处理,这是一个在全球分布于三大洲的四个数据处理中心,可以实现随时将交易处理量从一个数据中心转移到另一个中心。此外,每一个Visa的新一代数据中心都装备有多个授权引擎,相当于"数据中心里的数据中心",这些先进技术有助于确保VisaNet系统的可用性和足够的处理能力,以满足对电子支付日益增长的需求。

虽然万事达不直接向持卡人提供相关挂失及查询服务,但在2014年5月上线了"身份盗窃援助"措施,帮助持卡人注销丢失的信用卡,并提醒信用报告机构,以防止持卡人信息被非法使用。

(四)相当可观的盈利模式

两大卡组织的实体预付卡都收费不菲,比国内的预付卡收费项目更加多样。根据VTM与中国农业银行在2005年合作时的费用标准:开卡费为每张25元,手续费为售卡金额的1%;ATM取现手续费为交易金额的1%。而万事达与Payoneer合作的预付卡产品收费标准更加灵活,根据不同的服务和合作对象而有不同费用,基本的费用结构为:账户管理年费+入账手续费+提现当地手续费。根据Payoneer官网公布的2014年9月1日的收费标准,Payoneer卡在转账到全球210个国家的当地银行账户时,收取2%的手续费;ATM取款机直接取人民币,每笔取款收取3.15美元的固定费用,在中国取人民币时,还有不高于3%的汇率损失;年费为29.95美元,每年收一次。

三、国际卡组织预付卡业务中国市场发展状况

目前,根据《支付机构预付卡业务管理办法》,预付卡的发卡机构应当在境内拥有并自主运行独立、安全的预付卡核心业务处理系统,且发卡机构应当通过其客户备付金存管银行直接向特约商户划转结算资金,特约商户只能指定一个单位银行结算账户进行收款,即国内目前允许的预付卡业务从资金流来说呈现闭环特征,由国内发卡机构用收到的客户备付金来支付持卡人在自身特约商户网络的消费,且资金结算必须在境内完成。

2013年万事达和易票联的预付卡产品被叫停,一部分原因就是由于其结算不在境内,万事达存在借道国内非金融支付机构从事人民币发卡、清算等支付业务的嫌疑,超越了现行的制度规范体系。

截至目前,国内市场上尚无国际卡组织发行的预付卡产品。据了解,2000年前后,中国农业银行曾与美国花旗银行集团合作发行了国内首张VTM卡,可实现在全球120多个国家58万台带有Visa/Plus标志的ATM上提取当地货币,但该项合作早已终止;而Payoneer 在2014年也关闭了在支付宝的充值渠道,但仍然支持在国内部分ATM上取现。可以预见,国内预付卡市场在较长一段时间内尚无来自国际其他发卡组织的竞争威胁。在这段时间内,恰是国内预付卡机构借鉴国际卡组织经验,开阔业务思路,丰富产品和服务设计,努力实现行业转型的最佳时机。

第八章 互联网金融

一般来说，互联网金融是将互联网、大数据、云计算等一系列现代信息技术应用于金融而产生的新兴金融服务业态，是金融与信息技术的融合创新。相对于传统金融业务，金融的核心功能——金融契约的内涵并未改变，改变的只是契约的载体，以及履行契约的手段；至于金融的风险、外部性等固有属性依然存在。环顾当下，信息网络技术带来的金融创先创新随处可见，互联网金融以其更高的信息透明度、更广泛的社会参与性、更佳的便捷操作和客户体验，深入金融领域的核心业务，优化金融资源配置，逐渐改变着我国金融的整体面貌。

第一节 中国互联网金融发展总体概况

一、中国互联网金融迅猛发展，在全球赢得领先优势

互联网金融在西方发达国家早有实践，却在中国展现出最强劲的生命力，中国市场成为互联网金融发展的沃土。一方面，传统金融服务相对落后，导致社会金融服务总体不足，不能完全满足社会金融需求，金融市场长期压抑。国家对互联网金融的包容和呵护，鼓励了行业的发展。长期以来，监管层对互联网金融采取观察态度，部分行业既没有设立准入门槛，也未施行严格监管，行业野蛮生长并迅速扩张。另一方面，互联网、移动网络近年来实现了跨越式发展，为支撑低成本、便捷化、点对点的金融服务提供可能，极大地满足了中小微企业和个人金融服务需求。一批具有互联网文化基因、富有创业及创新精神的从业者，积极进取、勇于尝试，通过互联网与传统金融的衔接，创造了新的模式和产品，开拓了新的市场空间。

二、互联网金融向金融深层渗透，逐步深入金融核心

任何事物的形成都不是一蹴而就的，我国互联网金融也经历了其自身的发展历程。从互联网企业为金融机构提供技术支持，帮助银行开展网上

业务；到人民银行发放第三方支付牌照，互联网与金融的结合开始从技术领域深入到业务领域；再到近年来互联网金融快速发展，P2P网络借贷、众筹融资等平台迅速扩张，同时传统金融乘势对业务模式进行重组改造，加速线上创新型平台建设，互联网金融从专注小额便民需求、弥补小微融资需求为突破，逐步向金融深层次渗透，并逐渐深入到传统金融的核心业务领域。

三、为传统金融注入活力，对金融市场格局产生影响

一是有助于实现普惠金融，为平民理财探路。普惠金融的目的就是要使金融体系服务到实体经济的各个层次，惠及各阶层民众，特别是在传统金融体系中难以获得金融服务的低收入人群和小微企业，使它们都成为金融体系的重要参与者。[1]长期以来，商业银行倾向于根据"二八定律"配置资源，对部分低净值长尾客户采取放弃策略，而这一市场正好成为了互联网金融的突破口。在缓解传统金融服务不足的同时，互联网金融还为广大民众提供了便捷的金融服务体验，并让服务对象成为低信息成本的受益者，为中国金融发展带来了新机遇。

二是围绕用户需求，激发金融创新活力。互联网金融企业充分发挥技术优势，整合处理海量碎片化数据，善于发现用户需求，并贴合需求精准研发，创造出针对不同消费人群的金融产品，推出了不同以往的思路方式和营销手段，对传统金融模式形成较大冲击，激发了金融创新活力。

三是有助于构建多层次的资本市场体系，全方位服务实体经济发展。互联网金融的发展，适应了构建并完善多元化金融市场体系的趋势，在提高金融资源配置效率、促进直接融资等方面具有重要的推动作用，能较好地满足实体经济发展和转型过程中多元化融资需求，是我国多层次资本市场的重要组成部分。

四是互联网金融是活跃市场、推进金融改革的重要力量。严格的利率管制必然影响资本配置效率和有效性，导致实际资金价格发生扭曲，金融投资受到压抑，市场配置效率降低。因此，我国正逐步推进利率市场化改

---

[1] 赵照：《互联网金融推进利率市场化》，载《人民日报》，2014-03-14。

革。相对于传统金融，互联网金融信息更为充分，提高了利率的敏感性；同时便利和低成本的网络渠道提高了动员社会资金的能力，加快了资金的流转速度，使利率能够及时反映资金供求，进而引导资金的合理流动。可以说，互联网金融为促进利率市场化改革提供了强劲动力，成为一支推进金融改革的重要力量。

四、投融资活动空前活跃，释放更大的爆发力

2014年，大量资本入驻互联网金融领域，使得整个互联网金融行业迎来前所未有的规模增长机会。中申网监测数据显示，2014年中国互联网金融投融资市场发生的投融资案例共计169起，获得融资的企业数为150家，融资金额约为23.31亿美元。从细分领域来看，获得投资最多的企业主要是金融服务、P2P网贷、支付服务机构。其中，金融服务类企业融资金额为6.58亿美元，占融资总额的28.25%；P2P网贷企业融资金额6.28亿美元，占融资总额的26.96%；支付服务类企业融资金额4.3亿美元，占融资总额的18.43%。从影响较大的个案来看，2014年4月浙江融信以32.99亿元人民币收购恒生电子，成为2014年中国互联网金融投融资市场上最高的收购金额；2014年1月人人友信获得挚信资本领投的1.3亿美元的A轮次融资，成为2014年投融资金额最高的案例之一。互联网金融行业深受资本青睐，一方面源于投资机构对新生力量和新商业模式的关注；另一方面，投资机构将资本入驻作为进入互联网金融的跳板。

业内频频曝出的成功融资利好不时给互联网金融市场注入信心，国际P2P网贷巨头Lending Club在美国成功上市[1]更是给国内的互联网金融市场打了一针强心剂。随着互联网金融相关政策落地临近，行业会面临更多的机遇和挑战，优质的企业将释放出更大的爆发力。未来，手握资本、长期处于观望的投资机构和个人游资必将大规模进入互联网金融行业，互联网金融行业将跨入资本时代。

---

[1] 北京时间12月12日凌晨消息，全球最大P2P平台LendingClub（LC）周四成功登陆纽交所，IPO价格为15美元，上市首日行情火爆，涨幅高达56%收于23.43美元，成交量近4 500万股，市值85亿美元。

与此同时，我们也注意到，目前互联网金融行业尚未有规模性盈利，随着资本市场的不断介入，行业的成本水涨船高。迎合融资已成为部分互联网金融机构的发展方式，资本市场"逐鹿中原"的背后必然存在金融风险、运营风险的迅速膨胀。互联网金融的本质依旧是金融，利润最终依托实体经济而产生。如果互联网金融的暴利脱离了实体经济，那么行业将难免陷入泡沫经济的泥潭。

五、互联网金融与传统金融保持同步发展态势

互联网金融以点对点直接交易为基础进行金融资源配置，与线下场景结合密切，交易环境更加透明，交易成本显著降低，金融服务的边界进一步拓展，因而得以快速发展。与此同时，银行、证券等传统金融机构已开始利用互联网技术改造自己的业务流程和产品，把业务搬到网上；第三方支付机构、P2P网贷、股权众筹等新兴金融业态快速发展，进一步刺激传统金融加速转型升级。传统银行与互联网金融各有优势，二者的目标客户群体也有明显区别，传统金融与互联网金融实现深度融合、优势互补，将成为大势所趋。整个社会的金融服务水平，也将受益于此而跃上新的发展平台。

第二节　P2P网络借贷

点对点借贷是发生在对等主体之间的民间融资行为，自古有之。当这种古老的融资方式插上现代网络科技的翅膀后，其融资效率已不输以信用中介为核心的现代金融系统，尤其针对小额分散的融资需求。近年来，在国际成功案例、国内政策支持等多重利好下，我国P2P网络借贷获得迅猛发展，成为互联网金融领域最为活跃的领军业态。

一、P2P行业发展迅猛，市场规模显著增长[①]

（一）行业成交规模迅速扩张

2014年，全国P2P网络借贷成交金额3 291.94亿元，较2013年增长

---

① 本部分数据来自中国支付清算协会互联网金融专业委员会成员单位第一网贷。

268.83%，月复合增长率为12.50%，并实现了从5月至12月连续8个月持续增长。2014年12月，全国P2P网络借贷成交金额480.04亿元，创下单月成交金额最大值（见图8-1）。

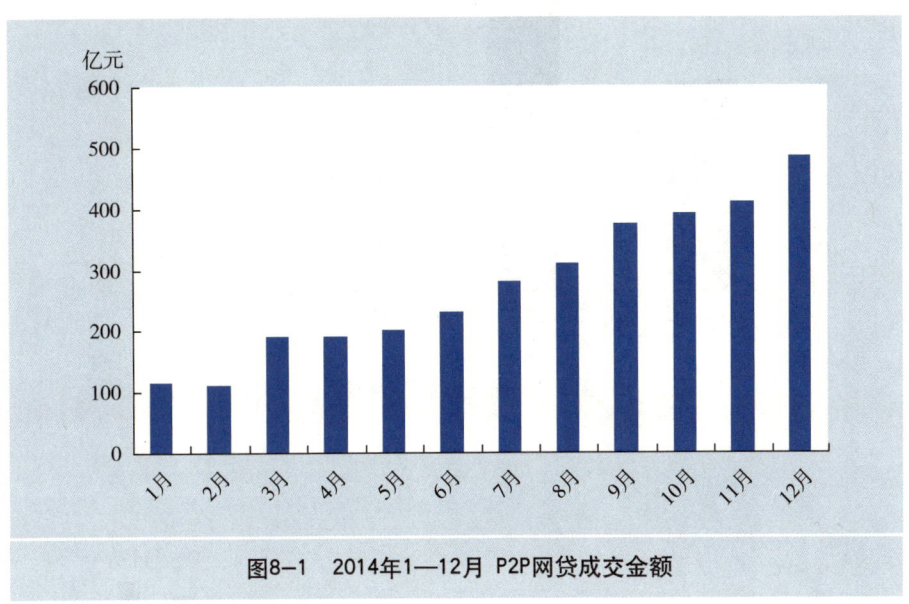

图8-1　2014年1—12月 P2P网贷成交金额

（二）平台数量快速增长

统计显示，截至2014年末，全国共有P2P网贷平台2 358家，全年新增P2P平台1 825家。在纳入统计的1 761家平台中，交易规模在1 000万元以下的平台517家，占样本总数的29.36%；交易规模在1 000万元至1亿元的平台785家，占样本总数的44.58%；交易规模在1亿元至5亿元的平台共337家，占样本总数的19.14%；交易规模为5亿元以上的平台122家，占样本总数的6.92%（见图8-2）。

（三）参与人数持续上升

2014年全国P2P网络借贷参与人数日均7.65万人，较2013年上升了201.18%。4月至12月，网贷参与人数连续8个月持续上升，12月参与人数日均达13.61万人，创历史新高（见图8-3）。

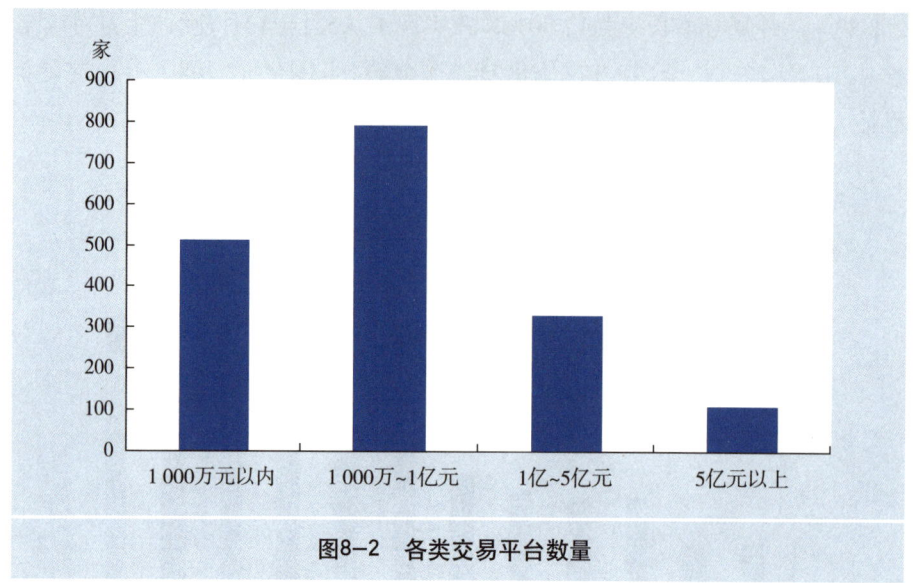

图8-2 各类交易平台数量

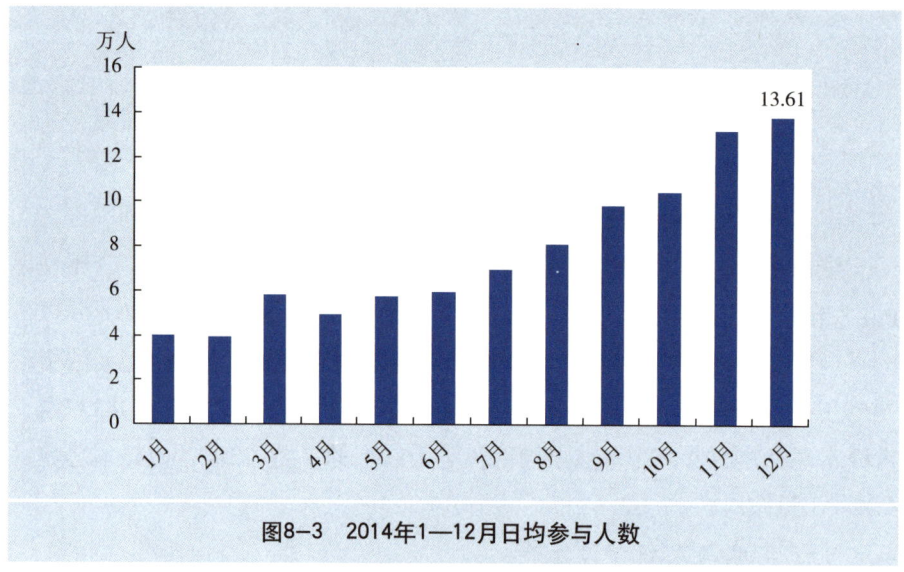

图8-3 2014年1—12月日均参与人数

（四）网贷利率逐渐下降

2014年全国P2P网络借贷行业平均综合年利率17.52%，较上年度下降了7.41个百分点。除2月春节期间利率略有上升外，3月至12月行业平均综合年利率连续10个月下滑（见图8-4）。

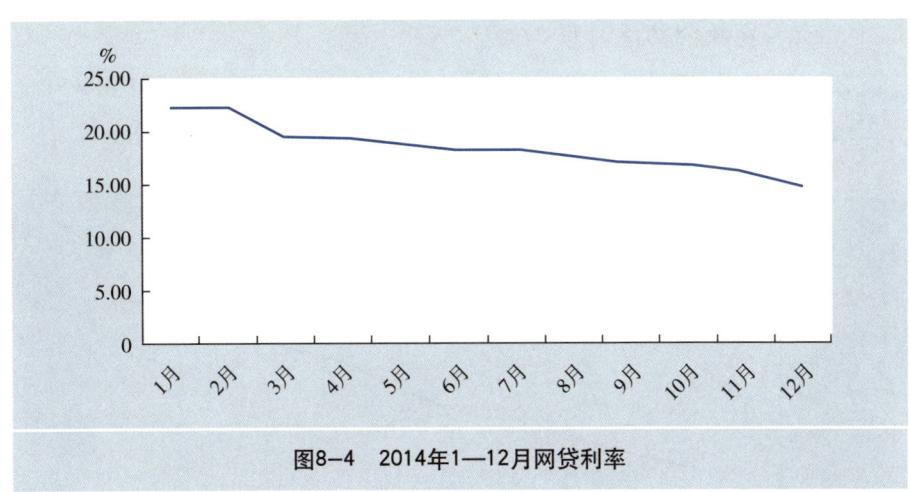

图8—4　2014年1—12月网贷利率

在纳入统计的P2P网络借贷平台中，平均综合年利率在10%以下的平台89家，占样本总数的5.05%，合计成交金额542.04亿元，占行业总成交额的16.47%；平均综合年利率在10%~18%的平台743家，占样本总数的42.19%，合计成交金额1 531亿元，占行业总成交金额的46.51%；平均综合年利率在18%~24%的平台424家，占样本总数的24.08%，合计成交金额619.55亿元，占行业总成交金额的18.82%；平均综合年利率在24%以上的平台505家，占样本总数的28.68%，合计成交金额599.35亿元，占行业总成交金额的18.20%（见图8—5）。

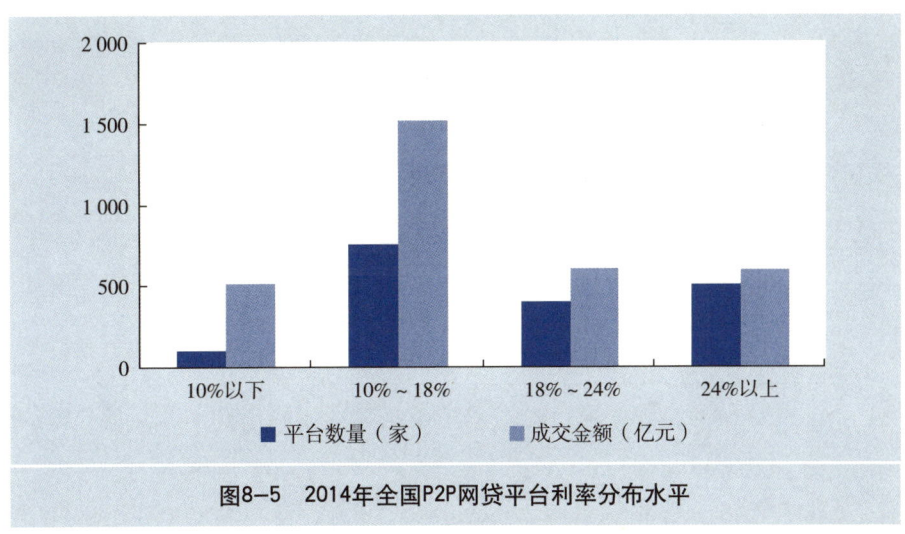

图8—5　2014年全国P2P网贷平台利率分布水平

（五）贷款余额逐月增加

2014年全国P2P贷款余额逐月增加，2014年末全国贷款余额1 386.72亿元，较2013年末贷款余额增加1 034.49亿元，增长了293.7%（见图8-6）。

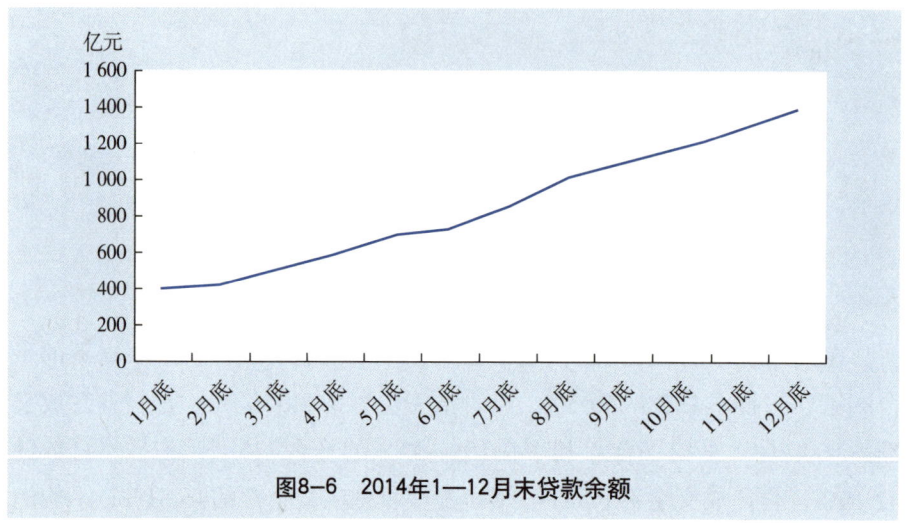

图8-6　2014年1—12月末贷款余额

（六）网络借贷期限延长

网贷期限呈现上升趋势，2014年全国P2P网络借贷平均期限5.92个月，较2013年延长1.91个月，增加了47.63%（见图8-7）。

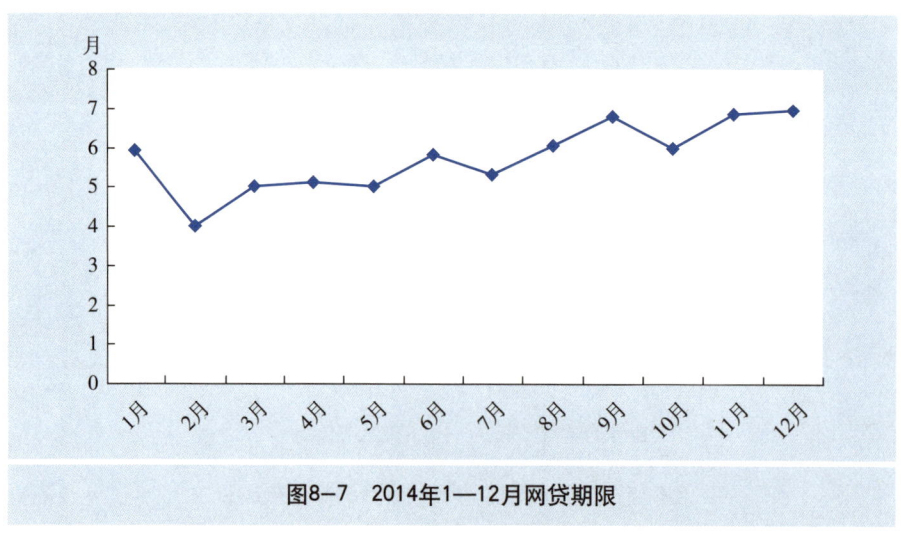

图8-7　2014年1—12月网贷期限

统计显示，平均网贷期限在1个月以下的平台164家，合计交易金额1 334.88亿元；平均网贷期限在1至3个月的平台965家，合计交易金额749.9亿元；平均网贷期限在3至6个月的平台404家，合计交易金额473.05亿元；平均网贷期限在6至12个月的平台192家，合计交易金额359.48亿元；平均网贷期限在1年以上的平台36家，合计交易金额374.62亿元（见图8-8）。

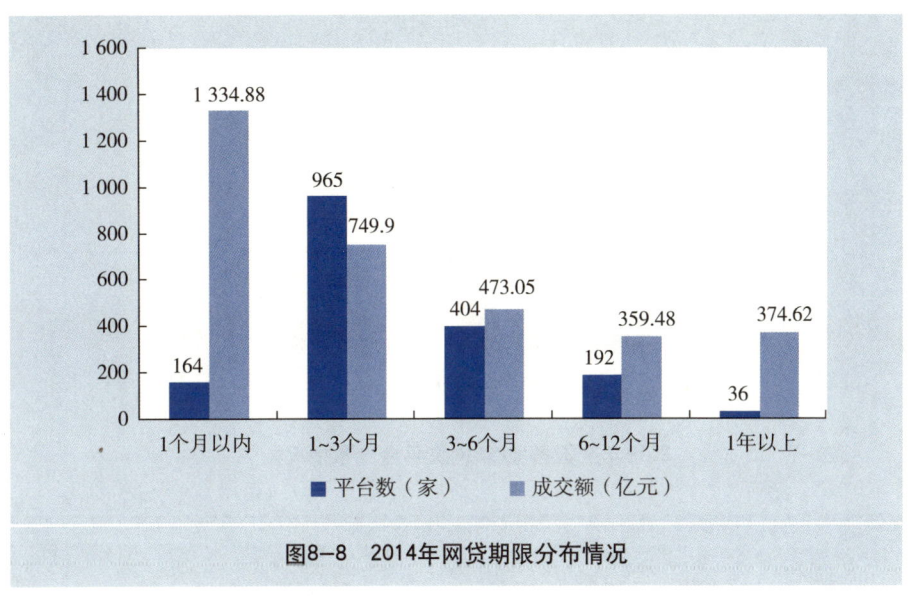

图8-8　2014年网贷期限分布情况

（七）风险平台数量增加

2014年P2P监管政策仍未出台，在平台数量持续增长的同时，出现停止经营、提现困难、失联跑路等情况的问题平台数量上升，全年出现问题的平台共计287家，比2013年增加了212家，增长282.67%。第四季度问题平台数量急剧上升，达到184家（见图8-9）。

（八）地区发展水平不平衡

P2P网贷呈现集中化发展趋势，主要分布在经济活跃、金融发达、互联网产业密集，以及第三方支付机构较多的地区。截至2014年末，纳入统计的1 680家平台分布在全国26个省（直辖市、自治区），广东省平台数量最多，占全国平台总数的21.43%。从成交规模上看，广东省以989.51亿元的成交金额居全国之首，北京和上海分列第二位、第三位，三地合计成交金额2 019.66亿元，占全国总成交金额的61.35%（见表8-1）。

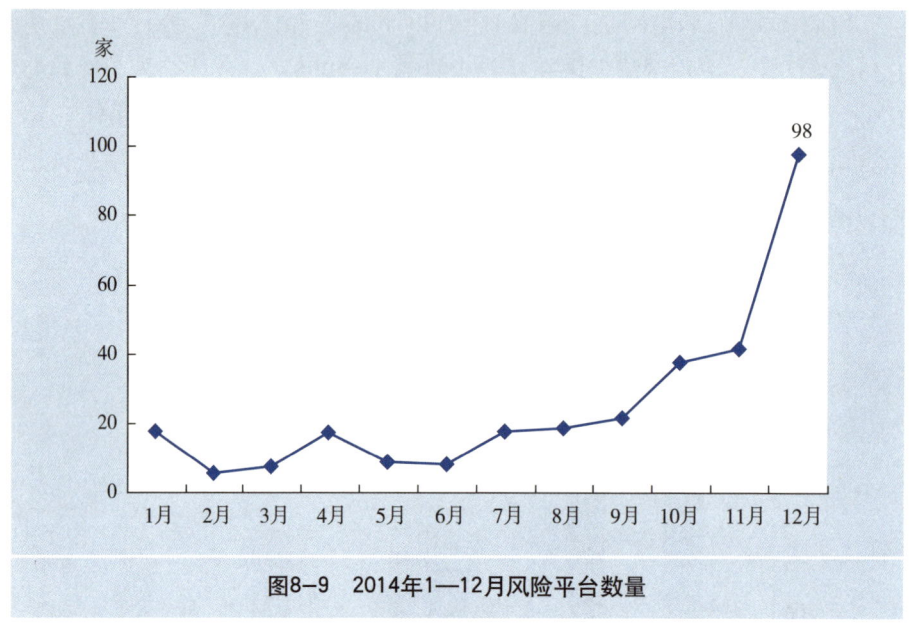

图8-9 2014年1—12月风险平台数量

表8-1　　　　　2014年全国各地P2P网贷平台分布情况

单位：家，亿元，%

省份	平台数量		交易金额		平均利率		平均期限（月）	
	平台数	占全国	总交易额	占全国	平均利率	较全国	平均期限	较全国
广东省	360	21.43	9 895 066	30.06	17.16	-0.32	3.78	-2.14
浙江省	198	11.79	4 742 175	14.41	20.08	2.60	1.45	-4.47
山东省	186	11.07	1 397 672	4.25	27.12	9.64	3.03	-2.89
北京市	180	10.71	5 272 733	16.02	15.48	-2.00	8.45	2.52
上海市	143	8.51	5 028 777	15.28	11.20	-6.28	15.53	9.6
江苏省	83	4.94	1 604 798	4.87	22.09	4.61	3.92	-2
四川省	72	4.29	788 723	2.40	20.13	2.65	3.59	-2.33
湖北省	55	3.27	596 599	1.81	18.02	0.54	2.92	-3
安徽省	52	3.10	366 753	1.11	31.74	14.25	3.08	-2.84
湖南省	45	2.68	385 024	1.17	25.40	7.92	2.96	-2.96
福建省	43	2.56	303 333	0.92	23.42	5.94	2.57	-3.36
重庆市	37	2.20	684 120	2.08	10.61	-6.87	5.5	-0.42

续表

省份	平台数量		交易金额		平均利率		平均期限（月）	
	平台数	占全国	总交易额	占全国	平均利率	较全国	平均期限	较全国
河北省	33	1.96	97 572	0.30	17.50	0.02	4.09	-1.83
河南省	31	1.85	181 312	0.55	20.23	2.75	2.35	-3.58
江西省	30	1.79	162 853	0.49	22.77	5.29	2.27	-3.66
广西壮族自治区	26	1.55	119 518	0.36	19.73	2.25	1.79	-4.13
贵州省	17	1.01	362 456	1.10	23.38	5.90	2.98	-2.94
辽宁省	15	0.89	66 335	0.20	14.40	-3.08	11.55	5.63
天津市	15	0.89	279 833	0.85	14.80	-2.68	2.04	-3.88
云南省	15	0.89	155 446	0.47	19.07	1.59	2.53	-3.39
陕西省	14	0.83	84 038	0.26	18.13	0.65	4.11	-1.81
内蒙古自治区	9	0.54	31 990	0.10	44.02	26.53	3.44	-2.48
山西省	8	0.48	241 651	0.73	20.60	3.12	5.08	-0.85
黑龙江省	6	0.36	30 038	0.09	22.94	5.45	2.42	-3.5
宁夏回族自治区	4	0.24	26 357	0.08	18.23	0.75	4.63	-1.3
甘肃省	3	0.18	14 243	0.04	20.77	3.29	3.76	-2.16
合计	1 680	100.00	32 919 415	100.00	17.52	—	5.92	—

二、业务范围不断延伸，市场进一步细分

一般来说，P2P网络借贷平台的核心定位是借贷信息中介，平台作为信息桥梁发挥交易撮合功能。然而，为适应国内征信状态和市场竞争环境，P2P网络借贷平台业务范围不断延伸，细分出多种业务模式（见表8-2）。从业务种类来看，既有传统信贷简单线上化，也有专注于某一领域的专业网贷机构，如信用贷、房产贷、车辆贷、股权质押贷款、供应链金融、委托贷款、票据贷、融资租赁、配资、资产证券化等。

表8-2　　　　　按照不同维度对P2P业务模式进行分类

划分维度	业务模式		
按照资产端来源分类	自营类	渠道类	平台类
按照业务开展方式分类	线上模式	线下模式	线上线下结合
按照业务流程分类	居间中介	债权转让	自动匹配债权
按照风险承担方式分类	无担保	风险保证金	第三方担保

目前，国内P2P行业具有以下特点：一是以担保、本金赔付、风险准备金等形式进行信用兜底，使出借人将其关注重点从借款人资质转移到P2P网络借贷平台上，平台实际上发挥了信用中介的功能，基本形成了刚性兑付的格局。二是线上线下相互融合成主流。由于国内征信体系不完善，以及信息披露不充分、平台责任不清晰、风险管理不到位等问题，导致国外以Lending Club为代表的纯线上网贷模式在中国还不能完全适用，国内P2P机构多采用线上拓展理财端资源、线下进行融资端审核的模式，这在加强风险管理的同时，一定程度上提高了资金借贷成本。三是细分市场，专业化协作程度较高。因目前对P2P网络借贷平台资质尚无要求，部分平台的资源和经营能力不足以覆盖整个交易环节，因此引入推广网站、小贷公司、担保公司、征信机构等合作单位协作完成交易。

三、行业规则滞后，资金安全性、流动性管理有待完善

（一）行业发展缺乏相关的政策法规

随着P2P定位日渐清晰，其在促进普惠金融发展方面的积极意义得到各界的认可，P2P行业逐渐进入国家决策视野和监管范畴。目前，我国关于P2P网络借贷的法律规定尚未出台，业务运作模式、行为边界认定、法律关系等内容均无专门立法规范，只能援引相关民事、刑事法律予以调整；监管部门目前尚未出台针对P2P业务的具体措施，正式的P2P业务规范和标准尚未颁布，这些因素使得P2P行业发展仍存在较大政策风险。

（二）P2P网络借贷机构发展水平参差不齐

P2P行业快速发展，行业中鱼龙混杂，机构发展水平参差不齐。部分机构内控制度不健全、业务操作不规范、信息安全技术水平不高、客户信息保护不严、对交易流程缺乏有效的监控管理。个别企业不以长远发展为目标,披露虚假信息或进行不实宣传,甚至出现不法分子利用P2P网络借贷平台进行非法集资、洗钱、诈骗等违法犯罪活动,严重侵犯了消费者的合法权益。

（三）P2P客户资金安全存在一定隐患

P2P网络借贷参与者广泛,资金进出灵活,业务模式多样,客户资金安全存在较高风险。目前,国内还未建立严格的P2P客户资金第三方托管机制,银行因为P2P机构面临一定的政策风险,以及客户支付体验不佳等原因,未能建立类似证券保证金托管的P2P资金托管机制;而非金融支付机构进行P2P资金存管缺乏政策支持。因此,P2P网贷平台客户资金普遍处于监管真空状态,资金的调配权仍掌握在P2P机构手中,客户资金被挤占、挪用的风险尚缺乏有效的防范机制。

（四）P2P网贷平台资金流动性管理有待完善

目前,我国P2P网贷行业中资金错配、期限错配的情况仍然存在,大部分P2P平台宣称对借贷资金提供完善的赔付计划,还有部分P2P网络借贷平台以自身提供担保或找关联企业提供担保。然而,由于担保机构的偿付能力难以保证,一旦发生大规模坏账,可能导致资金链断裂,发生偿付困难。若上述问题在行业中蔓延,还可能引发行业风险,影响行业的持续健康发展。

（五）P2P企业审贷成本较高,面临较高信用风险

我国P2P网络借贷机构无法接入人民银行征信系统,不能直接查询客户信用信息,只能通过上传证件资料、线下调查等传统方式对客户进行审查,并以此作为确定客户信用等级及对应交易费率的依据。这种方式降低了审查的质量和效率,信息的真实性难以核实。此外,平台之间缺乏有关欺诈和违约信息共享机制,对于重复借贷、网贷黄牛可能引发的信用风险,仅靠单一P2P机构尽职调查难以有效防范,不能从整体上评估客户的负债状况和信用水平。

专栏8-1
P2P网贷客户资金托管现状

支付结算是货币给付及资金清算的行为,其主要功能是达成资金在当事人之间的转移,就其业务本质而言,并不带有担保功能。P2P网络借贷具有投资者分散、资金划转以跨行支付为主的特点,为降低交易成本,目前P2P网络借贷平台资金结算主要由第三方支付机构提供的网络支付完成。

随着国内P2P市场竞争加剧,资金托管成为P2P网络借贷平台增信的重要手段,并逐渐成为行业普遍做法。相对于商业银行而言,第三方支付机构不仅占有支付结算的先机,还具有系统开发周期短、宣传配合度高、服务方式灵活等优势,成为我国P2P市场主要的资金管理提供者。

当前P2P平台资金管理模式主要有以下两种:一是大账户管理模式,即支付机构为P2P网络借贷平台开立虚拟账户,并将客户投资资金汇集至该账户中,支付机构执行支付指令时对相应的借贷合同进行形式审核,目前被多数P2P网络借贷平台采用。二是子账户管理模式,即支付机构在P2P网络借贷平台的虚拟账户下为借贷双方客户开立子账户,涉及资金划转时触发动账提示,客户本人通过密码、短信验证码等方式对各自子账户资金划转情况进行确认和查询。此外,还有部分平台存在没有履行第三方资金管理,但以"资金托管"进行虚假宣传的情况,近来出现的P2P网络借贷平台"跑路"事件,多采用上述"伪托管"模式。

支付机构进行资金管理的优点在于:一是用户体验较好,支付机构引导客户进行投资充值,并对客户资金划转进行验证,页面连续性强;二是专业服务意识较强,业务灵活便捷,可为P2P网络借贷平台定制个性化服务方案,提供更好的服务;三是具有更大的业务创新空间,如将沉淀资金对接到互联网理财业务,为用户创造盈利。但支付机构进行资金管理也存在一定的风险:一是存在挪用、挤占客户备付金的风险,直接影响支付清算市场秩序和客户资金安全。二是支付机构为融资类商户开立虚拟账户,还有待监管制度确认。三是网上支付限额标准可能束缚P2P业务发展。此前网络支付主要立足于满足生活消费,限额标准较低,随着互联网金融的不断发展，可能与用户大额支付需求发生冲突。

我们认为，支付机构为P2P网络借贷平台提供支付结算服务符合当前行业发展需要，但第三方支付机构本身面临较大风险，因此，应在鼓励商业银行提供资金托管服务的同时，进一步加强对第三方支付机构的行业自律，逐步研究建立切实有效的风险约束机制。

四、风险进一步消释，创新推动行业发展

2014年行业风险事件频发，尤其是第四季度问题平台数量剧增，极大地损害了投资人的合法权益，引起了社会各界的关注。历经多年发展，P2P网贷仍承担着部分信用中介的职能，资金错配和期限错配引起的流动性风险长期存在，行业发展初期积聚的风险还需要后期消化。不仅如此，为吸引流量，不少平台承诺或变相承诺刚性兑付，加重了平台的责任，对平台的资金实力、风控水平和流动性管理提出更高的要求。未来，实体经济增长放缓，监管政策终将出台，高利率难以长期为继，市场优胜劣汰，行业或将迎来洗牌。

在服务实体经济的总基调下，应支持和鼓励创新发展，做大做强P2P行业，提升金融服务效率和普惠水平。要鼓励互联网金融的创新，实行包容性监管，为监管预留观察期，为金融创新预留一定空间，增强监管弹性。加强对创新的全周期管理，加强创新前的鼓励，创造宽松环境；加强创新中的引导，开展对创新的风险评估和推演；加强创新后的规范，对创新加强知识产权保护。

五、监管职责基本明确，行业自律成为当前重要手段

（一）职责分工基本明确，监管制度尚未出台

2014年，业内人士翘首企盼的"关于促进互联网金融健康发展的意见"未能出台。尽管如此，在2014年的各种峰会、论坛、研讨等公开活动中，政府高层传递出了诸多关于P2P网络的政策信号，并通过密集的政企对话、调研、征询意见，对行业进行了非常充分的研究，相信监管层对行业发展及监管已经有了明晰的思路。

目前，监管部门已经明确的原则主要包括：坚持P2P平台信息中介定位，不得开展资金池业务；落实实名制原则，资金流向清晰；业务边界明晰，与其他法定金融业务加以区别；对企业资质有所要求，设立行业准入门槛；客户资金实行第三方托管；P2P网络借贷平台自身不得进行担保；建立明确的收费机制，不盲目追求高收益；进行充分的信息披露；加强行业自律组织建设，推动行业标准化发展；坚持小额分散，坚持普惠金融发展方向。

（二）政府背景的行业组织成立，引导行业规范发展

一个行业的健康发展，有赖于建立政府监管、行业自律、市场约束三位一体的管理体系，协调政府、行业、市场力量，合力促进行业健康发展。当前，P2P行业处于监管真空的特殊时期，社会各界一致呼吁加强行业自律，并对自律组织寄予厚望。

事实上，随着行业发展加速，各种行业组织如雨后春笋般相继成立，其中不乏部分未经正式登记注册、不具有社团法人资格的非法组织。行业自律组织的成立，顺应了P2P网贷机构加强同业交流合作、建立并完善自我约束机制的愿望，同时也满足了部分机构为平台增信甚至寻求政治背书的需要。行业组织纷纷出台各自的自律公约和业务规范，为促进行业健康发展进行了许多有益的探索，产生了一定的积极效果。但总体而言，行业自律管理的效果差强人意，主要原因在于行业组织缺乏有效的治理手段，对违规行为的制约力量有限。

中国支付清算协会互联网金融专业委员会于2013年底成立，截至目前共有94家成员单位，范围涵盖综合性金融集团、主要银行和清算组织、支付机构、P2P网贷企业、高校与研究机构及其他机构。作为首家金融监管部门主管的全国性互联网金融行业自律组织，被业内人士视为互联网金融迈向行业自律监管的重要里程碑。[①]2014年，专委会多次召集P2P从业机构代表召开座谈会，就风险防范、资金安全、保险业务合作等问题组织交流探

---

① 牛娟娟：《互联网金融迎来"自律"新时代》，载《金融时报》，2013-12-06。

讨；着力建设和完善会员注册系统、会员信息公示系统、行业风险信息共享系统等基础设施；积极向政府监管部门建言献策，代表行业利益为其争取良好的发展环境。

第三节　股权众筹

现代众筹于2010年发端于美国硅谷，并迅速蔓延到世界各地。2011年4月，我国首家众筹网站"点名时间"成立，开创了众筹这一崭新领域。此后，国内股权众筹市场逐渐兴起，并出现了天使汇、众筹网、创投圈、大家投、原始会、爱合投等一批具有较大影响力的众筹平台。2014年4月，中国人民银行发布了《2014年中国金融稳定报告》，将众筹融资定义为：通过网络平台为项目发起人筹集从事某项创业或活动的小额资金，并由项目发起人向投资人提供一定回报的融资模式。

一、我国股权众筹面临多重利好，发展动力强劲

股权众筹行业的发展，得益于信息技术的进步、投融资观念的转变、资本市场的进一步细分，以及监管层的宽容支持。首先，信息科技的发展以及网络支付和移动支付技术的成熟，进一步满足了人们对于金融服务便捷性的需求，实现了互联网与金融的高度融合。其次，小额分散的投资方式，使得投资者对价值的追求不再完全以公司市值作为唯一标准，兴趣、创意、对领投人的信任都可能成为投资的动力；加之投资流程简化，权利义务相对定式，更易于达成非面对面投资交易。再次，大众理财意识的觉醒、民间闲置资金的积累与投资渠道匮乏同时存在，旺盛的投资需求需要得以释放，股权众筹在投资渠道以外提供了新的投资市场空间。最后，国家对普惠金融的鼓励、监管层对金融创新的宽容，促进了股权众筹市场的发展。

当前我国正处于经济结构调整和转型升级的特殊时期，按照"用好增量、盘活存量"的金融方针，需引导大量民间金融资源转向支持实体经济的发展。2014年11月，国务院常务会议决定进一步采取有力措施，缓解企业融资成本高的问题，建立资本市场小额再融资快速机制。在大众创新、万众创业的大背景下，股权众筹不仅是顺应创业热潮兴起时期企业融资的

客观需要，也是适应不同投资需求及风险偏好的多样化需要，更是我国在新常态下防止经济整体杠杆水平过快上升的需要。

二、股权众筹是发展多层次资本市场的重要创新

2014年，我国社会融资规模为16.46万亿元，其中，债权融资占94.03%，保险公司赔偿和其他占2.0%、非金融企业境内股票融资4 350亿元，仅占2.64%。1970—1985年，美国企业通过股权融资筹集的资金在企业外源筹资金额中占8.3%，[①]这一方面造成企业部门负债率居高不下，另一方面也是企业融资难融资贵的重要原因之一，同时也证明我国股权众筹有很大的空间。

股权众筹形式灵活、操作便捷，突破了传统的投融资模式，表现出较强的创新能力和蓬勃生机。一是降低投资门槛，开创了针对初创小微企业的新兴投融资形式，普通投资者可以直接参与初创企业投资，与企业共享收益。二是为解决小微企业融资难、融资贵问题提供了一条新的途径。股权众筹拓宽了融资渠道，显著提高融资效率，减轻小微企业负债压力，有利于企业自身快速发展。三是激发全民创业热情。通过更为直接、开放的方式，投资人的投资不仅基于商业价值判断，还可能出于兴趣、公益、关注等个人原因，在为企业解决资金困难的同时聚集人气，提高创业成功率。目前，我国众筹平台已经孵化出滴滴打车、黄太吉、面包旅行等颇具影响力的项目和公司，不仅为投资者带来丰厚回报，也为广大拥有良好创意和高新技术的初创企业提供了低成本的融资机会，构建出创新创业的良性循环生态。

三、股权众筹呈现出规模小、合规意识强、集中度高等特点

（一）股权众筹行业总体发展缓慢

由于法律环境限制和行业本身的高风险，相对于P2P网贷等其他互联网金融业态，我国股权众筹发展较为缓慢。一方面，《证券法》、《私募

---

① 互联网金融研究小组：《股权众筹：资本市场多层次创新的需要》，中国人民银行金融研究所，2015年3月3日，http://www.weiyangx.com/120726.html。

投资基金监督管理暂行办法》等法律法规对股权投资的人数、资质有严格限制，给股权众筹实践设置了天花板。另一方面，众筹平台对项目的把控能力有待检验，初创企业的高风险特征与我国普通投资者专业程度不高、风险承受能力低存在错位，众筹被投资者普遍接受还有待时日。此外，我国征信体系相对封闭，增加了众筹平台客户认证和风险管理的成本。截至2014年底，市场上活跃的股权众筹平台不超过30家，多数平台成立时间不足一年，市场规模还很小。

（二）行业集中度高，项目融资金额较大

在行业分布上，众筹项目主要集中在本地生活服务、移动社交、金融服务等行业。随着近年来初创企业天使轮估值上涨，融资金额普遍较大，如天使汇目前成功融资项目303个，累计融资金额30亿元[①]，平均每个项目融资金额高达990万元，远高于一般天使轮融资规模。

（三）从业机构合规意识较强，主动适应规范发展要求

多数平台在制定众筹规则时，充分考虑了现有法律制度的要求，表现出较强的依法合规经营理念。一是多数平台设置了合格投资人门槛，且标准较高，审核程序严格。二是对投资人数进行限制，如参照《证券法》规定，将发行对象限定为200人以下，或是通过限定最低投资金额变相限制参与人数。三是构建相对私密的投融资认证圈，解决投融资双方特定人群身份问题，规避非法集资风险。

（四）合投趋势明显，平台步入综合化发展阶段

股权众筹模式的发展创新，既是行业不断适应市场需要的过程，也是与现有法律不断博弈的过程。目前，国内众筹平台基本上形成了直投、合伙、基金入股等多种投资方式，并且合投逐渐成为发展趋势。随着监管临近，部分众筹平台不再局限于单一的融资中介服务，而是将业务延伸到整个链条，逐渐步入综合化发展阶段，如针对优秀众筹项目提供全方位的支持，包括项目包装、媒体公关、投资人推荐、渠道对接等一系列专业化增值服务。

---

① 天使汇官网公布数据。

四、法规配套、投资人维权、创意保护尚待加强

（一）缺乏配套法律环境，面临一定的政策风险

当前我国关于众筹的监管制度近乎空白，实践中众筹的操作模式还可能与《证券法》等现有法律制度存在一定冲突，如众筹中的未经许可、通过网站公开宣传、承诺回报收益、向不特定对象吸收资金或转让股权等特征，甚至可能与《最高人民法院关于审理非法集资刑事案件具体应用法律若干问题的解释》中明确的入罪要件相符，因此一旦控制不好，众筹易与非法集资混淆，存在一定的政策风险。

（二）信息不对称加大投资人权益保护难度

一般而言，为避免投资人缺乏专业投资经验的误判，多数平台采用了"领投+跟投"的模式，使跟投人处于信息不对称的劣势。在项目审核过程中，由于缺乏相应的监督环节和责任追究机制，增加了股权众筹中合同欺诈的风险。此外，各众筹平台之间尚未建立信息共享机制，可能存在同一项目在多个平台重复融资等情况。一旦这类失信事件发生，将造成众筹投资人利益受损，甚至危害行业的健康发展。

（三）资金流转不受监管，存有隐忧

按照一般流程，项目融资需要一定时间才能完成，投资人资金可能需要在平台上被冻结、汇集、划转。但目前众筹平台尚处于监管真空，平台对投资者资金的管理和使用缺乏有效的监控和约束，资金安全存在隐患。

（四）对融资项目创意保护有待加强

纵观国内外股权众筹，多数融资为创意类项目，其中不乏能确实带来商业利益的优秀创意。然而，股权众筹模式决定了项目需要在网上向不特定公众展示，即使项目发起人可能隐去一些关键的信息，仍不能排除创意被他人窃取或抄袭的可能性。一旦发生相关纠纷，项目发起人可能陷入长久的知识产权诉讼中，而投资人的利益则难以得到保障。

五、监管体制相对滞后，行业自律效果有限

一般来说，民间融资行为属于私人契约范畴，政府公权力不宜过多介入。但由于众筹涉及向不特定投资人公开募集资金，并且融资目的是为了使用他人资金开展经营活动，这就使得集资行为与金融市场秩序和投资人

利益紧密相关，进而产生了监管的合理性与必要性。目前，国务院正在就互联网金融的监管进行统一部署，已基本明确由证监会对股权众筹实施监管，但具体的监管规则尚未出台。

2014年12月18日，中国证券业协会发布了《私募股权众筹融资管理办法（试行）》（征求意见稿），对股权众筹业务进行了界定，并对合格投资者、平台自融、多头融资等问题进行了规定，为股权众筹发展提供了基础性的制度依据。《私募股权众筹融资管理办法（试行）》（征求意见稿）的出台，对于股权众筹的发展具有里程碑式的意义，体现了政府监管层面对股权众筹这一新兴融资模式合法性的明确认可和积极推动其发展的鲜明态度。同时，征求意见稿在大的监管方向和互联网金融制度建设层面进行了有益的尝试，如采用"事后备案"而不是事前监管的方式来进行监管，同时效仿《私募投资基金监督管理暂行办法》将融资企业投资人数上限放宽至200人等规定，均是体现了这种尝试的。

当然，需要看到的是，此版征求意见稿作为互联网金融的首个管理规定，整体立法思路仍稍显保守，如将股权众筹类比私募股权投资来进行监管，对股权众筹作为"互联网金融"这一特别融资模式下的特点以及当前国内众筹发展的现实情况不够贴近。此外，对平台权利义务的界定不明晰、合格投资人的要求过高以及现行众筹实务中"领投人"制度的缺失等，都有待进一步完善。

第四节　互联网理财

一般来说，互联网理财是投资者通过互联网获取金融资讯和理财服务，以实现资产收益最大化的一系列活动，按照风险、收益和流动性的维度，一般将互联网理财资产分为9类：货币基金、承兑汇票、保理、融资租赁、典当、个人信用贷款（小额）、担保贷款（大额）、股权类和不良资产。[1]

---

[1] 零壹财经：《互联网理财资产资金供给报告》，Http://iof.hexun.com/2014-11-08/170190054.html。

一、余额宝开启理财热潮，互联网理财优势明显

互联网理财，主要运用信息技术，把互联网业务思维与传统金融理财业务进行有机结合，利用互联网为投资人提供理财信息服务、进行金融产品的销售以及为金融产品销售提供第三方服务。2013年6月，支付宝率先尝试将支付与货币基金理财结合起来，推出创新产品余额宝并获得了重大成功。截至2014年12月31日，余额宝货币基金规模已达5 789亿元。在强大的示范效应下，基金公司、互联网平台等纷纷推出各类互联网理财产品，积极加入到互联网理财大军之中，推动了我国互联网理财市场的快速发展。

与传统金融理财相比，由于互联网金融理财产品具有更低的准入门槛、更高的收益率和更强的流动性，为大众的理财需求提供了更加多样化的选择，很快就吸引了相当数量的投资者，尤其受到年轻一族的追捧。

中国互联网信息中心（CNNIC）发布的互联网年度报告显示，截至2014年6月底，我国互联网理财产品用户规模达6 383万人，使用率达到10.1%。互联网理财市场得以快速发展，具有多方面因素：从互联网特性来看，互联网的便捷性打通资金链条，降低了理财产品管理及运营成本，互联网的长尾效应聚合个人用户零散资金，既提高了互联网理财运营商在商业谈判中的地位，也使个人零散资金获得更高的收益回报；从用户需求来看，互联网理财产品具有的低门槛、高收益、高流动性特点，贴合大众理财需求，如一元起购、按天计算收益、T+0当天赎回等，更为重要的是收益率相比银行储蓄具有明显优势；从购买渠道来看，互联网理财产品购买渠道多依托于用户规模大、使用频率高、发展成熟的第三方支付平台，购买、赎回操作快捷简便。

二、多方利好促进，创新节奏加快

在各方利好的促进下，我国互联网理财从单一模式向综合化、多样化发展，在探索中不断发展前行。从市场扩容的进程来看，发展初期主要以互联网企业与基金公司合作为主，这类产品以余额宝等"宝宝"类产品为代表。尽管在产品设计上，这类产品只是把货币基金转移到互联网上销售，赚取的是金融市场各板块之间的价格套利，但仍以其门槛极低、实时赎回的优势，得到了投资者青睐。截至2014年12月31日，市面上共有"宝

宝"类货币基金理财产品79个，前3个季度市场规模持续增长，截至9月30日市场规模达15 638.93亿元。其后，随着市场资金面趋于宽松，"宝宝"类理财产品收益率逐渐下滑，第四季度平均收益率仅为4.2%，市场规模随之下降至15 081.47亿元。

在货币基金理财市场收窄的同时，互联网理财产品创新节奏加快，不再单纯投资于货币基金以及大额存单等，而是同时投资于股票等风险较高的金融市场，或者直接对接于企业，使得风险特质和收益支付方式均与以往有较大差别。此外，平台化、标准化、定制化成为国内互联网理财行业发展趋势，部分以收益率比较和撮合交易为主要功能的互联网金融平台出现并发展壮大，一些金融超市类平台已经积累了大量用户资源，产品布局也越来越向综合化方向发展。

三、理财平台百家争鸣，流量导入类、销售类、社交类成主流

目前，我国互联网理财平台已初具规模，商业模式和客户群体进一步细分，呈现百家争鸣的局面。从平台业务模式来看，大体包括以下几种：一是流量导入类，即互联网平台与金融机构合作，融合互联网先进技术和金融机构的产品优势，同时借助平台大数据分析与挖掘技术，在充分了解客户理财需求和偏好的基础上，为客户搜索、匹配、推荐理财产品，如融360、91金融超市即属于这一模式。二是理财产品销售平台，如招财宝、挖财、铜板街、数米基金、天天盈等。这类平台利用互联网提供理财产品的信息查询、对比，并直接完成线上销售，用户可根据自身需求与风险承受能力选择合适的理财产品，通过移动客户端或网站完成理财产品购买、收益查询、提取现金等操作。三是社交类理财平台，如雪球、腾讯自选股、东方财富资讯等，具有跨市场、跨品种的数据查询、信息订阅、互动交流功能，帮助投资者提供精细化和专业化的深度理财方案。

第五节　网络银行

网络银行，即金融服务提供者依托新兴支付技术，通过互联网络或移动网络提供的金融服务。网络银行最大的特点在于摆脱了银行金融机构对传统的物理网点和柜台的依赖。从发展规模看，我国网络银行目前尚处于

初步发展阶段，但在互联网金融高速发展的浪潮下，各类市场主体高度重视，纷纷加大资源投入，加码网络银行业务。其中，有从银行体系内部衍生出来的网络银行业务，也有金融体系外部跨界发展的网络银行业务，体系内外同步发力，共同推动着网络银行的发展。

一、网络银行的分类

对网络银行的划分历来比较模糊，人们通常笼统地将移动支付、网络支付、网银业务、电话银行都称为网上银行。我们认为，网上银行虽然具有一定的业务功能，但是更加偏重于支付功能，是一种支付渠道，是网络银行的基础设施部分或网络银行发展的依托。从网络银行发展的内涵来界定，我们认为，网络银行可划分为直销银行和纯粹性的网络银行两种类型。

（一）直销银行

直销银行（Direct Bank）起源于国外，加拿大于1997年创设了首家直销银行ING Direct，成功的商业模式使其在推出后很快便在全球多个国家得以复制和传播。囿于技术水平、金融消费习惯、银行重视程度等多种因素的影响，直销银行在我国的发展并没有与国际同步。但从2014年开始，银行主体开始纷纷加大对直销银行的布局，推动线上线下金融业务的融合发展，直销银行开始在我国展现新气象，呈现出生机勃勃、盎然发展的势头。从2014年2月民生银行推出第一家直销银行以来，国内银行已经陆续推出10余家直销银行，如表8-3所示，兴业银行、平安银行、北京银行、上海银行、南京银行等都成立了直销银行，并且，直销银行的发展势头还在加速。

表8-3　　　　　　　　　当前国内主要直销银行

名称	主要模式	主要产品
民生银行直销银行	互联网平台	如意宝、定活宝、民生金、称心贷、随心存、轻松汇
兴业银行直销银行	互联网平台	智盈宝、兴业宝、定期存款、理财业务、基金业务

续表

名称	主要模式	主要产品
平安银行 "橙子银行"	互联网平台	定活通、平安盈、理财产品
北京银行 直销银行	线上"互联网平台"与线下"直销门店"相结合	目前主要是以ATM、VTM、自助缴费终端为主
南京银行 "你好银行"	互联网平台	鑫元宝、易得利
上海银行 上行快线	互联网平台	快线宝、安心宝、惠理财、智能存
江苏银行 直销银行	互联网平台	惠多存、开鑫盈、放心汇、容易付、银票宝
重庆银行 直销银行	互联网平台	乐惠存、聚利宝、DIY贷
包商银行 小马Bank	互联网平台	千里马、马宝宝
华润银行 直销银行	互联网平台	润日增、智能存款、预付通

从直销银行成立的主体看，主要集中在股份制银行和城商行，大型国有商业银行跟进的速度相对较慢。从直销银行的业务模式看，主要是以互联网平台为载体开展线上金融业务。从直销银行的产品看，主要集中于"宝宝类货币基金"、理财型产品，少数直销银行还涉足短期存款和支付业务。从直销银行快速发展的原因看，主要有以下几个方面：（1）新兴支付方式的发展为直销银行提供了支撑。网络支付、移动支付、电话支付等新兴支付方式层出不穷，支付终端高度自由化、支付场景高度碎片化、支付时间高度自主化，使直销银行的线上金融交易成为了可能。（2）互联网金融倒逼直销银行的发展。近两年，P2P网贷平台、互联网理财产品（余额宝、微信理财通等）、众筹融资等互联网金融主体迅速发展，都从不同渠道分流了银行的存款，导致存款搬家现象日益严重，成立直销银行是银行主动应对存款搬家的重要手段。（3）直销银行是小型银行弯道超车的选择。在我国银行体系中，大型国有银行占据主要市场，不论从客户占有

率还是市场规模上都有着绝对优势,小型银行尤其是近两年快速发展起来的城商行,为提高市场占有率,积极选择了直销银行这种成本低、灵活度高、简单便捷的方式,以期达到提高市场占有率,实现后发优势的目的。

(二)新兴筹建的纯粹性网络银行

这种新兴筹建的网络银行来自于银行体系之外,是在民营银行发展的大潮下,具有市场主导地位的大型IT公司或电商企业申请的银行牌照。这种银行是一种纯粹性的网络银行,也是一种创新性的银行尝试,是生产力发展到一定阶段的客观必然,也是消费者自愿选择的结果。纯粹性的网络银行没有国家的隐性担保,经营方式上与传统银行也有着本质的区别,基本不设立物理网点,纯依托网络化运行及经营,客户群体也主要是网上消费者、电商群体以及触网企业。目前,已经有两家民营银行定位于纯粹性的网络银行,即前海微众银行和浙江网商银行。

这类纯粹性的网络银行具有很强的互联网基因,其主要优势是互联网企业巨大的流量入口和平台优势,海量用户群和庞大的客户信息、广泛的社交关系网络和充沛的现金流,有着较低的手续费和敏感的消费者需求触觉。随着互联网向经济各个领域的渗透,线上交易将呈现出巨大的空间,线上金融的需求也将爆发式增长,新兴网络银行将依托互联网,充分发挥比较优势,成为金融领域的重要组成部分。目前看,新兴网络银行的发展方向将主要定位于小微金融、消费金融和供应链金融。与传统银行在网上设立的直销银行相比,网络银行没有线下大量银行网点的依托,主要依靠电商平台、社交网络等开展业务。

二、网络银行对金融市场的影响

网络银行的发展有着特殊的历史背景,也有着特殊的意义,由于是一种全新的金融服务方式,对金融市场的改革进程、生态体系、市场边界、定价机制、监管方式等都有着较大的影响。

(一)网络银行成为金融体系改革的重要着力点

中国金融体系迎来了新一轮改革,金融深化进程将不断推进,推动市场化进程,寻求新的突破点,进行增量改革,进一步丰富金融市场,提高市场运行的效率。就新兴筹建的纯粹化网络银行而言,作为科技创新发展的新兴业务模式,与金融改革高度契合,首先是新兴网络银行是民营资本创设的银行,是资本市场向民间开放的典型;其次,网络银行是一种新兴金融业务模式,符合推动金融创新的主旨;最后,网络银行是在传统银行业之外进行的一种尝试,受到的束缚较少。因此,在上述多重因素的叠加下,网络银行成为了金融市场改革的重要推动点。

(二)网络银行影响着金融市场的定价体系,加速利率市场化进程

中国金融市场体系的改革不可避免地要涉及利率及汇率的改革。在利率改革上,主要是推进利率市场化,通过价格机制更好地提高金融市场的资源配置效率。不论是直销银行还是前海微众、浙江网商等纯粹性的网络银行,在资金价格上基本采用市场化的定价机制及市场化价格水平,对传统金融市场定价行为具有较强的渗透能力。在传统银行与网络银行之间形成了资金价格的双轨制,形成了两条价格通道,一边是官方定价机制及价格,另一边是市场化定价机制及价格。网络银行的定价机制及价格水平是市场需求的真实反映,一方面其市场化的定价行为可以倒逼传统金融业务更加迅速地向市场化的定价方式推进;另一方面,网络银行的市场化定价机制可以为利率市场化改革提供参考。

(三)网络银行促使金融生态体系和市场结构发生重塑和重组

网络银行的发展既有银行体系内部的力量,也有银行体系外部的力量,其对金融生态体系和市场的影响是深远的,主要体现在以下三个方面:(1)网络银行使金融资源的配置能力和整合能力更强。随着网络银行的发展,更多的IT公司、电商企业等加入金融资源配置的行列,在金融资源的供给和配置上不再局限于银行、证券、保险等传统金融机构,金融资源的投入主体更多,配置能力更强。并且,互联网的开放性使银行等传统金融机构可以依托直销银行更好地将闲置资源或存量资源进行重新配置和调整,提高金融资源的利用率,与新兴网络银行一起提高金融整合各类资源的空间和能力。(2)网络银行使金融生态从闭环走向开环,金融边界大幅扩张。传统金融的创新发展主要行进于体系内部的闭环运行,有着较强的局限性,其生态演进是以风险缓释为核心,从一类金融产品向另一类金融产品的过渡,金融的边界没有发生根本性的改变。但网络银行的发展则

不然，依靠互联网络和移动网络可以对各类产业进行渗透、对各类群体进行服务，批量化、碎片化、标准化、定制化等各类服务都可以同时实现，一并满足，打破了金融的传统边界和范畴，金融的内涵和外延得到了前所未有的扩展，金融业有了更大更强的增长点，金融市场也有了更大的蛋糕，金融服务主体都可以从中获益。（3）网络银行促成新的金融生态体系的形成。在网络银行的推动下，金融生态圈正在发生变化，从纯线下的生态圈已经演化到线上线下一体化的生态圈，并且，随着网络银行的发展，基于线上支付、线上信用评估、线上存贷款等新的生态圈也将加速形成。

（四）网络银行将推动金融市场竞争格局的重新博弈与调整

这种博弈与调整主要体现在以下几个方面：（1）小银行与大银行的博弈。历史因素的限制使小银行更加热衷于直销银行的发展，凭借直销银行，其竞争弱势可以得到较好的规避，在资金调配能力和物理网点都远弱于大型银行的情况下，可以另辟蹊径，发挥船小好掉头的优势快速转型，加大网络银行资源的投入，起到事半功倍、四两拨千斤的作用，化被动为主动，提高市场占有率。（2）体系内金融与体系外金融的竞争进入更深层次。自互联网金融出现以来，体系外金融通过跨界发展，不断影响着体系内金融市场，但从影响领域来看，主要是支付业务，在存贷款等银行的主体领域尚未发生根本性变化，二者之间的竞争交集也相对较小。但随着微众、浙江网商等网络银行的筹建以及存贷款业务的开展，体系内金融与体系外金融的竞争进入了金融的本质领域，竞争交集更广、竞争领域更大、竞争层次更深，进入了一个新的阶段。（3）传统金融与新兴金融的竞争格局将进入拉锯式博弈阶段。支付宝、财付通、余额宝、微信理财通等互联网金融业务的开展，对银行造成了巨大的压力。从银行的应对上看，一直处于被动的局面，但随着银行对直销银行的大规模筹建以及线上业务的开展，其互联网意识已然觉醒，一边倒的格局将被打破。并且，银行在网络银行业务的开展上有着较强的信用优势、消费者路径依赖优势、风险控制优势、线下客户转线上的优势等。因此，传统金融与新兴金融的竞争将更加激烈。

（五）网络银行将促使金融更加促进普惠金融

长期以来，受服务成本的约束、服务能力的限制以及抵押品匮乏的因素影响，银行等传统金融机构主要服务于大城市、大客户、大企业，对农村地区、小微企业和低净值客户的服务能力明显不足,造成了我国小微企业融资难以及农村地区金融服务薄弱的局面。但随着网络银行的发展,这种局面可以得到缓解。在供给端,更多的主体加入了金融服务的大军,依托互联网、移动网络和平台优势,覆盖面更广,可以服务到更多的消费者。依靠大数据处理优势,可以有效解决信用评估难题,在抵押品上缓解小微企业的融资约束。直销银行也好,微众、浙江网商银行也罢,可以有效降低金融门槛,满足低净值客户的财富增值需求,金融服务的可得性大幅增强,推动金融的普惠性和包容性。

(六)网络银行将会影响到金融市场的调控方式

网络银行依靠网络化的运行方式与传统银行有着很大的差别,给金融调控也会带来很大影响。一是资金价格的确定。在我国目前尚未实现利率市场化的情况下,银行体系的利率按照央行的政策执行,在基准利率的基础上有一个浮动区域。在这种背景下,微众、浙江网商等网络银行的资金价格将面临着挑战,如果采取与传统银行一样的定价方式,即"基准利率+浮动区间",则其定价的自主性和灵活性将被封死,在服务小微企业的能力和定价优势上会大打折扣。如果不采用一致定价的模式,则可能存在着监管套利的风险。二是存款准备金政策。存款准备金是央行调控金融市场的重要途径,通过调整存款准备金率来调控市场流动性。网络银行在功能上与其他银行一样,同样创造信用,创造货币乘数,影响到市场流动性的变化。因此,网络银行将会同样纳入存款准备金范围,但在调控方式上可以有差异性,根据我国当前存款准备金的调控模式,可以对网络银行实施差别化、定向化的存款准备金政策,更好地发挥其服务小微企业的能力。三是最后贷款人职能。但从金融稳定的角度及消费者权益保护的角度而言,网络银行也应该有一种稳定的机制。最有效的办法就是存款保险,我国《存款保险条例》的实施将合理确定网络银行的保费,促进其稳定发展。

(七)网络银行将会影响金融市场的监管方式

网络银行的运行模式也给监管部门的监管方法、理念、方式等带来了挑战。如监管部门在对银行的监管上,设有资本充足率、拨备覆盖率、流动性比率、贷款的五级分类等各种监管指标,对银行的表内业务和表外业务也有着清晰严格的区分。网络银行在监管上也应遵守一致性的监管规则，不然又会存在监管套利的问题。但如果完全套用传统金融机构的监管模式，其创新属性和创设初衷的本意又有被抹杀的风险。因此，监管部门应从监管的全局出发以及网络银行的本质属性和差异化出发，找到一套既体现灵活性又不失统一性，既防止监管套利又体现监管差异的监管规则和机制，做好制度安排，而这种安排将使金融市场的监管方式发生新的变化。

专栏8-2
网络银行欠东风　远程开户待破题

随着互联网金融的发展，脱离物理网点的网上银行应运而生，部分商业银行开始尝试依托互联网和自助终端设备等提供远程开立电子账户业务；与此同时，深圳前海微众银行、浙江网商银行等采取纯互联网运营模式的网络银行也筹建成立。由于网络银行不设立实体网点、不通过柜台办理业务，账户开立不能实现"面签"，对账户实名制实现方式提出了新的要求。

银行账户实名制是金融监管的基本要求，也是防止贪腐、金融诈骗，切实执行反洗钱规定的基础措施。自2000年国务院颁布了《个人存款账户实名制规定》以来，我国逐步建立了银行账户实名体系，形成了较为完善的管理体系，并配套建立了联网核查公民身份信息系统。按照现行管理规定，"面签"是银行账户实名制的核心要求是。但对于网上银行，特别是不设实体网点的纯网络银行，其业务受理渠道、客户身份识别机制等方面与传统银行业务将产生较大变化，亟须配套建立一套有别于传统银行业务的技术规范和监管制度。

事实上，为应对银行电子账户开立问题，人民银行曾组织对金融机构开立电子账户问题进行过讨论。有观点认为，未来电子账户可被区分为强实名电子账户和弱实名电子账户：强实名电子账户可为银行的结算账户、活期或定期存款账户，银行要为该类账户设定业务种类、支付结算限额等管理要求；而未能在银行柜台开立的电子账户应界定为弱实名电子账户，仅具备购买本行理财产品的功能，资金进出必须通过绑定银行其他结算账户实现，且转账结算、交易支付和现金收付等功能受到限制外。此外，业界对生物识别等先进技术运用于远程开户的问题也进行过探讨，像人脸识别等生物识别技术在国际国内早有应用，主要应用于特定领域，如办理护照、海关安检或者企业安防等。但是对于应用于金融业务，特别是作为远程开户或者支付的主要手段，在全球范围内尚无先例。就目前而言，生物识别的检测率还不能达到100%，与面签的一些核心原则的符合性和一致性尚有差距，远程开户的有效性仍存在疑虑。

账户实名制是我国银行账户管理的核心，如何在网络环境下实现有效识别客户身份信息，鉴别客户真实开户意愿，是落实银行账户实名制和顺利开办远程开户业务的关键。现阶段，针对远程开户的客户身份识别技术还有待完善，相关技术规范和监管标准还处于空白，不利于引导商业银行开展和推广远程开户业务。我们认为，从长远来看，远程开户是核心金融基础设施网络化的重要标志，是金融行业未来可能的具有重大变革意义的发展方向之一。从现阶段来说，如何消除监管部门和社会公众的疑虑是首要问题。远程开户的安全性和实操性都面临诸多挑战，而且一旦放开，将对整个金融体系产生重大冲击和影响。因此，既要有审慎之态度和科学之精神，同时也需要业界积极研究和持续推动。一是要依靠技术的进步和推动实证性测试，提高远程识别的可靠性和安全性，在此基础上制定相应的技术标准和行业应用标准，确保达到金融行业开户、支付等关键业务的实名认证的标准。二是需对现行客户身份识别和尽职调查机制作出调整，采用成熟可靠的身份识别和认证技术与其他技术或者业务管控措施相结合，实现账户开立实名认证的效果。此外，商业银行还需要建立配套的业务制度和技术手段，有效防范欺诈、洗钱等风险，切实保障客户资金安全和信息安全。

三、中国直销银行发展特点

从已有的发展形势来看,目前国内的直销银行主要有以下几方面特点:

首先,中国的直销银行率先在中小股份制银行、商业银行诞生。一方面互联网金融和利率市场化对中小银行冲击最为明显,另一方面直销银行可以帮助中小商业银行摆脱物理网点受限的发展"瓶颈",中小银行发展主动性高。

其次,产品和业务模式同质化严重。目前,中国的直销银行开展的业务大多还仅限于基金代销、银行理财、转账汇款等基础业务,产品和服务重合度高,模式单一。中国的直销银行很难跳出传统银行发展思维定式。目前,中国发展较为快速的直销银行都是脱胎于传统银行业务,比如生活缴费、银行理财等业务与传统银行业务重合度高,很难做到差异化发展。

再次,中国直销银行更加注重平台化发展方向。金融脱媒趋势无法逆转,银行要摆脱传统渠道商的角色,直销银行无疑是一个不错的选择,把直销银行做成一个金融服务平台更加有利于直销银行展开充分竞争获得发展。

最后,中国的直销银行大多选择引入战略合作伙伴。无论是民生直销银行还是兴业直销银行抑或是北京银行都会在自身业务模式的基础上选择寻找合作伙伴,互通有无,抱团发展。[1]

第六节 互联网金融行业前瞻

一、市场发展动力强劲,监管逐步加码

(一)长尾市场蕴藏强劲发展动力

随着信息科技的快速发展,作为传统金融有益补充的、专注于服务小微企业、创新创业项目、个人客户等长尾市场的新兴互联网金融,将借助线上线下交互模式,深耕小额便民金融服务领域,并在未来较长一段时间

---

[1] 云昌:《中国式直销银行的发展特点》,来源:中国电子银行网,http://www.cebnet.com.cn。

内保持相当强劲的发展动力，成为推动国家金融深化和市场化改革的一支重要力量。

（二）与传统金融相互补充、合作共赢

从"颠覆论"到"冲击论"再到"补充论"，互联网金融与传统金融的关系逐渐明朗。事实上，在互联网金融迅猛发展的同时，传统金融目前依然表现良好，并且通过互联网化开拓了更加广阔的发展空间。下一步，互联网金融与传统金融之间还将进一步相互学习、相互融合、相互借鉴。在以客户为中心的现代金融生态系统中，传统金融可以成为互联网金融的投资者、合作伙伴；互联网金融可以重新定义传统金融业态的资产类别，深化金融业务，优化服务手段，提高资产的流动性，推动金融业转型升级。

（三）互联网金融市场迎来进一步细分

目前来看，我国互联网金融行业同质化严重，市场竞争十分激烈。伴随着互联网技术的不断进步，金融服务的地域属性将不断弱化，马太效应凸显，落后的企业将难以为继。在资源有限的情况下，未来互联网金融企业将专注于某一具有发展空间的垂直领域，充分发挥各自的比较优势，互联网金融市场将会迎来进一步细分。

（四）监管加码，行业步入规范发展之路

互联网金融行业历经了较长的观察期，P2P网络借贷、股权众筹、互联网理财等一些新兴业态已基本发展成熟，并且集聚和暴露出了一定的风险，社会各界对于加强行业监管的呼声愈加强烈。2014年监管层对市场进行了密集的调研，监管分工基本明确，政企沟通频繁，《关于促进互联网金融健康发展的指导意见》等国家层面的制度框架也进行了较为充分的论证，互联网金融监管时代不久将会到来，行业洗牌在所难免，行业发展将逐步进入规范发展的轨道。

二、服务创新成重要驱动，移动网络成主流平台

（一）跨界协作是大势所趋

在国家大力发展普惠金融的时代背景之下，金融机构、第三方支付、互联网公司、通信运营商、数据信息公司、中介机构等市场主体在竞争中跨界合作，充分发挥各自在资金、技术、风控、长尾市场营销等方面的优

势，强化专业化协作，实现优势互补，成为互联网金融发展的新常态。

（二）服务模式的创新成为重要的发展驱动力

互联网时代客户体验为王。互联网金融企业希望在市场竞争中获得良好发展，必须不断提升洞察客户需求的能力，充分利用大数据分析等技术，把握互联网金融消费趋势，挖掘客户金融服务需求，根据客户消费行为特征和消费心理优化产品和服务，提升用户体验，创造新的经济增长点。

（三）移动互联网将成为产品和服务获取的主要平台

互联网金融用户需求呈现出碎片化和场景化的特点，用户消费习惯逐渐由PC端向移动端迁移。随着移动互联网各种安全技术的完善，移动终端功能将不断丰富，金融服务与生活消费场景将进一步深度融合，移动互联网将成为互联网金融用户资金融通、支付结算的主要平台。

（四）网络征信将成为行业发展的重要基石

信用是金融的核心，征信是提高信用水平的基础工具，征信体系是现代金融体系运行的基石，是金融稳定的基础。不论哪种形态的金融，其本质都是对风险的经营，完善的征信体系是合理风险定价的有效方式，互联网金融也不例外。未来互联网金融的健康发展，必然依赖于完善的网络身份认证体系和征信体系，网络征信必将成为互联网金融健康发展的重要基础设施。

三、监管政策陆续出台，行业自律有待加强

（一）国家政策持续酝酿

2014年3月5日，第十二届全国人大二次会议审议政府工作报告提出，"促进互联网金融健康发展，完善金融监管协调机制"。这是互联网金融首次写入政府工作报告，标志着互联网金融正式进入决策层视野，并将正式进入中国经济金融发展序列，从此，社会各界关于互联网金融监管的预期不断，其中尤以呵护创新、支持小微、普惠金融、包容监管等词语成为最强音。然而，作为政策框架顶层设计的《关于促进互联网金融健康发展的指导意见》几经协调论证，呼之欲出而终究未能出台；社会各界对成立中国互联网金融协会的呼声愈加强烈。

（二）部门监管规则陆续加码

虽然完整的互联网金融监管体系还未形成，但在具体业务监管层面，金融监管部门已经针对部分互联网金融业务陆续出台了一些管理措施。目前针对第三方支付、网上银行的相关管理制度已经相对完善，对互联网证券、基金、保险、小额贷款等业务的监管制度正在进一步建立完善中。2014年12月10日保监会公布了《互联网保险业务监管暂行办法（征求意见稿）》；12月19日中国证券业协会公布了《私募股权众筹融资管理办法（试行）（征求意见稿）》，相关领域的监管细则不久将逐渐出台。此外，12月12日，保监会就《中国保险业信用体系建设规划（2015—2020年）》公开征求意见，提出将加快保险业信用信息系统和征信系统建设，促进保险监管手段多样化，保险征信体系建设正式纳入政府议程。

未来，无论是业务量还是产品创新，互联网金融都将进入快速增长阶段，创新与监管并重将成为互联网金融的主旋律。互联网金融与实体经济的联系越发紧密，并逐渐渗入和改变公众生活习惯，对互联网金融实施监管，既应防范脱离实体经济的发展模式，同时还应坚持以消费者保护为核心的监管原则，总体上以针对不同风险特征的各类创新模式实行差异化监管为宜，尤其是在当前主体监管的框架下，加大对行为和功能监管的探索，加强部门间的监管协调，共同促进行业规范健康发展。

（三）地方性政策相继出台

相对于国家层面的谨而慎行，深圳、上海、天津、贵阳等地方政府加快了政府对互联网金融指导和扶持的步伐，纷纷出台支付互联网金融发展的地方性政策：2014年2月13日，深圳市出台了《关于支持促进互联网金融创新发展的指导意见》；2月27日，天津开发区出台了《推进互联网金融发展行动方案》；3月，南京市出台促进互联网金融聚集发展政策，南京互联网金融中心揭牌；6月，广州市出台了《支持互联网金融创新发展办法》；7月，贵阳市出台了《支付贵阳市互联网金融产业发展的若干政策措施（试行）》；8月7日，上海市政府出台了《关于促进本市互联网金融产业健康发展的若干意见》；8月9日，武汉市出台了互联网金融产业意见13条。各地互联网金融政策多以扶持、鼓励、指导为重点，对当下正在起步阶段的互联网金融具有积极的促进意义：吸引优质互联网金融资源，在刺激当地经济金融发展的同时，以现实的优惠政策支持行业发展，实现规模效益。

（四）行业自律有待加力

金融实践往往领先于金融监管，互联网金融也不例外。在现有法律框架下，部分业务的合法性还存在争议，一些创新交易模式易触碰政策红线，行业发展迫切需要得到国家制度的认可、支持和规范。在监管制度出台前的发展观察期，通过加强行业自律管理，科学界定业务性质，合理规范业务行为，逐步探索管理方式、积累管理经验已成为普遍共识。

截至目前，数家全国性、区域性的互联网金融行业协会相继成立，其中既包括有政府背景的行业协会，如中国支付清算协会互联网金融专业委员会等，也包括互联网金融从业机构自发成立的协会，如中国小额信贷联盟、互联网金融千人会等。各类协会纷纷发布各自的章程、自律公约，倡导互联网金融行业健康发展，已初见成效。

在监管真空时期，行业自律的重要意义在于：一是借助协会与监管部门之间良好的沟通协调渠道，及时了解政策风向，反馈市场呼声；二是在经营层面切实为会员单位提供有效帮助，如加强行业研究交流、业务咨询指导、创新产品和先进经验推广、业务培训等；三是在引导行业规范发展方面发挥作用，通过合理设置准入门槛，建立健全自律管理制度体系，规范业务经营行为，加强风险防范指引，逐步净化行业生态环境、培育行业信用、营造良好的市场氛围；四是通过协会搭建的基础平台或制定的技术标准提升业务质量，如从业资格认证、协调行业征信平台推广使用、建立完善风险信息共享机制、推动信用评级和资产评级透明化等；五是行业经过一定时期发展过渡至市场成熟阶段，业务性质和行业风险基本明确，监管要点提炼成熟，以行业力量推动制定出台监管制度，用政策法规形式确定金融格局。

互联网金融有其自身的独特性，有效的自律管理同行政监管双管齐下，有利于处理好鼓励支持与适度监管的关系。在互联网金融发展与分化组合的过程中，充分重视自律管理，才能实现行业自我管理、自我约束、自我监督、自我矫正、自我教育的良性发展。

第九章 支付清算行业政策与监管环境

2014年是互联网金融爆发之年。互联网金融首次被写入政府工作报告，国家政策对互联网金融鼓励、包容和支持的态度基本明确。在国家政策的鼓励引导下，互联网金融发展突飞猛进。互联网金融的兴起也促进了支付清算行业特别是第三方支付创新速度进一步加快，支付创新产品层出不穷。与此同时，支付清算行业经过多年高速发展积累的风险也逐步显现，信用卡预授权套现、预付卡企业挪用客户备付金等风险事件，以及伴随互联网金融出现的跨机构、跨业务、跨市场交叉创新产品都对行业监管提出了新的挑战。2014年，一系列针对支付清算业务细分领域的制度安排相继出台，行业进入规范化管理的阶段。

第一节 2014年重要政策与监管措施述评

2014年颁布的支付清算相关政策和自律规范见表9–1。

表9–1　2014年颁布的支付清算相关政策和自律规范一览表

类型	名称	发布主体
规范性文件	《中国人民银行关于全面推进深化农村支付服务环境建设的指导意见》	中国人民银行
	《金融机构反洗钱监督管理办法（试行）》	
	《中国人民银行办公厅关于逐步关闭金融IC卡降级交易有关事项的通知》	
	《中国人民银行办公厅关于进一步做好金融IC卡应用工作的通知》	
	《中国人民银行关于加强银行卡业务管理的通知》	
	《中国人民银行办公厅关于进一步加强金融机构和支付机构反恐怖融资工作的通知》	
	《中国人民银行关于贯彻落实〈国务院办公厅关于支持外贸稳定增长的若干意见〉的指导意见》	
	《中国银监会、中国人民银行关于加强商业银行与第三方支付机构合作业务管理的通知》	中国银监会 中国人民银行

续表

类型	名称	发布主体
金融行业标准	《中国金融集成电路（IC）卡检测规范》	中国人民银行
	《非金融机构支付业务设施技术要求》	
	《非金融机构支付业务设施检测规范》	
行业自律规范	《票据行业自律公约》	中国支付清算协会
	《商业汇票业务风险防范指引》	
	《移动支付业务风险防范指引》	
	《银行卡业务风险防控与安全管理指引》	
	《金融IC卡个人新型支付终端安全技术指引》	

一、农村支付服务环境建设指导意见颁布，推动城乡经济金融一体化发展

2014年8月，中国人民银行发布《关于全面推进深化农村支付服务环境建设的指导意见》。该意见共十个部分，主要从深化助农取款服务、优化农民工银行卡特色服务、丰富支付服务主体、推广非现金支付、完善政策扶持体系、加强风险管理、强化宣传培训和组织落实等方面对下一步深化农村支付服务环境建设工作提出要求。农村支付服务环境建设指导意见的颁布实施，对健全农村金融基础设施，推动金融支付普惠，促进城乡经济金融一体化发展具有重要指导意义。

一是将深化助农取款服务作为核心内容。允许在银行卡助农取款服务点新增开办现金汇款、转账汇款、代理缴费三种业务，丰富服务功能，提升服务使用率。

二是明确服务点业务收费要兼顾可持续发展和适度优惠农民的指导原则。特别是对于农村老人在服务点支取养老金等政府涉农补贴资金，要求每卡每月首笔取款业务免费。

三是鼓励支持农村支付服务主体多元化发展，推动手机支付等新兴支付业务在农村地区推广应用。

四是重申关于宣传培训与风险防控工作的要求，强化农村支付服务安全运行。

五是遵照《国务院办公厅关于金融服务"三农"发展的若干意见》加大政策扶持力度的精神要求，协调推动地方政府及相关部门对农村支付服务环境建设工作给予必要的政策扶持，合力推进工作开展。

二、金融IC卡推广应用新要求出台，促进我国金融普惠发展

2014年5月，中国人民银行发布《关于逐步关闭金融IC卡降级交易有关事项的通知》。该通知决定在全国范围内统一部署逐步关闭金融IC卡降级交易工作，以全面提升银行卡安全交易水平。还就各商业银行关闭线下渠道金融IC卡降级交易提出了时间表。6月，将在上海、广州、北京等城市启动ATM关闭金融IC卡降级交易试点，8月底前全国ATM关闭金融IC卡降级交易，10月底前全国POS终端关闭金融IC卡降级交易。

2014年11月，中国人民银行印发了《关于进一步做好金融IC卡应用工作的通知》。该通知明确了提高金融IC卡安全可控能力、实现金融IC卡"一卡多应用无障碍"、提升非现金结算覆盖率的工作目标。一是要求突出重点、增强工作的实效性，将金融IC卡电子现金作为实现普惠金融的重要工具，从应用环境建设、客户体验优化、应用拓展等方面切实提升电子现金使用率和便利性；二是要求贯彻实施PBOC3.0规范，加强金融IC卡产品质量管理，推动安全可控产品及密码算法在金融IC卡领域的应用，在满足功能、性能、安全需求的同等条件下，优先采用安全可控的产品及密码算法；三是要求积极应对银行卡交易欺诈风险从线下渠道向线上渗透的趋势，充分发挥金融IC卡芯片的安全优势，全面提升线上金融服务的安全性。该通知就下一步金融IC卡应用工作提出了具体时间表。自2015年4月1日起，各发卡银行新发行的金融IC卡应符合PBOC3.0规范；2015年底，110个金融IC卡公共服务领域应用城市POS终端非接受理比例同比至少增加20个百分点；自2016年1月1日起，发卡银行、银行卡清算机构等开展的移动金融服务应以基于金融IC卡芯片的有卡交易方式为主。

上述两个通知的发布实施，将进一步提高银行卡安全水平，切实保障金融服务信息安全和消费者合法权益，加快金融IC卡在公共服务、电子商务等便民利民领域的普及应用，有效满足社会大众对安全、便捷金融服务工具的需求，对我国金融普惠发展具有重要的促进作用。

三、细化的银行卡收单业务监管要求发布，收单市场逐步走向规范

2014年1月，中国人民银行发布《关于加强银行卡业务管理的通知》。该通知肯定了银行卡市场快速发展对便利社会生产生活、扩大内需、促进消费和经济发展的积极作用，同时指出了目前银行卡市场仍存在放松发卡审核、违规代办银行卡、交易信息不合规及受理终端管理混乱的问题。针对银行卡市场存在的问题，该通知一是要求严格落实银行账户实名制要求及客户身份识别制度，规范代理办卡的业务流程；二是强化发卡银行与第三方支付机构的业务合作，保障持卡人合法权益；三是加强银行卡收单业务管理，严格落实《银行卡收单业务管理办法》的相关规定。

2014年3月，中国人民银行发布关于银行卡预授权风险事件的通报，对因为落实特约商户实名制、外包服务商管理失控、交易监测不到位的10家支付机构进行通报，要求8家机构暂停拓展新商户、2家机构自查整改。

上述通知和监管措施的出台，表明银行卡收单市场存在的违规行为和风险问题已经严重影响了行业的健康发展，引起了监管部门的高度关注。同时，我们也应当看到，银行卡收单市场中存在的问题只是阶段性问题，这些问题的发生，既有收单机构合规意识不强、风险防控机制不健全的原因，也与银行卡定价机制不健全密切相关。相信随着银行卡转接清算市场逐步走向开放、银行卡定价机制渐趋完善以及银行卡收单业务监管的进一步强化，银行卡收单市场将回归健康、有序的发展轨道。

2014年10月，国务院常务会议决定放开银行卡清算市场。会议决定，符合条件的内外资企业，均可申请在我国境内设立银行卡清算机构；仅为跨境交易提供外币清算服务的境外机构原则上无须在境内设立清算机构。银行卡清算市场的开放，意味着我国的银行卡转接清算市场开始进入竞争时代，对于银行卡业务的发展将产生积极的促进作用。

四、支付创新业务监管措施陆续出台，引导与规范创新业务健康持续发展

2014年3月，监管部门发文暂停支付宝、微信二维码支付和虚拟信用卡支付。小范围征求意见的《支付机构网络支付业务管理办法》及《关于手机支付业务发展指导意见》对个人账户转账限额进行规定。上述监管措施

及规定引发了社会的广泛关注和争议,反映出随着各种支付创新业务的不断涌现和快速发展,网络支付业务模式更加多样、市场边界日益模糊、利益关系更加复杂,给监管制度的制定带来较大挑战。

2014年4月,中国银监会、中国人民银行联合下发《关于加强商业银行与第三方支付机构合作业务管理的通知》。该通知从保护客户资金安全和信息安全出发,对客户身份认证、信息安全、交易限额、交易通知、赔付责任、第三方支付机构资质和行为、银行的风险管控等方面进行了有针对性的细化规范。一是加强客户信息安全与客户风险能力评估。该通知强调对客户信息安全和保密的要求,同时要求银行对客户的技术风险承受能力进行评估。二是强调首次建立业务关联时客户身份的双重验证要求。客户银行账户与第三方支付机构首次建立业务关联时,应经双重认证,即客户在通过第三方支付机构认证同时,还需要通过商业银行的客户身份鉴别。三是明确建立了支付限额机制。要求银行设立与客户技术风险承受能力相匹配的支付限额,包括单笔支付限额和日累计支付限额。四是确立了大额支付划转身份认证及赔付机制。要求银行对客户通过第三方机构进行大额资金划转强化身份认证,同时要求银行与第三方支付机构通过合作协议对赔付问题作出安排。五是强化银行内部控制。要求银行将合作业务纳入运营风险监测系统监控范围,加强客户交易监控,完善银行内部技术保障机制,加强制度和协议保障。

上述通知表明,监管部门对创新支付业务监管的核心目标是风险防范、确保支付安全和维护消费者合法权益,同时,力求在市场各方之间、创新与规范之间寻求最佳平衡点。

五、人民银行出台指导意见,支持支付机构开展跨境人民币结算业务

2014年6月,人民银行出台贯彻落实《国务院办公厅支持外贸稳增长的若干意见》,围绕金融服务促进外贸增长提出了11条措施。根据该意见,银行业金融机构可与依法取得互联网支付业务许可的支付机构合作,为企业和个人跨境货物贸易、服务贸易提供人民币结算服务。这是推动人民币进一步扩大支付清算领域的又一实质性举措。随着互联网消费和交易的不断增长,跨境人民币结算将有力推动我国电子商务的国际化,同时为我国第三方支付机构提供相当大的发展空间。

六、反恐怖融资工作要求和反洗钱监管规范出台，支付行业反恐怖融资和反洗钱工作要求进一步明确

2014年3月，中国人民银行办公厅印发《关于进一步加强金融机构和支付机构反恐怖融资工作的通知》。该通知要求，金融机构和支付机构应及时更新业务系统数据库中的恐怖活动组织及恐怖活动人员名单，在业务办理过程中，发现涉及名单中人员的资产，应当立即采取冻结措施，并向有关部门报告；金融机构和支付机构应加强客户身份识别工作，发现客户属于恐怖活动组织及恐怖活动人员名单范围的，应立即冻结其资产，拒绝提供一切金融和支付服务，并向有关部门报告；金融机构和支付机构有合理理由怀疑客户或者其交易对手、相关资产涉及恐怖活动组织及恐怖活动人员的，应当根据规定报告可疑交易，并依法向公安机关和国家安全机关报告；金融机构和支付机构应提高对反恐怖融资工作重要性的认识，加强员工在反恐怖融资意识、知识、技能等方面的培训，以提高反恐怖融资的监测分析水平。

2014年12月，中国人民银行发布《金融机构反洗钱监督管理办法（试行）》。该办法明确中国人民银行反洗钱监管分工，制定金融机构反洗钱信息报告制度及反洗钱监管档案管理办法，规范反洗钱监管方法、措施和程序，指导中国人民银行分支机构开展反洗钱监管工作。

七、行业安全指引和自律规则实施，支付市场自律机制渐趋完善

2014年，中国支付清算协会进一步健全自律规范，发布票据行业自律公约，夯实自律制度基础。以支付风险防范为重点，发布了商业汇票、银行卡业务、移动支付业务等风险防控指引，发布《金融IC卡个人新型支付终端安全技术指引》，以风险为导向的自律体系进一步完善。

2014年4月，中国支付清算协会票据工作委员会发布了《票据行业自律公约》。该公约旨在规范票据业务经营行为，防范票据业务风险、维护票据市场竞争秩序，保护成员单位合法权益，促进行业持续健康发展，重点从规范票据行业经营行为、强化风险管理、加强行业合作以及监督协调等方面进行了规定。2014年9月，中国支付清算协会票据工作委员会发布了《商业汇票业务风险防范指引》。该指引旨在强化成员单位商业汇票业务风险防范意识，有效提升成员单位对票据风险的识别和防范能力，保护成员单位合法权益，促进商业汇票业务稳健发展。该指引以商业汇票的业务流转为主线，覆盖票据业务全过程，分别提炼阐述了商业汇票承兑、质押、贴现、转贴现、托收付款各业务环节的典型风险类型及风险点，并针对风险类型（包括操作风险、信用风险、市场风险等）提出了具体防范措施。

2014年3月，中国支付清算协会移动支付工作委员会发布了《移动支付业务风险防范指引》。该指引重点从风险管理体系，用户、商户管理，终端风险，资金安全，系统安全及应用管理等方面制定了相应的自律条款，旨在促进我国移动支付行业健康发展、维护移动支付服务市场公平秩序、提高成员单位风险防范意识、保护客户的合法权益，引导成员单位规范开展移动支付业务。

2014年9月，中国支付清算协会银行卡基支付工作委员会联合网络支付工作委员会及移动支付工作委员会发布了《银行卡业务风险防控与安全管理指引》。该指引涵盖了银行卡业务风险管理体系的构建以及发卡业务、收单业务、转接清算业务、外包业务的风险防范内容，特别针对不同类型特约商户应审核的不同类型证照资料，外包服务机构应满足的基本资质、审查评估的内容、外包业务规范管理，以及"T+0"和"T-"资金结算方式的开通、监测的具体内容等多项内容进行了细化完善，对预授权业务的开通、交易监测以及风险管控等提出了明确要求。作为行业协会对银行卡支付服务市场开展行业自律的重要业务规范，该指引以贯彻监管制度、尊重市场创新、强化风险监管为原则，以维护各方合法权益、保障行业健康发展为目标，对现行银行卡业务的监管办法进行了系统梳理和总结，对银行卡市场近期出现的新型问题和风险防范进行了厘定。

2014年4月，中国支付清算协会技术标准工作委员会发布了《金融IC卡个人终端安全技术指引》。该指引旨在解决当前各种终端品类繁多，各种终端安全水平层次不一，缺乏整体性的安全规范问题，是新型个人终端的自律性规范。

第二节 支付行业政策及监管环境展望

互联网时代，第三方支付扮演着重要的角色。2014年，互联网金融如火如荼地发展带动了支付服务行业的创新发展。行业不断涌现的创新业务、创新产品不仅给支付服务机构及行业带来了深远影响，也使监管机构面临较大的挑战。面对新的市场形势，未来有关部门将进一步加强电子支付及其细分领域配套立法建设，为电子支付业务的规范发展提供更加完善的法律规则；监管与市场的博弈将进一步深化，并逐步走向平衡，坚守底线、理性创新将成为监管机构与市场主体的共识；监管制度的前瞻性将进一步增强，为行业自律和市场发展留下空间，行业自律的作用将得到更加有效的发挥。

一、电子支付立法及相关配套立法将日趋完善

面对电子商务和电子支付的快速发展，立法部门和监管机构需要通过制定专门法律或者修改完善相关法律法规，为电子支付提供基础的民商事法律规范。针对电子支付环境和交易的新特点，确认新型权利归属、流转及变动，并为其提供法律规则。同时，总结部门规章和规范性文件实施的实践经验，及时上升为法律法规，提升法律位阶，增强制度的执行效力。

二、监管与市场在博弈中寻找平衡

未来，监管部门在尊重支付创新的基础上，仍将不断完善监管措施，防止支付创新带来的风险突破监管框架，造成系统性风险。首先，资金监管将成为支付业务监管工作的核心。监管机构需要进一步完善支付机构客户备付金监测体系，强化备付金银行对支付机构客户备付金的监督责任，切实保障客户资金安全。其次，对支付体系的监管将由"合规监管、事后处罚"向"风险监管、事前预防"转型。通过研究建立科学有效的支付体系风险评估和监测预警机制，能够及时识别、防范和化解支付风险。最后，监管协调机制需要进一步建立完善。随着支付业务的不断创新，渠道融合、机构合作、跨界发展的趋势日渐显现，给传统的分业监管体制带来一定挑战，迫切需要加强监管协调，建立协同监管体系。

三、监管制度的前瞻性为行业自律保留空间

支付服务行业既具有金融行业属性,又具有互联网特征。金融行业属性要求它必须在较为严密的监管体系下运行,而互联网行业特征又使得这个行业需要高度创新,实现快速发展。因此,支付行业的监管制度需要有一定的前瞻性,为行业自律和市场发展留有空间。在法规建设方面,监管部门需要更多地关注宏观层面的顶层设计,针对客户身份实名制、保护客户备付金安全、贯彻反洗钱要求、保障消费者合法权益等核心监管要求确定原则,将市场化程度较高的细分业务领域留给行业协会自律规则加以约束。在监管机制方面,按照国家简政放权的政策要求,充分发挥协会作为政府与市场间的连接器、协调器、稳定器的作用,积极引导市场主体充分发挥自我约束作用,完善内部治理,加强内控制度建设,防范经营风险。

第十章　支付行业的技术创新热点与发展

2014年我国支付市场取得了快速的发展，大数据、云计算、移动互联网等新技术与金融支付领域融合，引起业务创新和技术创新层出不穷，尤其是在移动支付方面，技术创新呈现了百花齐放的态势，包括NFC、条码（二维码）支付[①]、可信服务平台（TSM）、令牌化技术（Token）、生物识别技术、主卡仿真技术（HCE）等，同时各种新技术的使用逐步发展深化，TSM平台建设在全国大范围铺开，生物识别技术在移动支付领域的应用开始起步，令牌化技术和HCE技术被支付行业逐步吸纳接受。新技术的出现为支付市场的高速发展带来了持续的动力，有力地支持了支付的业务创新和模式创新。

第一节　支付行业技术创新态势

一、支付技术创新方兴未艾

自20世纪90年代开始，互联网的广泛应用使用户能够方便地进行网上银行等远程支付操作，时至今日，基于互联网的支付仍在稳步增长。但21世纪以来，最令人瞩目的创新领域已转向移动支付，它能够简化支付操作，也更易于普及到更广泛的支付用户群体。

世界银行于2012年发布的一份研究报告[②]表明，在零售支付领域的创新通常包括两个方面：一是采用已有技术或新技术，以提高支付交易渠道或设备的效率；二是建立新的支付业务模式或机制。通过上述创新的组合，其结果可能如下：新的支付产品（如电子货币），现有支付产品的新渠道（如使用移动电话进行信用转账），现有产品使用方式的创新（如生物识别身份认证），以及不被用户感知的业务流程创新等。

---

① 关于二维码技术应用于支付领域的内容请参看本书专题"条码支付技术的发展和风险防范"，本章不再详述。
② Innovations in retail payments worldwide: a snapshot, THE WORLD BANK, October 2012.

技术发展推动的支付创新不仅仅限于ATM、互联网支付、移动支付等新的支付渠道，主要还有：能够提高支付处理速度的新技术；新技术引起的客户服务提升；更好的认证和验证机制，如芯片卡、双因素认证等；新技术带来的反欺诈能力的改进，如神经网络或人工智能技术的应用，以及SMS等用户通知技术的应用。

近几年的支付技术创新也印证了世界银行的这一研究结论，不断涌现的新技术都曾让人眼前一亮，但多数逐渐销声匿迹，将具有持久生命力的、是真正解决支付的焦点问题的，也就是有助于实质性提高支付的便捷性和安全性的技术创新。在保证支付安全的基础上，支付技术创新还呈现出支付渠道和服务的多维度融合：

一是技术创新推动支付渠道融合。传统的线上支付渠道和线下支付渠道是割裂的，同一个支付服务提供方通过不同的渠道为用户提供服务，这不仅增加了用户的认知难度，使得对应的产品用户体验较差，还增加了行业合作的难度，服务商接入支付服务需要通过多个支付通道，成本高、管理复杂。因此，国内外的卡组织、银行及第三方支付服务公司均逐渐构建并推出基于渠道融合的支付系统服务。支付渠道的融合一方面是强调用户体验的结果，另一方面也是商业模式逐渐演进并成熟的体现。

二是技术创新促进支付服务融合。支付本质上是一种工具，为用户获得内容服务是提供支付服务，比如购物或理财，用户不会为支付而支付。因此，服务商在推出支付服务产品时，更多和内容服务进行融合，如公交服务、机票、酒店及相关旅游服务等，甚至理财、基金、P2P等金融服务。在支付产品层面，强调以用户为中心的产品体验，更加注重移动端，通过大数据技术，结合电子商务、数字营销、社交网络，为用户提供个性化的一体化服务体验。

二、支付行业技术创新的特点

在激烈的市场竞争中，业务创新和技术创新相辅相成，相互促进。在"用户为王"的互联网时代，支付技术创新促进了互联网金融的发展，商圈和社交圈跨平台的相互交融，线上线下业务相互渗透，推动了支付工具和支付方式的不断拓展以及用户消费体验和消费习惯的改变。基于此，支付技术创新的热点呈现出一些明显特征，这体现在如下几个方面。

（一）技术创新使支付工具虚拟化

经济和技术的快速发展，传统的支付工具"三票一卡"已难以适应电子商务时代在线支付需求，支付工具创新也越来越多，开始逐渐产生一批虚拟支付工具，并开始向电子化支付工具转变。现在流行的网上银行、支付宝、财付通、百付宝、手机支付、快钱、手机充值卡等都是最新的虚拟支付工具。支付工具类型在国内主要有两种表现形式：一是依托大型B2C、C2C、M2C网站的支付工具，比如在淘宝网上交易的时候由支付宝完成支付；二是第三方支付平台（如快钱等），整合了网上支付、电话支付、移动支付等多种支付手段，目前正在迅速成长中。如今的第三方支付工具除了付款购物之外，还可以用于缴纳生活中的水、电、煤气、暖气费，也可以买火车票、机票和彩票，还可以在手机上随时随地使用第三方支付工具来进行网络支付。随着互联网、云计算、大数据、电邮、短信、微信、社交SNS等技术的发展，未来，虚拟化产品和服务会成为信息时代电子支付的基本构成要素。

（二）技术创新使支付平台云端化

随着互联网和移动通信的发展，以及智能终端设备的快速普及，整个支付行业迎来新的机遇，云端支付应运而生。如万事达卡推出的云端支付服务，发卡机构可利用近场通信（NFC）技术、更易于使用的应用程序和在线支付方式，为消费者提供更多选择，使交易变得更快速、安全、便捷。建立在云端的支持平台，可以为支付产业所有的参与方，通过令牌化的安全形式，为所有的设备提供联网兼容的安全交易标准。云端支付服务，使任何移动设备成为受保护的安全支付终端，支付账户可在应用程序（APP）、实体商户及线上商户进行支付。例如在万事达卡推出的业务中，消费者可通过"MasterPass万事通"电子支付平台服务在14个国家进行安全的应用程序和线上支付，并能够在67个国家的商户使用NFC支付。

（三）技术创新使身份识别手段更具多样化

传统的在线支付方式业务要求严格，用户必须开通网银服务并使用USBKey才能进行支付操作；快捷支付又是游走在政策灰色地带且受到额度限制，而且在用户身份方面过于简洁，只要求在首次建立业务关联时，必须通过第三方支付机构和银行的双重身份鉴别。在实际操作中，第三方支付机构在开通支付账户时需要采取多种认证手段确保客户身份真实以满足监管部门的要求，在支付时也需要验证客户身份的真实有效性。目前，身份认证技术已经从早期的口令发展到使用智能卡、动态口令、USBKey、指纹等生物识别技术等，从软件认证到硬件认证，从单因子认证到多因子认证，从静态认证到动态认证，以及消费行为分析、规则预警等云端身份认证与识别措施，呈现多元化态势。

（四）技术创新使支付更具人性化和便利化

支付技术创新是支付产业变化的重要基础，线上线下一体化的渠道融合离不开多样化的技术创新应用，在2014年，基于移动终端的二维码、声波、蓝牙、NFC等数据传输技术被大量引入到支付领域，通过这些技术使得用户的手机不仅可完成传统的支付场景，如手机银行，更使得手机可连接其他智能或非智能设备等基础设施，如ATM、智能海报、自助售货机、车站闸机等，创造出更具人性化和便利性的支付场景，也使得实现"线上引流、线下服务"的O2O产品或服务成为新的发展潮流；而HCE、可信服务管理（TSM）、令牌化（Token）及生物识别等技术的出现和运用，从服务的快速部署、业务拓展、信息安全及身份识别等多个方面对渠道融合和服务融合进行强化，显著提高了用户体验，降低了使用门槛。

第二节 支付行业典型技术创新热点

本节所述支付技术的创新主要体现在移动终端及后端的支撑系统两个方面。围绕移动终端的创新主要是近场通信技术、生物识别技术及可穿戴设备，后端应用系统的创新主要包括Token、TSM和HCE在内的云端支付服务系统等。

一、NFC近场通信技术在支付行业的应用

（一）NFC技术应用逐渐兴起

从整个支付产业的市场发展情况来看，移动互联网的发展更多是已经在线上支付市场获得垄断地位的第三方互联网支付企业所引领，它们希望能借助智能手机实现向线下支付的延伸和互通，实现O2O闭环。这就要求

智能手机具备在传统线下受理网络的使用能力。NFC技术一直是作为智能手机实现近场支付的主流技术，尽管目前受理终端已经完成改造，非接触式IC卡也开始大规模的发行，但是配置NFC芯片的智能手机仍然很少，这给第三方支付企业希望借助智能手机向线下延伸或互通的诉求造成了巨大的障碍。通过挖掘智能手机的硬件潜力，声波和二维码两种近程支付技术逐渐流行起来。

（二）NFC的技术优势分析

表10-1　　　　　　　　和NFC技术关键指标的比较

比较项	NFC	声波	二维码
双向传输	支持	支持	支持
传输速率	150~200千比特/秒	400~1 000比特/秒	4千比特/秒
通信安全	双向认证机制	双向认证机制	无
数据类型	丰富	一般	丰富
应用场景支持	- 卡模式 - 读写器模式 - P2P模式	- 卡模式 - 读写器模式 - P2P模式	- 卡模式 - 读写器模式 - P2P模式
受理终端改造	已具备该功能	改造方案待评估	改造方案待评估

从上述比较可以看出，和NFC技术相比，二维码和声波技术均存在一定的不足，例如声波的传输速率较低、二维码的安全机制较为薄弱等，但是这两种技术也存在着非常明显的优势，几乎所有的手机均支持二维码或声波技术，终端无须额外增加硬件。

目前，二维码和声波技术在市场上均有所应用，特别是二维码，由于直接使用二维码来标识商户或订单信息，将传统面对面场景下的线下支付交易转移到手机，通过在线支付完成交易，给整个支付市场带来强烈的冲击。这种突破一方面对现行的行业规则和国家相关政策造成影响，另一方面也说明这种技术如果使用得当，也能实现支付技术及支付业务的创新。

移动支付市场目前仍然是竞争最激烈的支付市场之一，在NFC未全面商业化时，二维码、声波这两种挖掘智能手机的硬件潜力而发展出来的近场通信技术仍然有一定的市场发展空间。

二、可信服务管理TSM的发展

（一）TSM的地位与应用背景

近年来，移动支付取得了快速的发展，移动支付承载的业务种类也越来越丰富，同时，对移动支付的安全性要求也越来越高。安全模块（SE）作为个人移动设备中数量和容量有限的安全设施，需要被很多的应用提供方，如银行、支付机构等将其加入到用户的移动终端中。另外，个人移动终端中的SE也可以由不同的移动支付参与方发行，如移动运营商可以在其SIM卡上加载SE，手机生厂商也可以在其手机上加载SE模块，其他机构也可以发行能插入手机SD插槽的安全模块来实现移动支付。由此可以看到，一边是大量的应用提供方，另一边是大量的SE发行方，如果两边不能进行有效整合，基于SE的移动支付发展将举步维艰。在这种情况下，可信服务平台（TSM）的概念被提出来。

TSM的概念最早于2007年由GSM协会提出，2010年10月21日，欧洲支付委员会对外正式发布《移动非接触式支付服务管理职能——要求和规范》报告，为TSM定义了一套与银行和移动运营商关联的最小要求集合，旨在明确TSM的定位，即支持银行和移动运营商以促进移动非接触式支付的发展。目前，TSM在欧洲已经有成熟的应用案例。在国内，人民银行于2012年12月正式颁布了《中国金融移动支付 可信服务管理技术规范》，对TSM系统架构、互联方式、平台功能、系统接口、安全要求等做了详细规定。随着近年来NFC技术的逐渐成熟，TSM发展也由研究阶段进入到了实际的建设运营阶段。

（二）TSM在我国的发展态势

我国的TSM平台建设从企业级TSM平台开始，银联从2011年开始研究建设TSM平台，并于2013年建成，互联互通取得阶段性成效，全国性银行已经全部达成合作，并有业务正式发布；与其他成员银行和区域性银行的合作也在逐步推进。以中国移动为代表的运营商从2012开始构建基于NFC的TSM平台，无论从应用数量、覆盖行业，还是承载用户、互联互通来看，中国移动的TSM平台已成为目前国内最大、最成熟的TSM平台。中国移动TSM平台已经与浦发、招行、光大、中信、中行、广发等多家金融机构展

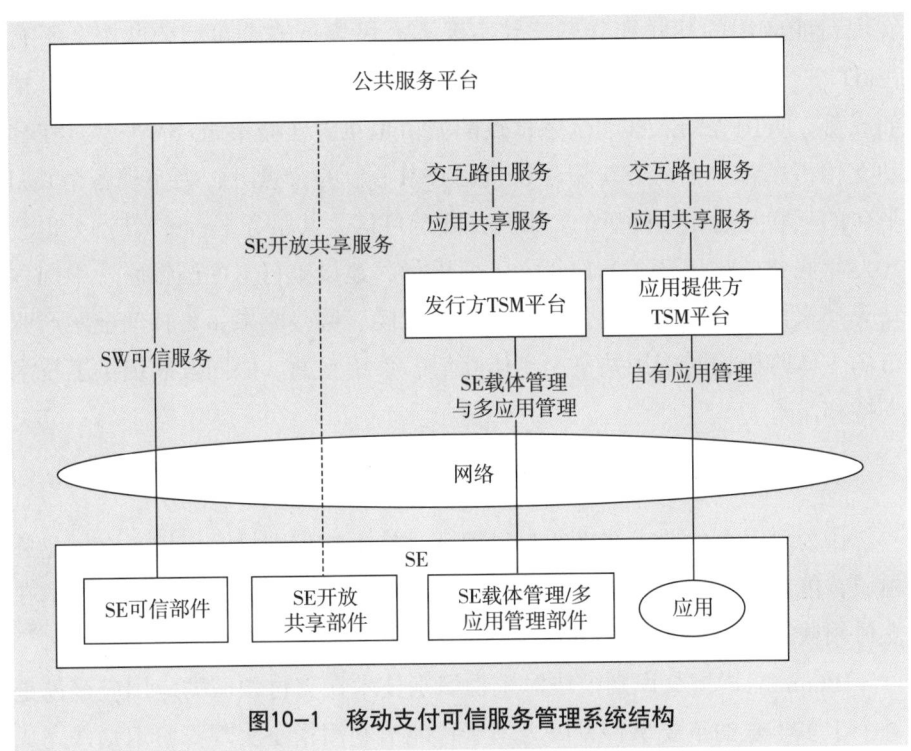

图10-1 移动支付可信服务管理系统结构

开深入的合作以及业务推广，并与中国银联完成TSM系统的互联互通，这意味着在国内实现TSM平台的跨行业对接，双方TSM平台具备了合作发卡的条件。同时面向银行、公交、市政、企业、校园等多个行业开放了接口，目前已接入银行卡、公交卡、市民卡、校企一卡通、商旅预订等40多个NFC应用。各类应用可以从全网统一集中的TSM平台一点接入、统一鉴权，降低了应用接入的技术门槛，使应用提供商可以将精力聚焦于应用本身。除银联和运营商，中国银行、农业银行、建设银行、工商银行等大型国有银行也纷纷建设了自己的行内TSM系统。

2014年，国家发展改革委办公厅和中国人民银行办公厅联合下发了《关于组织开展移动电子商务金融科技服务创新试点工作的通知》（发改办高技〔2014〕1100号），要求宁波、合肥、成都等参与移动金融试点的城市组织建设符合相关法律和标准的城市移动金融安全可信服务管理系统。

已经建设的宁波市人行TSM平台是一个基于发卡银行的、可为各行业提供基于安全载体（金融IC卡）的应用发行和管理的公共服务平台，实现行业应用的互联和分享,并实现和人民银行安全可信公共服务平台(MTPS)的对接。深圳移动金融TSM平台也于2014年10月正式上线。其他如成都、贵阳等纳入移动金融试点的城市也正筹建城市级TSM平台。在移动支付市场各个参与方纷纷建设自己TSM平台的背景下,为实现各个TSM平台的互联互通,国际级的TSM——安全可信公共服务平台(MTPS)也于2013年底建成试运营。2014年,工商银行、建设银行、中国银联、中国移动等15家机构已经实现与公共服务平台对接。这些成果,为移动金融产业市场主体跨机构间应用共享、实体互信、系统互通、协同发展提供了技术支持和保障。

三、生物识别技术在支付行业的应用探索

作为对安全性要求严格的支付领域,将生物识别技术应用于支付业务领域,能够提升用户的支付体验,促进支付行业的发展,生物识别技术在支付领域的应用前景广阔。

iPhone配置指纹识别模块对生物识别技术在支付领域的应用应该说是一个十多年来的重要事件,因为基于智能卡利用指纹实现身份识别并完成支付的产品在十几年前就已经问世了,但由于成本和使用习惯,一直未有大的突破,苹果的举措则一举扭转了这个局面。目前,苹果以外的其他主流手机制造商均在酝酿配置指纹识别技术来增强手机应用的安全。而传统的智能卡制造商也正推出配置指纹识别模块的智能卡,希望通过指纹代替密码,提升用卡的安全和便捷。

人脸识别技术是另一个在2014年获得关注的重要生物特征识别技术,这是因为在移动互联网时代,实体支付卡更多的使用场景是虚拟化后保存在云端,通过手机、互联网实现在线支付,或通过NFC、二维码、声波等技术实现近场支付、P2P支付。传统的虚拟化技术是将银行卡和某个中间账户关联,这仅适用于存量支付卡,如果是新卡则不能使用这种办法,加之国家放开网络银行的推动,在非面对面条件下发行虚拟卡就变得更加急迫,这其中最重要的问题是对正在申请支付账户的发起者身份的远程识别与验证的问题。基于人脸识别技术,匹配公安机关或其他国家机关的身份资料,实现用户的远程身份识别与验证技术正趋于成熟。

（一）生物识别技术应用于身份认证领域

传统的身份认证都是使用"用户ID+密码"的方法来进行用户的身份确认和访问控制的。实际上，这种方案存在一些不足，如密码容易被忘记，也容易被盗取。为了弥补"用户ID+密码"方式上的缺陷，人们采取了一些其他的辅助措施来提高支付上的安全性，如磁条卡、IC卡、UKey、口令卡、数字令牌等。安全设备的增加虽然在一定程度上提高了安全性，但是却带来了用户使用上的不便，也可能使得支付流程更加复杂，并有可能引入新的安全风险。

由于人体的身体特征中人的指纹、掌纹、面孔、发音、虹膜、视网膜、骨架等都具有唯一性和稳定性的特征，可以据此识别出人的身份。基于这些特征，进而发展了指纹识别、人脸识别、发音识别等多种生物识别技术，目前许多生物识别技术已经开始在某些商业领域进行了成功的应用，如门禁、考勤等，但作为对安全性要求非常高的支付领域，各种生物识别技术还并未大规模使用，但部分创新型支付机构已开展指纹识别技术在支付领域实际应用的尝试。

人脸识别技术，是2014年支付领域关注的一个热点。通过对客户动态图像的远程采集、人脸特征值提取和识别算法等一系列技术，提取的人脸图像的特征数据与数据库中存储的特征模板进行搜索匹配，通过设定一个阈值，当相似度超过这一阈值，则把匹配得到的结果输出，完成人脸图像匹配与识别。国内中科院、微众银行、财付通、支付宝等机构正在积极进行人脸识别技术应用在支付领域的解决方案研究，优势明显，并取得了初步成果。

在安全性方面，人脸识别是一种基于人的相貌特征信息进行身份认证的生物特征识别技术，技术的最大特征是能避免个人信息泄露，并采用非接触的方式进行识别。由于人脸具有不可复制性，相比指纹识别更不容易被复制，也不存在密码遗忘、泄露等风险，而且可利用联网核查身份证照，及包括各类生活照和证件照的巨大图像样本数据库，因此，安全性更高。

在欧洲，掌纹技术也开始在小范围登上了身份识别和移动支付的全新舞台。手掌扫描与指纹扫描不同，尽管也有着与指纹相似的独特性，阅读器能够发射可被手掌筋脉吸收的红外线，筋脉结构将被终端分析，以建立用户的身份，进而处理整个支付过程。手掌的筋脉结构被盗用的难度更大。

（二）生物支付技术需要解决方案

提到生物支付，人们往往会想到这样的场景：某用户在一个商店买东西付款时，展示一下自己的某个身体部位，机器一扫，支付立刻完成。这是比较理想的支付场景，但是实际上，生物支付由于生物识别准确率的原因，还不能达到这种理想的状态。以人脸识别技术为例，目前，在实验室环境中，在LFW数据库上，人脸识别最高获得了99.15%的识别率，而根据中科院重庆绿色智能技术研究院研究收集、整理了2 000人的身份证照和真实现场采集照，算法识别率仅为93.2%。由此可见，如果不采取其他的认证手段，仅凭计算机识别结果来进行支付，则会存在很大的支付风险。因此，目前的生物支付都采取了辅助安全措施来保证支付的安全性。目前市场上指纹支付的解决方案比较成熟，其他生物识别技术还未出现实际应用产品。微众银行、网商银行等具有互联网背景的民营银行也积极探索人脸识别技术的应用。

指纹支付的发展得益于智能终端设备上指纹模块的普及，自从2013苹果公司在iPhone5上配置指纹识别模块以来，各个手机厂商纷纷推出了带指纹识别功能的移动终端，根据市场预计，到2015年，带指纹识别模块的手机终端将占总出货量的46%。另外，指纹识别技术已经非常成熟，匹配算法的可靠性也不断提高，指纹识别技术已经非常实用。目前，国外支付公司PayPal和国内支付宝纷纷与手机厂商合作，结合各自的手机客户端软件，推出了自己的指纹支付解决方案。支付宝目前与三星和华为合作，于2014年7月开始在支付宝手机钱包中推出了指纹支付功能，目前开通用户数已超过2.7万人。

2014年，生物识别技术在支付领域的应用还处于起步阶段，用户量还比较小，但支付机构的创新意愿强烈。支付宝率先在支付宝钱包中推出指纹支付业务，并在2014年10月15日在小微金服分享日活动上公布了正在开发中的人脸识别、掌纹识别、声纹识别等技术；财付通也计划在微信中加入指纹支付，并依托腾讯集团开展声纹识别和人脸识别技术在支付领域应用的研究；苹果公司在ApplePay中采用了指纹支付模式；银联也已开始和国内手机厂商展开合作推广谈判，推广类似于ApplePay的AndroidPay支付方案。指纹支付业务正蓄势待发。

四、令牌化Token技术在支付业务的应用

支付令牌化，用替代值（称为令牌）代替原始信息（如银行卡号、支付账户），像传统的电子支付方式，应用于交易全环节，当Token被检测到风险或到期时，将再次生成新Token替代，从而大幅降低支付过程中主账户泄露的可能性，极大地提高了它的安全性。这不仅可以应对在线支付与移动支付的市场竞争与安全问题，同时还兼顾了未来线上支付与线下支付融合的趋势，目前境外已经形成了较为成熟的产品与商业模式。

当前支付令牌化Token技术的应用研究不仅存在于金融机构银行卡的令牌化过程，也存在于第三方支付机构支付账号的令牌化过程。

（一）EMVCo的Token技术体系框架

EMVCo在2014年3月发布的Token体系中，除了传统电子支付参与方外，新增了2个参与方，如表10-2所示。

表10-2　　　　　　　银行卡Token系统参与方

传统电子支付参与方	持卡人	Cardholder
	商户	Merchant
	收单方	Acquirer
	支付网络（转接方）	Payment Network
	发卡方	Card Issuer
新增参与方	令牌请求方	Token Requester
	令牌服务提供方	Token SP

在EMVCo的Payment Token体系中，根据令牌化的覆盖范围与应用目的，可以分为收单端令牌、发卡端令牌与卡组织令牌。

收单端令牌（Acquirer Token）：收单机构维护管理令牌，商户使用令牌发起交易，由收单机构转换为卡号送给卡组织；发卡端令牌（Issuer

Token）：发卡机构维护管理令牌，商户、收单机构与卡组织均使用令牌处理交易，发卡银行最终与原始卡号对应，并进行交易处理；卡组织令牌（Payment Network Token）：卡组织维护管理令牌，商户使用令牌发起交易，经由收单机构系统，被卡组织转换为卡号送给发卡银行。EMVCo认为卡组织令牌才能被称为支付令牌。

EMVCo关于支付令牌的生态系统见图10-2。

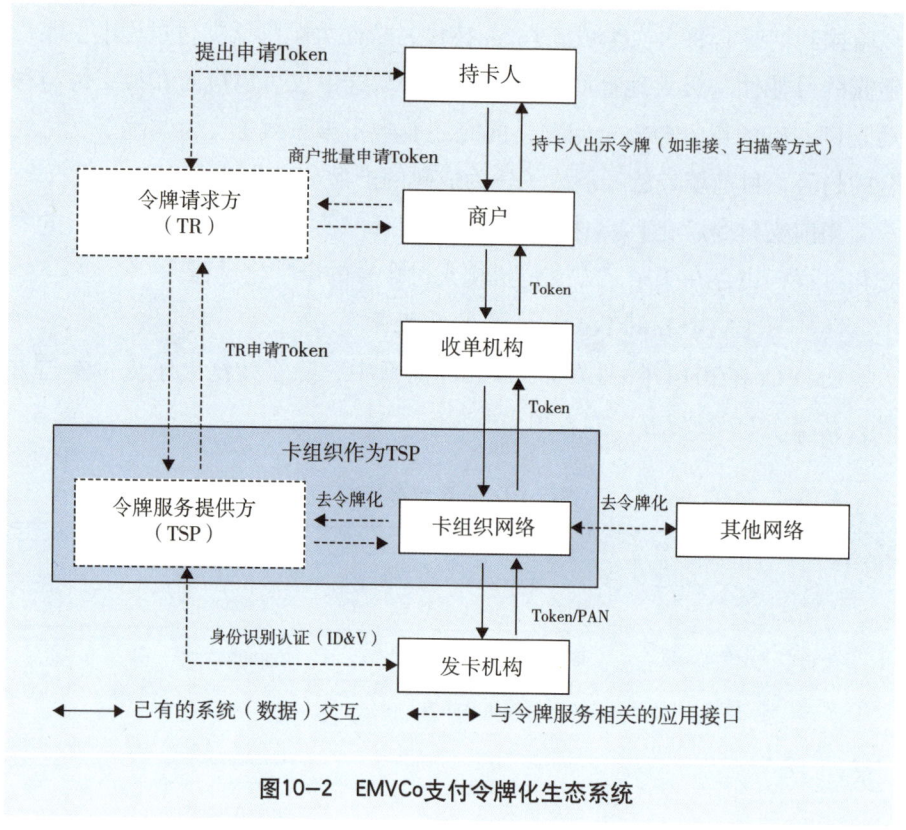

图10-2　EMVCo支付令牌化生态系统

（二）第三方支付企业的令牌化技术应用

在我国第三方支付机构的二维码支付中，二维码所涵盖的账户类信息作为账户信息的载体，出于安全的考虑，不得明文显示，需采用Token或其他技术将主账户号等敏感信息转换或映射成看似毫无意义的随机的字符串，作为主账户的替代值。因此，这里所说的承载信息的概念并非指条码中所保存字符串的字面意思，而是指经过服务器端的解码或去令牌化还原后获取到的实际信息的含义。

在第三方的Token或其他映射技术的体系中，也增加了两个参与方，如表10-3所示。

表10-3　　　　　非金融支付机构条码支付Token系统参与方

传统电子支付参与方	客户	Cardholder
	商户	Merchant
	支付网络	Payment Network
新增参与方	令牌请求方	Token Requester
	令牌服务提供方	Token SP

支付宝的支付令牌化技术就是一个典型的第三方应用，其用于条码支付令牌种子生成与令牌使用流程如图10-3所示。

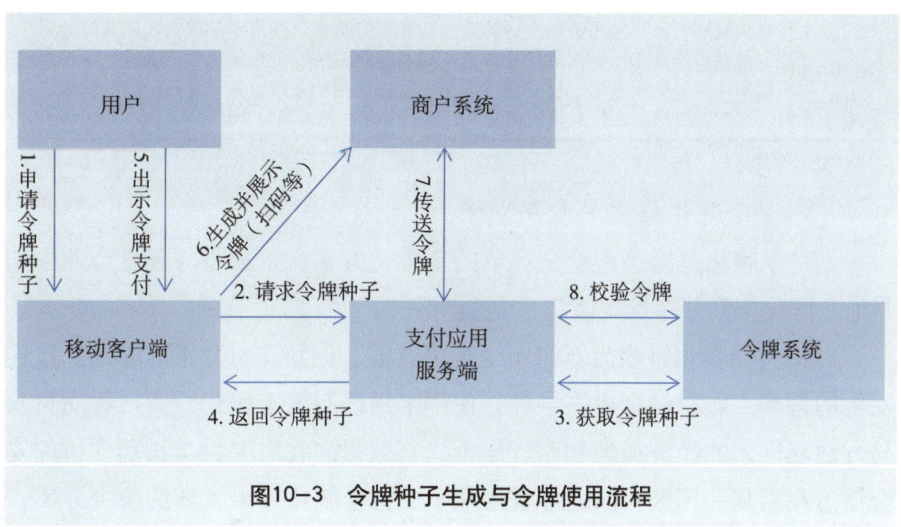

图10-3　令牌种子生成与令牌使用流程

图中的说明如表10-4所示。

表10-4　　　　　　令牌种子生成与令牌使用流程指令说明

步骤	指令说明
1	用户首次打开移动客户端向服务端获取令牌种子，服务端对用户身份进行强认证和设备强认证，如短信等多因素认证
2	移动客户端传递设备信息、应用信息到支付应用服务端，请求服务端下发令牌种子
3	支付应用服务端请求令牌系统，令牌系统根据移动设备的硬件信息、支付应用的软件信息和服务端的随机数，生成令牌种子并返回给支付应用服务端。同时，令牌系统保存该设备标识、软件信息、随机数及对应的种子关系
4	支付应用服务端返回令牌种子给移动客户端，由支付应用加密存储在本地，此时应用可利用种子值，根据RFC-4226协议生成令牌值
5	用户打开移动应用在商户端出示支付令牌进行付款，业务场景比如扫码支付
6	支付应用会根据令牌种子生成一次性令牌值，再将用户标识、时间戳和令牌值通过算法生成混淆支付令牌串（比如码串）
7	商户获取到用户支付应用中的支付令牌串（比如通过码枪扫码），并将令牌串信息交给支付机构解析
8	支付机构获取到商户发来的用户令牌串后，根据令牌串中的用户标识获取到具体的用户账号，然后将设备ID、时间戳和令牌值发送给令牌系统验证令牌值的正确性，令牌系统再根据本地保存的设备ID、种子值，重新生成服务端的令牌值并与客户端的令牌值进行比对，比对通过后，支付机构创建支付订单，并返回给商户订单信息

（三）令牌化技术的应用前景

支付令牌化是连接产业全环节的令牌化方案，未来将与现有产业中的其他令牌化方案并存发展。

1. 支付令牌化将成为新的安全解决方案、创新支付方案的基础。接连发生的持卡人账户信息泄露事件，使得卡组织与发卡机构、商户等支付参与方面临巨大的经济损失和监管压力，有效提高在线支付与移动支付的安全性迫在眉睫。因此Visa、万事达基于支付令牌化提出了新的解决方案，第三方支付机构也提出了条码支付账户信息的令牌化技术方案。如Visa的基于云端支付的方案，正是将HCE技术与支付令牌化技术结合使用。

2. 支付令牌化角色分工将催生专业化服务商。EMVCo支付令牌化框架在不改变现有各方分工的基础上，新增加了令牌申请方（TR）与令牌服务提供方（TSP）两个重要角色。其中，TR负责搜集持卡人卡号、有效期及相关信息,向TSP申请支付令牌并将令牌返回相关方;TSP负责产生支付令牌、有效期及担保级别,并负责在交易过程中实现支付令牌到卡号的转换。

3. 支付令牌化将推动行业各环节的发展。EMVCo支付令牌化技术框架规范,拓宽了EMVCo原有在IC卡与终端领域制定标准的业务范围,开始涉足在线支付与移动支付等创新领域的技术标准制定。支付令牌化除了可以有效支撑收单业务与发卡业务,也可以为其提供增值服务。

五、HCE在支付中的应用

采用近场通信技术(NFC)和硬件安全单元(SE)的主卡仿真技术自诞生以来,就被业界认为是移动支付乃至移动金融最佳方案,美国、欧盟、日本等发达国家都围绕该技术积极探索移动金融产业发展。但由于该技术高度依赖专有安全硬件,需要移动运营商或移动终端厂商的支持,客观上造成了移动金融产业链复杂化、移动金融商业模式不清晰等难题。

美国IT巨头谷歌公司自2015年推出谷歌钱包(Google Wallet)以来,由于受移动运营商等产业方的制约,其推广不尽如人意。为了摆脱对硬件安全单元(SE)依赖、打破移动运营商对产业链的制约,谷歌公司于2013年10月在其最新版的移动终端操作系统中正式引入了基于主机的卡仿真技术(HCE),允许移动终端无须硬件安全单元(SE)也可以利用NFC进行移动支付和其他非接触应用。该技术一经推出引起了国际移动金融产业各方的高度关注,NFC论坛和国际卡组织Visa、万事达、运通等先后明确表态支持HCE技术,并将推出基于HCE技术移动金融服务产品。随着该技术不断成熟,未来将对移动金融产业发展产生较大影响。

(一)HCE技术的支付应用解析

传统采用NFC的移动设备卡仿真工作模式中,主要包括主机(Host CPU)、硬件安全单元(SE)、NFC控制器以及外部读写设备等模块,其中硬件安全单元(SE)处于核心地位。该模式下移动设备通过NFC控制器与外部读写设备进行通信,通信数据不经过操作系统直接转发至SE,由SE负责敏感信息处理和存储,见图10-4(a)。操作系统及相关应用(APP)不干涉交易过程,仅可事后通过主机查询SE交易记录,该模式具备较高的安全等级。

为了摆脱对硬件安全单元的依赖，谷歌公司在移动终端操作系统安卓4.4版本引入了HCE技术，对采用NFC的移动设备卡仿真体系进行了扩充。基于HCE技术移动设备通过NFC控制器路由表来选择采用软件方式或SE方式进行卡仿真，其中软件方式下NFC控制器从外部读写终端接收到的通信数据被路由转发至主机，由主机应用或云端服务进行敏感信息处理和存储；SE方式下，NFC控制器从外部读写终端接收到的通信数据被路由转发至SE，实现与传统模式的兼容，见图10-4（b）。

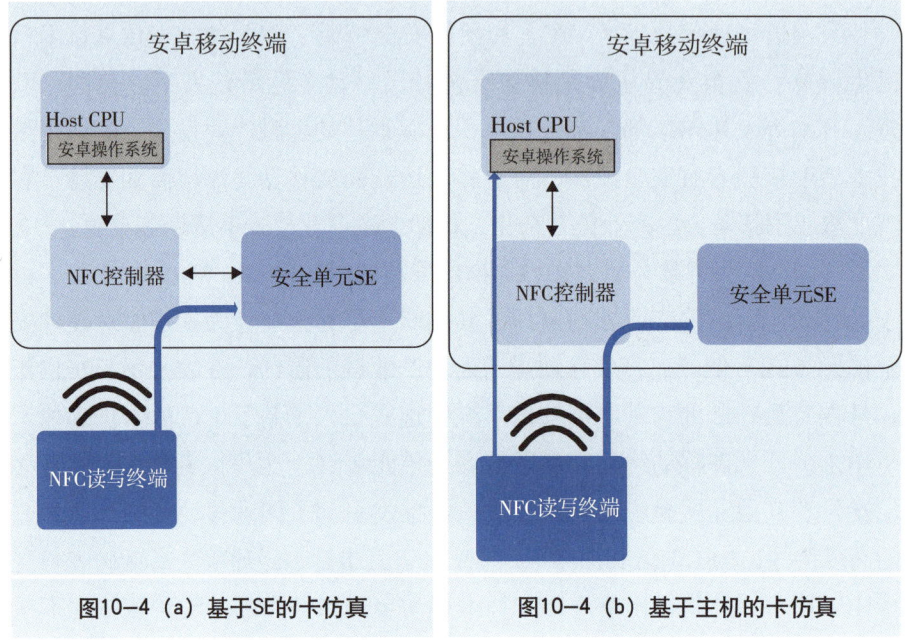

图10-4（a）基于SE的卡仿真　　图10-4（b）基于主机的卡仿真

总体而言，HCE技术是对现有基于非接触式IC卡标准协议（ISO 14443）卡仿真技术路线的扩展，使得移动终端即可利用主机应用纯软件方式仿真智能卡。

（二）HCE技术的支付安全方案

谷歌公司在发布HCE技术时并未针对敏感数据处理和存储等安全问题提出标准化方案，而将这一问题留给应用实现方来解决。随着业界各方的广泛研究和分析，基于HCE技术的安全架构逐步清晰，形成了四个不同级别的安全方案体系。

1. HCE技术安全体系

按照敏感数据处理和存储方式不同,当前HCE技术相关安全方案可以归类为四个层级的安全体系,即主机(Host)层次,云端SE(Cloud-based SE)层次,可信执行环境(TEE)层次,硬件SE(UICC或嵌入式eSE)层次。安全级别依次由低到高。

表10-5　　　　　　　　　HCE技术安全方案比较

方案 评价	基于主机层次	基于云端SE层次	基于可信执行环境层次	硬件SE层次
安全性	采用沙箱机制实现逻辑隔离,可通过加密方法提升安全性。但如操作系统根权限被盗用后存在严重风险	云端SE将远程完成敏感数据处理和存储。为了保障效率必须与账户令牌化等安全机制配合使用,达到较高的安全等级	通过独立于主机操作系统的执行环境运行处理敏感信息的应用。但没有SE的反篡改机制,安全性低于SE	通过独立的硬件安全单元完成交易信息的存储和处理。相对安全级别最高
生态环境	SP和商户等可独立开展应用开发及上线	产业链缩短,可避开运营商制约。用户可根据需要安装多个支付应用并灵活选择	产业链缩短,可避开运营商制约	产业链复杂,受移动运营商和移动终端厂商制约,而且一部手机可能面临多个SE所有权冲突
实现成本	可通过APP软件实现,实现最简单,投入成本低	具备NFC控制器的手机即可部署实现,实现较为容易,成本较低	实现较为复杂,投入成本高	硬件成本较高,产业链各方利益争夺导致投入高
应用场景	可用于低价值非金融小额支付服务,如会员卡、优惠券、电子票等	在安全保障体系完备的情形下,也可以用于金融级移动支付	缺乏大型移动终端设备厂商支持,国内暂无实例	可广泛应用于快速小额支付、金融级支付应用等

2. HCE技术配套相关安全机制

HCE技术安全体系可分为较为清晰的四个层次,现实中可以根据应用场景的安全要求,综合考虑各方面因素来选择不同层次的安全方案来保障敏感信息的处理和存储的安全。具体实现时除安卓系统采用沙箱机制

（Sandbox）外，还可以根据需要配套采用以下一种或多种具体安全机制增强对敏感信息处理和存储的安全防护能力。

（1）强用户身份认证：在移动金融相关服务以及其他重要性较高服务中，可以采用强用户身份认证机制提高安全性。适用于移动应用的强身份认证机制有：证件或密码口令（根据用户知道的信息验证）、短信或动态令牌（根据用户的行为验证）和指纹或虹膜（根据生物测定验证），等等。

（2）敏感数据加密：可以将敏感数据加密后进行存储和处理，增加恶意用户和恶意应用盗用数据难度，该方法在增强安全性的同时显著增加了应用程序的复杂性。

（3）操作系统检查：HCE应用中可以增加系统检查功能，如检查到系统根权限被打开，可以采取如提示用户、锁定数据等相应的措施缓释风险。

（4）账户令牌化：账户令牌化将原始的账户信息通过令牌化算法转化成为临时账户信息用于移动金融数据处理和存储，进而避免敏感信息的泄露。账户令牌化技术方案目前已经被国际卡支付产业组织（PCI）、EMVCo组织采纳形成标准。

（5）交易限制：当前业界普遍认为交易限制是缓释移动支付风险的最有效手段，基于HCE技术的NFC卡仿真方案也可以采用交易限制方案来有效降低风险，常见限制有交易额度限制：包括单次交易限额，按日、月等固定周期交易限额；交易场景限制：包括交易地点、场所以及交易对象进行限制等等。

目前业界较为看好HCE安全体系中云端SE层次解决方案，产业各方对该方案下实现金融级别的安全性持较为乐观的态度。但是必须指出，HCE安全体系中云端SE层次解决方案尚未成熟，如云端与手机的交互流程和来往报文等还需要深入研究和验证。

3. 国际主要卡组织和相关机构的态度和应对

目前，国际主要卡组织等相关机构都采取了一些不同的应对策略。

表10-6　　　　　　　　国际主要卡组织的应对策略

组织	主要观点
Visa	可以为客户提供安全部署移动支付计划的新方案,包括首次允许客户在安全的虚拟云端部署支持Visa payWave非接触支付的账户——《Visa助力发展安全的云端移动支付》
万事达（MasterCard）	HCE技术为扩大NFC产品的发布提供了非常有吸引力的形式。万事达将为此设立相关标准并为合作伙伴和客户提供更富体验的安全可靠的电子支付——《万事达卡将支持基于NFC的移动支付中使用HCE技术》
NFC论坛（NFC Forum）	对于HCE,我们认为HCE将促进NFC市场发展,它为NFC交易提供了另外一种形式。随着NFC产业在全球的布局和应用,NFC Forum看到HCE作为一种有前途的技术,将促进NFC产业发展——《NFC论坛关于HCE技术的声明》
EMVco组织	EMVco支持HCE在NFC生态系统中的应用,发布了账户令牌化规范（V1.0）
SIMalliance（SIM卡行业组织）	HCE技术总体上对NFC生态环境是有利的。但是HCE技术尚不成熟,对于拥有SE的NFC来说,容易受到恶意攻击——《SE和HCE》（V1.0）

此外,美国Sequent公司于2014年4月宣布,可以对商业银行和广大商户提供基于云端的HCE近场支付解决方案,目前俄罗斯Sberbank银行（联盟储蓄银行,俄罗斯最大银行）已经采用其方案,并在莫斯科开展试点应用。手机厂商方面,三星手机宣布在其Galaxy S5非定制手机中不再预装嵌入式安全单元SE。

第三节　支付技术创新的热点发展趋势展望

一、基于安全芯片的移动支付加速普及

2015年1月,央行发布了《关于推动移动金融技术创新健康发展的指导意见》（以下简称《指导意见》）,提升移动金融安全可控能力,促进移动金融技术创新健康发展。

长期以来,银行致力于为客户提供安全的移动支付产品,广泛采用动态密码校验、登录密码保护、密码强度控制、超时自动退出限额管理、动态信息安全工作、SSL安全人界等技术和手段,保障客户信息安全和交易安全。《指导意见》的推出,对移动金融服务的交易可靠性提出了要求:采取手机等移动终端直接与后台系统远程交互的方式提供移动金融服务时,

各商业银行和银行卡清算机构应使用可靠的多因素身份认证方式,并采用手机安全单元(SE)、智能密码钥匙(Key)等基于安全芯片的电子设备作为必要的认证因素、以确保资金类、重要信息变更类、重要业务变更类等高风险交易的安全。按照《指导意见》要求,手机需具备SE或Key等基于安全芯片的电子设备。目前的方案分两类,包括Key(类似网银U盾),或手机内置SE安全芯片。

目前内嵌了SE元件的手机数量持续增长,采用蓝牙等技术的移动Key身份认证方案也很成熟,《指导意见》出台后,银行将加快安全芯片的推广与应用,这无疑加强了手机银行的安全性。相信随着央行的强势力推,基于安全芯片的移动支付将在2015年取得快速发展。

二、基于云端的支付系统将逐渐启动并获得发展

HCE、TSM、Token等技术的创新为云端支付系统的发展提供了坚实的基础。在不同的渠道获得一致的服务和体验,更是云端支付系统取得成功的关键要素。

云端支付系统的更大发展空间在于其不仅能完成支付行为本身,例如,通过TSM为SE或HCE提供支付的应用,更在于其能整合支付的相关内容,为持卡人提供更贴近生活的支付服务;为商户完成基本支付服务的同时,也能为商户提供精准营销及数据挖掘的相关服务。

三、NFC近场支付将取得积极进展

随着ApplePay进入中国,以及移动支付产业链相关方的多年努力,智能手机支持NFC功能将逐渐成为主流,而第三方互联网企业也将从NFC的发展中获得发展机会,实现线上线下的互通。

随着基础设施的普及,NFC、二维码或声波等技术除了在支付本身充当重要角色之外,更将向非支付领域进行延伸并提供更具个性化和创新性的场景,例如通过NFC、二维码或声波技术获取商品信息、完成服务内容的承兑、身份验证等。

基于移动终端的近场支付技术将逐渐从支付领域向非支付领域延伸。这些场景基于支付,又超越支付,和用户的日常生活接触更紧密,使用频次也更高。

四、穿戴式设备与移动支付结合

2014年可谓是穿戴式设备的元年，各大手机厂商纷纷推出自己的智能手表、智能手环等穿戴设备。这些设备在完成计时、健身等基础功能之外，还需要为穿戴式设备添加哪些功能，才能让消费者每天都能戴起来。企业开始思考，人们每天都是需要进行交易和消费的，于是支付功能成为了穿戴式设备发展的新方向，特别是交通领域的支付应用。目前已有智能穿戴设备配置NFC实现支付功能的案例，而这个或许是智能可穿戴设备未来发展的主流。

可穿戴设备一般通过蓝牙和智能手机连接，具备支付功能的可穿戴设备事实上可作为类似传统互联网支付中使用的U盾的角色，但功能更加丰富，使用更加便利，不仅能充当手机支付的安全载体和支持近场支付，也能通过云端的配合或其他方式支持传统互联网在线支付。

在2014年，英国巴克莱银行大举推广bPay支付手环，手环集成了金融芯片，可以进行非接触支付。不仅仅是手环，巴克莱还推出了非接触支付手套，在冬天里，也可以不摘下手套进行支付。德国 Wirecard近期也发布了手环，支持HCE支付，甚至咖啡大佬星巴克也推出了穿戴式的应用，让穿戴式设备下载之后，可以在星巴克进行支付。国内小米手环，最近也推出了小额免密的支付功能。

交通领域，在智能穿戴设备没有兴起的时候，早就有内置异形卡的手表手环推出。而穿戴式设备概念兴起之后，智能与支付的结合，让交通支付有更大想象空间。

2015年，有理由相信穿戴式设备与移动支付的结合将成为一大趋势，而且随着Apple watch的推出，诸多跟进的企业会推动市场的发展。科技与支付的结合所碰撞出的火花，也将映射出不少问题，毕竟支付行业错综复杂，利益纠葛太多。

专题一　清算市场

清算市场的发达及稳健程度是一个国家金融市场发展水平和发展状况的重要标志和衡量指标。随着近年来国家支付清算法律法规体系及基础设施建设的不断完善，我国已形成以人民银行跨行支付清算系统为核心，银行业金融机构行内系统为基础，网上支付跨行清算系统、票据支付系统、银行卡支付系统、证券结算系统和境内外币支付系统为重要组成，部分行业清算组织和第三方支付机构为重要补充的清算市场体系和专业化分工格局。支付清算服务市场取得了长足发展，支付清算服务主体日趋多元化，支付清算服务及产品丰富多样、互为补充；支付清算业务量快速增长；人民币跨境清算机制安排及系统建设已取得重大进展，支付清算服务水平和效率显著提升。支付清算市场的发展和逐步成熟在畅通货币政策传导，保障支付安全，维护金融稳定，促进居民消费增长，改善金融服务及社会民生，推动国内经济稳定发展等方面发挥了重要作用。同时，我国清算市场现阶段仍存在监管效能不足、零售支付清算市场服务提供不完善以及竞争不充分等问题，有待通过制度安排和市场机制作用得以持续发展、完善和补充。

第一节　总体概况

一、清算市场服务供给主体呈现多元化发展格局

目前，我国提供支付清算服务的主体呈现多元化特征，从机构性质及服务内容方面考察可区分多个层次：人民银行面向金融市场提供支付基础设施、结算账户及相关清结算服务，组织建设各类跨行支付清算系统以及同城清算系统，其服务具有基础性、公共性的特点；第二个层面是具有相应业务资质的清算组织，以中国银联、上海清算所、中央国债登记结算有限责任公司、中国证券登记结算有限责任公司、城市商业银行资金清算中心、农信银资金清算中心为代表，分别在特定业务领域向特定服务对象提供服务；第三个层面是银行业金融机构，直接面向存款人提供账户、支付工具、清算及结算服务和支付基础设施等，其支付清算服务具有基础性、盈

利性、同质性、社会性等特征。其他类型的第三方服务提供者在填补市场空白、丰富服务类型、发挥专业化等优势方面也发挥了特有作用。

二、支付清算服务基础设施建设较为完善，已形成多层次相互补充的支付清算服务体系

从支付清算服务基础设施建设成果来看，经过人民银行多年的组织建设推动，支付系统建设取得了显著成效。目前已形成以人民银行跨行支付清算系统为核心，银行业金融机构行内系统为基础，网上支付跨行清算系统、票据支付系统、银行卡支付系统、证券结算系统和境内外币支付系统为重要组成部分，部分行业清算组织和第三方支付机构为重要补充的支付清算网络体系，在促进经济社会发展方面发挥了重要作用。

人民银行通过组织建设现代化支付系统以及运营同城票据交换或资金清算系统，提供不同层次的批发及零售支付清算服务。其中，大额支付系统主要处理大额、贷记跨行支付业务，并支持金融市场的资金结算；小额支付系统处理借记支付业务和5万元以下的小额贷记业务，主要处理与百姓日常生活相关的支付业务，如缴纳水、电、煤气费、代收代扣费用等；网上支付跨行清算系统处理客户通过在线方式发起的支付业务，并可在线实时获取业务处理结果。小额支付系统和网上支付跨行清算系统均实行7×24小时不间断运行，为零售支付市场参与者提供全天候随时随地支付便利。

2014年，第二代支付系统已推广到全国301家法人参与机构，截至2015年4月底，大小额支付系统直接参与者达275家，间接参与机构133 333家，网上支付跨行清算系统接入机构145家。与第一代支付系统相比，第二代支付系统在功能方面有较大程度的改善和提升，支持参与者从一点接入一点清算，业务连续运行能力显著增强，引入ISO 20022报文标准使系统与金融机构间的互联互通更为规范，可扩展性更强，持续发挥着国家支付清算市场主干和基础作用。

人民银行分支机构运营的同城清算系统和同城票据交换系统主要以同一城市或经济区域范围内的银行业金融机构为服务对象，提供本地化和相对个性化的支付清算服务。其中，同城清算系统以电子化方式处理支付业务，业务范围涵盖商业银行柜面跨行支付业务、通存通兑业务等。同城票据交换系统主要处理同城范围内银行间的纸质支付凭证清分,采用批量轧差方式结算资金,业务范围包括各类票据、汇兑凭证、代收代付凭证等,基本覆盖各县级以上地区。

行业清算组织提供的跨行支付清算服务在服务对象和服务内容上来看各有侧重和特色。中国银联作为银行卡清算机构,建设和运营银行卡跨行清算系统,专门从事银行卡跨行信息转接和资金清算服务,实现了银行卡跨行联网通用。城市商业银行资金清算中心和农信银资金清算中心分别服务于城市商业银行和农村信用社系统,业务种类包括资金汇划、银行汇票签发及兑付、通存通兑等。中央国债登记结算有限责任公司、中国证券登记结算有限公司和上海清算所分别承担银行间债券市场、交易所证券市场交易品种的存管、登记和结算职责。

以兴业银行"银银平台"为代表的银行间同业机构金融服务平台属于业务代理平台性质,主要为部分农村信用社、农村合作银行等小规模同业机构提供代理清算服务,同时也提供财富管理、第三方存管合作、代理理财合作、理财门户合作等多项服务。

三、人民币跨境清算机制安排及系统建设取得重大进展

随着跨境人民币业务快速发展,市场主体希望获得更加便利的人民币跨境支付清算服务。为适应形势发展需要,进一步完善支付清算体系,提高金融服务的技术水平,为境外使用和接受人民币的市场主体提供相应清算便利,人民银行着手推动人民币跨境支付系统(CIPS)建设,以进一步整合现有人民币跨境支付结算渠道和资源,提高跨境清算效率。人民币跨境支付系统有四项功能:一是连接境内、外直接参与者,处理人民币贸易类、投资类等跨境支付业务;二是采用国际通行报文标准,支持传输包括中英文在内的报文信息;三是覆盖主要时区人民币结算需求;四是提供通用和专线两种接入方式,供参与者自行选择。系统建成后能够满足各主要时区的人民币业务发展需要,提高交易的安全性,构建公平的市场竞争环境。

在系统构架关系上,CIPS与现代化支付系统两个系统间相互独立,但实现互联互通,CIPS业务处理时间与业务类型具有相对独立性。境内机构可同时作为现代化支付系统和CIPS的直接参与者接入系统,而境外机构不与现代化支付系统直接连接,而是作为直接或间接参与者接入CIPS。

专栏Z-1
Ripple运行机制及业务模式

近年来,随着互联网技术和跨境交易支付的迅速发展,Ripple支付协议(去中心化的支付清算协议)及其数字货币XRP(瑞波币)逐步在国际和国内市场尝试应用,成为全球跨境转账与清算服务市场的新进入者。

一、Ripple的产生及特点

Ripple是一个支持不同区域服务器之间进行点对点金融交易的开源软件,基于一项用以进行金融交易的互联网协议,实现以多币种即时、免费向全球范围转账的业务功能。2004年,Ryan Fugger首次推出了一个去中心化、准许任何人创建自有货币体系的虚拟货币系统,以期构建一个银行间实时免费支付清算网络。在该系统运行过程中,所有转入转出资金项均用"债务"表示,交易结果均反映为余额的变化,直到银行间债务不能完全轧差相抵时才发生实际结算。

Ripple具有以下基本特点:一是去中心化。Ripple是一个开放源码的点到点支付网络,没有个人、机构或政府进行操控,支持任何人在网络中实现点对点的货币兑换,因而是一个去中心化的运行体系。二是支持多交易品种。不仅可以处理美元、欧元、人民币等现有的各国法定货币,而且可以处理比特币、莱特币等虚拟货币,甚至可以处理商户积分、电话分钟数等有价物,相当于搭建了一个完全自由流通转换的"价值网络"。三是具有较快的交易速度,通常交易确认能够在几秒时间内完成。四是交易费用几乎为零,无须支付跨行异地及跨国支付的手续费用。

二、Ripple基本运行机制

Ripple主要由支付网络、分布式兑换系统和基础货币(XRP)三部分组成。不同于传统的中心化金融网络,Ripple建立在P2P网络上,其支付系统分布在各个网络节点上面,这些相互联系的节点构成了整个Ripple金融数据库。该网络作为Ripple的核心,是一个共享的公开数据库,数据库中记录着账号和结余总账。任何用户都可以查阅这些信息,也可以读取网络中的所有交易活动记录。而网络中的计算机则通过一个各方遵守的"共识机制"修改总账，并实现分布化的交易结算。

三、Ripple业务合作模式

从当前发展情况看，Ripple的业务合作模式分为两种：一是直接面向消费者推出产品或服务。用户登录Ripple的网页或者下载一个Ripple钱包的APP应用，可以进行跨境汇款、记账或者在真实货币与虚拟货币之间兑换等业务操作。这其中的网关可以是银行，也可以是其他非金融支付机构，甚至可以是个人。例如，"Ripple LatAm"网关允许市场中以合作方选择的货币进行实时B2B跨境支付，而不需要支付跨行异地及跨国支付费用，从而能够加速全球供应链的交易，降低资金流转成本，也为小型企业获取海外客户提供新的机会。二是直接提供给银行类金融机构汇款技术和底层协议。用户打开银行客户端后，可以在汇款一栏选择用SWIFT汇款，或者用Ripple汇款，Ripple在其中对成本较高的SWIFT技术具有一定的替代作用，有利于降低综合成本。德国互联网直销银行Fidor银行成为首家接入Ripple的银行，在其交易基础设施中部分采用Ripple协议，并推出融合Ripple功能的"Fidor Smart现金账户"，以降低结算和外汇风险的相关成本；2014年6月，Ripple通过与拉美最大的跨境支付服务提供商AstroPay建立合作关系，开拓了拉美地区七个国家的市场。

四、Ripple对现有国际主流支付系统的冲击和影响

Ripple在支付效率、支付成本和接入门槛等三个方面的比较优势，将对现有的国际主流支付系统形成竞争和挑战，并存在一定的替代效应。一是Ripple基于P2P全球网络实现金融交易，优化了业务处理流程，能够实现24小时业务不间断，跨境支付业务资金到账平均速度达到3~5秒/笔，在支付处理效率方面具备较强的优势。二是Ripple不收取任何转账汇款费用，只需用户支付十万分之一的XRP，用于保证系统的正常运转。与SWIFT等国际主流支付系统的使用费用相比，具有费率上的比较优势。三是Ripple具备开放、去中心化等特点，允许所有银行通过接入其公开接口，直接进行转账和通信，甚至个人用户也能够直接接入，接入门槛相对较低，参与主体较其他国际支付清算系统更为广泛。

四、清算市场业务量平稳增长

2014年，我国清算市场业务规模保持平稳较快增长，2014年全年清算业务量[①]158.21亿笔，金额2 423.54万亿元，分别比上年增长30.26%和14.43%，笔数增速比2013年提高了5.88个百分点，金额增速减缓2.34个百分点。其中，人民银行核心支付系统办理的清算业务量笔数和金额分别为37.88亿笔、2 386.76万亿元，占比分别为23.94%和98.48%，在金额方面占绝对主体地位；银联卡跨行支付系统、城商行资金清算系统、农信银支付系统处理业务量合计120.55亿笔，金额39.91万亿元，占比分别为76.06%和1.52%。其中，银联卡跨行支付系统在笔数方面占比达到了74.64%，相较金额占比仅达1.39%，体现了银联卡支付在小额、便民支付方面发挥着重要作用。

专题图1-1　国内支付清算系统2011—2014年业务量笔数和金额

---

① 包括大小额支付系统、网上支付跨行清算系统、银行卡跨行支付系统、城商行资金清算系统、农信银资金清算系统业务量之和，且目前2012年的业务量中不包含城商行和农信银的数据。

第二节 主要问题

一、在遵循国际社会通行的金融市场基础设施原则方面尚存差距

有鉴于国际金融危机的教训，国际社会普遍加强了对金融基础设施的规范管理，对金融基础设施完整、稳健、高效的要求较从前更为严格。支付和市场基础设施委员会（CPMI）在金融危机之后发布的《金融市场基础设施基本原则》及配套评估方法在此背景下产生，且已成为世界主要国家和地区监管机构加强对金融市场基础设施监管的指导性原则。

近年来我国经济市场化进程加快，支付清算市场日新月异，参与者类型和数量不断丰富和增加，新兴技术的广泛应用推动支付业务模式的变革，催生全新支付方式，支付方式及渠道之间的融合加剧，参与主体间业务格局变化迅速，现有监管法律法规与清算市场快速发展形势不相适配，监管方式和手段不够丰富和富有效率，面临监管效能不足的难题。对于遵循《金融市场基础设施基本原则》，落实其中强化信息披露、确保重要支付系统运行稳健、提升金融风险抵御能力等方面的要求尚存差距。

二、现有支付清算体系有待进一步优化完善

随着新入市场参与者的不断增加以及新的业务类型、模式的持续涌现，市场对支付清算体系及相应功能的优化完善提出了更高、更迫切的需求。近年来，我国零售支付市场快速发展，新的市场参与者不断加入。一方面，随着人民银行《支付业务许可证》的发放，非金融支付机构获准从事支付服务，逐渐成长为支付市场的生力军。目前，已有270家非金融支付机构获准从事支付业务，为广大客户提供包括银行卡收单、网络支付、移动支付等在内的多类型零售支付服务，且业务规模已达到较大体量。①另一方面，银行业金融机构行业自身规模也在不断壮大。以深圳前海微众银行、浙江网商银行等为代表的民营互联网银行也已加入到国内零售支付

---

① 根据协会数据统计，2014年支付机构处理的银行卡收单（含线下线上）业务总量达167.75亿笔，金额15.60万亿元，笔数和金额分别占全年银行卡收单业务总量的78.95%和45.68%；全年共处理互联网支付业务215.30亿笔，金额17.05万亿元；全年共处理移动支付业务153.31亿笔，金额8.24万亿元。

中国支付清算行业
运行报告
(2015)

服务市场中来。不同特性新成员的加入，需要国内零售支付系统能够支持不同参与者多层次、多样化的功能需求，但目前已建成的零售支付系统尚不能完全支持新加入参与者业务发展需求。人民银行组织建设的系统目前只支持商业银行及部分特许参与者接入，对支付机构接入处理业务尚未开通。中国银联银行卡跨行支付系统已允许支付机构接入，但由于其特殊的业务性质及市场地位，也无法全面支持市场新入者特别是第三方支付机构业务发展需求。而城商行资金清算系统、农信银支付清算系统仅服务于城商行和农村合作金融机构等中小金融机构，服务范围有限，市场亟须建立公平、开放、透明的零售支付系统，丰富服务内容和层次，为各类新的市场参与者提供转接清算服务。

另外，随着电子商务和智能手机的普及应用，我国零售支付清算市场创新业务不断涌现，市场成长迅速活跃。网上支付、移动支付已成为常见的支付方式，业务规模快速增长。[1]条码支付、微信支付、声波支付、人体生物特征应用于支付等各种独具特色的新型支付应用不断出现，对跨行转接清算服务提出了新的需求。互联网金融发展中保险、基金、信托、投资理财资金跨行划拨等网络支付业务的创新和发展也需要跨行清算系统提供支撑。其中，为适应金融信息化、网络化发展趋势，商业银行纷纷搭建直销银行、综合理财平台等网络商务平台，涵盖在线产业链金融、在线微金融、在线商城等，为客户提供在线交易、在线融资、跨境支付等服务内容。这些产品和服务的跨行提供均需要统一的跨行清算处理系统能够给予多样化的业务支持，以满足客户日益个性化的服务需求。P2P、众筹等产品的不断发展，对于支付安全尤其是稳定高效的跨行转接清算服务也有强烈需求。但是，目前各商业银行网银系统、支付机构业务处理系统在业务和技术标准上存在较大差异，在提供的服务方面参差不齐。业务的创新与发展对建立和优化支付清算体系尤其是安全高效地支持网上支付业务的转接

---

[1] 根据人民银行数据统计，2014年国内银行处理的网上支付业务笔数和金额分别增长20.70%和29.72%，移动支付业务笔数和金额分别增长170.25%和134.30%；国内支付机构处理的网上支付业务笔数和金额分别增长43.52%和90.29%，移动支付业务笔数和金额分别增长305.9%和592.44%。

清算，逐步形成行业内较为统一的技术标准与业务规则，提高参与者自身支付系统整体运营效率具有强烈的内在需求。

三、现有部分跨行支付清算服务模式中存在的风险有待规范

由于国内支付清算市场多层次、多元化的需求未完全得到满足，部分机构在支付清算方面的诉求需要通过细分现有清算市场得以实现和满足。在支付机构通过在银行多头开户实现跨行支付清算的模式下，支付机构需要分别与各银行机构业务处理平台相连接。由于各银行机构业务处理平台标准和接口标准不一，造成多头开发、重复建设，资源浪费较大，开发和管理难度也较大，不利于社会资源的节约和处理效率的提高。因部分支付机构系统安全性及风控管理水平参差不齐且缺乏配套的风险保障措施，若支付机构经营不善发生系统性风险或破产倒闭，将会累及银行，对金融稳定产生不利影响。在商业银行自建跨行清算平台，为其他同业机构提供代理跨行清算服务模式下，则因缺乏有效的风险隔离，存在交叉风险。此类同业服务平台在其提供跨行支付清算服务时，一般采取其他银行在主办银行开立同业清算账户的形式来完成资金清算。当平台提供服务的对象不断增加时，其汇聚的资金逐步增加，风险也同步累积。若主办银行出现流动性问题，存在将风险传递给其他机构的风险，放大风险程度，对金融稳定和安全造成威胁。此外，这两种服务模式均具有相对的封闭性，交易处理过程和交易信息透明度较低，游离于监管部门的有效监管之外，可能产生监管死角。

四、零售支付清算市场竞争尚不充分

我国目前的零售支付清算市场中，除人民银行负责运营的小额支付系统、网上支付跨行清算系统等零售系统外，可服务于广大支付市场参与者的全国性的零售支付系统还有中国银联的银行卡转接清算系统。从市场整体看，尚未形成充分竞争的市场格局和态势，较为单一的市场服务机构及相应系统对支付清算市场的迅速发展以及各类型参与者新型业务的开展提供的服务支持尚不到位，也不利于市场公允价格的形成和服务质量的提升。在经济金融全球化和深化金融改革的背景下，清算市场开放程度在不断提升，政府已经确定了开放银行卡清算市场的相关政策，未来符合资质

要求的内外资机构均可从事银行卡转接清算服务，对提高行业运营效率、提升行业整体服务质量将会起到积极的促进作用。此外，有必要从支付清算市场整体安全、效率角度出发，在顶层架构设计、安排方面，继续保持人民银行在支付清算市场和金融市场中的核心地位，并以市场化方式建设运营同时为支付机构和商业银行提供全面支付清算服务、面向未来业务创新的网上支付跨行清算系统，有效降低支付机构与银行多头互联成本，提高全社会整体支付清算效率，节约社会资源投入，避免支付清算服务和系统呈现低效的条块分隔以及由此形成的信息孤岛和监管空白。

第三节　发展趋势

一、支付清算市场参与主体间竞合关系继续深化演变

随着国内经济的快速发展和金融市场成熟程度的提升，支付清算市场格局及相关市场参与者关系也经历着显著的变化和调整。伴随支付清算市场的迅猛发展，市场参与者业务模式的成熟以及市场份额、市场影响力的变化，市场参与者之间的竞合关系持续演变，在不断加强合作的大趋势下，局部调整博弈并存。

中国银联作为银行卡清算机构，通过经营自身品牌，设立银联卡业务规则和技术标准，在国内银行卡转接清算方面占据优势地位。为保护"银联卡"品牌价值以及相应的转接清算权益，银联通过业务规则约束及不断提升服务质量水平双重手段，规范和引导成员机构将跨行银行卡交易提交银联网络完成处理。非金融支付机构最初是为保证不同银行持卡人在线支付的效率和体验与商业银行之间建立了系统互联关系，实现了跨行支付业务行内处理。随着直连银行支付机构数量的增多及业务量的增长，未经银联网络转接的交易量已占据市场一定份额，引起了银联的高度重视和相应规范行动。2012年以来，银联多次向成员单位发出整改要求，规范不通过银联转接业务行为。2014年11月，银联下发《关于进一步明确违规整改相关要求的通知》，要求成员机构准确报备绕银联转接交易迁移信息，并规定商业银行应逐步在年底前完成第三方支付机构绕银联业务的迁移工作。

在商业银行与支付机构的竞争合作关系方面，双方利益关系既存在一

致性又有所分离。商业银行和支付机构在向客户提供支付结算服务方面有着各自的优势和特点,双方通过合作可以实现优势互补。商业银行具备雄厚的客户基础和资金优势,支付机构作为支付清算市场的新兴力量,在客户需求深入挖掘和创新支付方式方面灵活多变、优势独具。支付机构借用商业银行客户群体优势,深入挖掘客户支付服务需求,在商业银行服务尚不能覆盖的细分市场为客户提供细分服务,同时依托对支付数据的深度发掘,满足客户融资、理财等派生需求。商业银行通过与支付机构的合作,可为客户提供多样化支付渠道和丰富的消费理财等个性化服务,有效提高客户黏性和满意度。

随着支付机构业务规模的扩展以及向支付领域的逐步渗透延伸,商业银行和支付机构在提供服务方面出现了部分交叉重叠。支付机构与多家商业银行系统直连,实现了客户资金的跨行转账,在一定程度上分流了商业银行的基础服务。随着实力的增强,支付机构服务战略目标也转向大型客户,与商业银行服务对象产生交叠。在业务领域的覆盖方面,支付机构向融资、理财等业务全面进军,对商业银行的业务拓展和服务能力构成挑战,不断促使商业银行加快转型步伐,丰富产品和服务内容,提升竞争力。未来一个时期内,市场参与者之间的竞合关系仍会在市场格局的变化调整中不断演变。

二、相关监管政策持续酝酿出台,将助推清算市场健康发展

清算市场的规范发展,需要从顶层设计上进行前瞻性统筹规划,同时需要从政策和制度层面加强对市场主体的指导和约束,打造公平公正的市场发展环境,促进市场主体和业务的不断创新发展。

清算市场多类型市场主体的加入、新技术应用导致的业务创新加速以及业务类型融合发展均对现有监管体系、思路和方法提出了新的课题。

新技术在支付领域的应用打破了监管体系对于按照业务类型、模式分类管理的思路,需要构架新的监管思路和方法。随着互联网支付业务的发展壮大以及智能手机的普及应用,互联网支付业务向移动端转移趋势明显,互联网支付业务和移动支付业务逐渐向线下实体商户渗透,线上线下的边界日益模糊,线上支付风险也有向线下转移的趋势。网络银行的成立

使远程开户技术业务标准的确立十分迫切。监管部门已着手深入研究网络银行和虚拟电子账户的监管问题，试图厘清银行账户与虚拟账户的性质和用途，有效规范和引导互联网支付业务和移动支付业务。

2014年，支付机构客户备付金管理面临严峻形势，个别预付卡机构发生挪用客户备付金事件，在市场上形成了不利影响。监管部门采取多项措施保障客户备付金安全：一是要求商业银行切实履行备付金监管职责，规范支付机构客户备付金存放、使用和划转，建立事前预防、事中监控、事后报告的全过程监督制度；强化客户备付金核对校验工作，提高监督信息化水平。二是要求分支机构以防范系统性和区域性风险为准则，加大对备付金管理的检查力度；实施市场退出制度，整肃市场秩序。支付机构退出市场机制以及风险准备金制度监管和管理手段的一揽子研究，将为支付机构客户备付金安全保驾护航，有利于维护清算市场的安全稳定。

在应对银行、保险、基金、证券业务以支付业务为切入口，呈现融合发展的趋势方面，监管机构通过协调监管机制的建立，强化与其他业务监管部门的信息沟通、协调联动、政策协同，提升对混业经营实施监管的效率和能力。

三、银行卡清算市场开放格局下，市场活力进一步提升

2015年4月，国务院印发了《关于实施银行卡清算机构准入管理的决定》，明确对银行卡清算市场实行准入管理并提出了具体标准，自6月1日起正式施行，标志着银行卡清算市场开放已行进至实际操作层面。

在银行卡清算市场监管政策落地的前提下，国际卡组织、国内支付机构等各类型支付清算机构进入清算市场，服务主体的多元化、差异化可以提升单一市场主体的效率，也可以避免单一市场主体业务连续性发生障碍时对业务运转造成的影响，提高支付清算的稳健性和可靠性。

不同类型市场主体，由于其原有业务模式的差异以及发展战略的不同，在清算服务面向的客户、创新产品和服务方面也将有所差异。国内银行卡清算机构依托国内市场深厚的业务发展空间，在国内市场已取得长足发展，奠定了走向市场化竞争的基础，具备了面向市场的基本素质和条件。国际卡组织可以充分利用其业务规则的成熟优势、全球业务拓展经验

优势以及与国内商业银行多年合作优势,迅速扩大其国内市场份额;部分资质优良的支付服务机构也可以充分利用其目前的支付业务处理网络,在正式获准从事清算业务的情况下,转向专业化提供支付转接清算业务的角色。一方面,不同背景的清算市场服务提供主体之间的业务交叠明显,在客户资源以及产品创新方面的竞争进一步加剧;另一方面,也可以有效激发和释放国内支付清算市场竞争活力,提升服务效率。

四、支付机构的支付服务提供主体身份与转接清算职能有望逐渐厘清

获得支付业务许可的支付机构通过与商业银行系统直连的方式进行业务处理,一方面可以为其他支付服务机构提供交易转接及清算服务,另一方面又为终端客户和商户提供支付和收单服务,即同时承担收单机构和转接清算机构两重角色。相对于商业银行以及其他市场主体而言,由于清算业务与收单业务职能合一,在市场中竞争优势较为明显。未来,随着零售支付清算服务市场供给方的进一步丰富,通过搭建统一的网上支付清算平台,开展价格和服务差异化竞争,支持支付机构业务创新,吸引支付机构统一接入,畅通支付机构跨行清算渠道,该类型支付机构的清算职能与收单机构职能有望逐步得以厘清,确保各类型市场参与机构站在同一起跑线上,在业务处理、业务价格等方面享受同等待遇。

五、人民币跨境支付市场基础设施建设建成在即,支付清算市场与国际接轨步伐加快

备受关注的人民币跨境支付系统(CIPS)有望在2015年初见成效,该系统连接境内外直接参与者,处理人民币贸易类、投资类等跨境支付业务,一统目前支付网络分散的局面,支持人民币交易的一站式服务,促进人民币在跨境交易中的使用,提高人民币支付的便捷性和安全性,满足跨境人民币业务不断发展的需要,成为全球范围内的人民币支付高速通道。作为人民币跨境使用中的基础设施和技术准备,它是为未来实现人民币资本项目完全可兑换构筑高速公路,对实现人民币国际化意义深远。

专栏Z-2
持续联结结算系统[①]

1997年7月,20家外汇交易大银行("20家银行集团")在英国组建了"CLS服务有限公司"(CLSS),旨在设计、建立、推广并提供以"同时交付方法"(PVP)为基础的多币种外汇清算服务,以降低风险,提高效率。同年末,CLSS又购并了两家濒临破产的同类型公司。CLS是世界外汇交易史上的全新概念,它是世界上第一个为其成员提供连续联结外汇交易清算服务的系统。

1. 同时交付(PVP)方法

CLS(Continuous Linked Settlement, CLS)系统的中心支柱和原则,即是"同时交付"(Payment Versus Payment, PVP)方法。这一方法的采用可以在清算中消除从支付指令发出后到清算了结之间的时差,从而消除清算风险敞口。因为采用这一方法,一种货币的最终交割,并且只有在与之交易的另一种货币的最终交割发生时才会完成,交易中的两种货币同时清算,其间没有敞口阶段。

CLS的全部理念和设计都是基于这一原则,都是为了用体制和机构来保障这一方法的贯彻、实施。

2. CLS运作程序及特点

在CLS系统中,每家清算成员银行都拥有一个单一的多种货币清算账户,所有提交CLS清算的交易都在两家CLS清算成员银行之间作双边清算。CLS清算参与者分为三种:清算成员、使用者成员和第三方。只有清算成员在CLS中开立多币种单一账户,并可以为使用者成员和第三方提供清算服务,清算成员必须对CLS负责,承担全部清算义务;使用者成员可以自己或代表第三方直接向CLS提出交易,但不得在CLS拥有账户,而只能通过清算

[①] 陆晓明:《世界外汇交易正孕育着重大变革(上)(下)——"连续联结清算(CLS)系统"评析》,载《环球金融》,2000(6)。

成员的账户作清算；第三方则是CLS中只能经由以上两种成员提出交易的参与者，所有交易都以内部转账形式完成。CLS是交易各方的中介，而非交易对手。

CLS设计中的一项重要内容，是将资金在系统内的转账明确分为集资转账与清算转账。CLS在收到一笔付入资金时，它对该清算成员的账户作贷记，这是集资转账（Funding Transfer）；在付出清算资金时，则对该账户作借记，此为清算转账（Settlement Transfer）。清算成员的账户，要在任何给定时间内，都代表着该成员多种货币的正余额与其多种货币负余额之间的差。

在整个清算日中，每家清算成员银行的CLS账户都根据集资和清算转账的结果而得到贷记与借记。在这里，集资与清算程序并行进展——清算成员根据CLS提出的付入安排和清算指令付入资金，而CLS则在整个运作过程内付出款项。如果某清算成员被授权在其CLS账户中拥有借记（空头）货币余额，那么，即使全部币种必须维持净正余额量，清算也可以在全部资金付入之前即完成。因此，当清算完成之时，即使清算成员的某些币种或许会具有空头头寸，但由于剩余的资金正在不断进入，这些空头头寸也可以因此而得到其他币种的补偿。这里的清算是连续、实时进行的，这一点异于CHIPS，却类似于RTGS。通过清算成员的多币种账户之间的同时转账来清算，形成了CLS缩小清算风险的中心概念。

CLS模型在很大程度上是各国国内使用的RTGS在跨国外汇清算中的衍生和放大，它的一个重要特性即是：参与币种必须有自己的RTGS系统，并能与本国央行的储蓄资金相连结。如果清算成员的某币种在某天出现净空头，它必须通过该空头币种的RTGS系统来对CLS补入。目前工业化十国的PVP系统几乎都与本国央行的RTGS系统相联结，由它为其货币在与其他货币的跨国交易中提供资金账户服务。

CLS的上述一系列特性，使它在效率与安全性方面具有比原有的净额与总额清算系统更多的优越性——它是联结的，将交易双方货币的交付联结同时完成，因而清除了本金风险；它是连续的，在工作日内连续运转，从而解除了各币种国内市场上的流动性负担。

专题二 条码技术在支付领域的应用和风险防范[①]

第一节 概述

条码尤其是二维条码作为一种信息容量大、成本低廉的信息载体，目前已在互联网、电子商务等众多行业取得规模化应用。近几年，基于二维条码的技术在金融支付领域的应用发展很快，形成了所谓的条码支付。条码支付是指条码技术在支付领域中的拓展，是伴随着智能终端（主要是智能手机）的广泛使用而产生的新兴支付应用方式。条码支付并不是一种独立的支付渠道，而是以条码为信息载体，通过移动终端或商户终端直接或间接获取支付要素，并利用原有支付渠道完成交易。

第二节 条码（二维码）技术发展及标准

国外对条码（二维码）技术的研究始于20世纪80年代末，现已研制出多种码制，其中二维码的发展简史见专题图2-1。

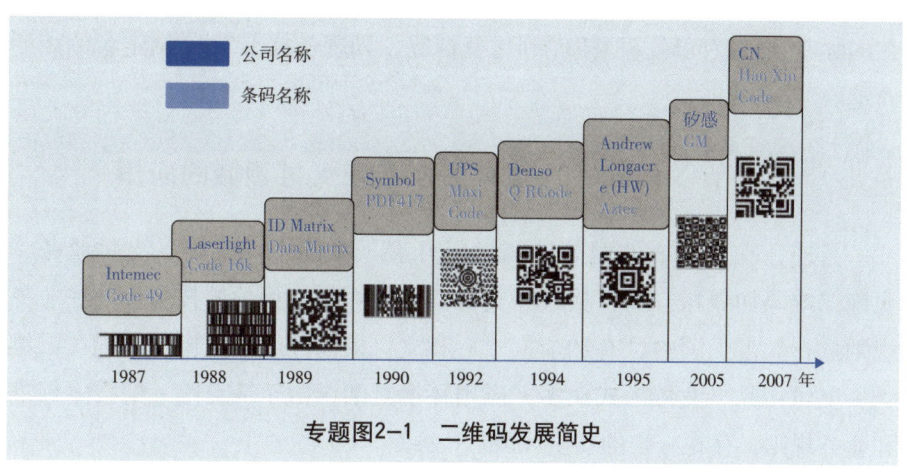

专题图2-1 二维码发展简史

[①] 这是中国支付清算协会技术与标准工作委员会组织部分开展条码支付业务的成员单位针对我国条码（二维码）支付业务发展情况、条码支付技术安全分析和风险防范而进行的研究。参与的单位有中国银行、工商银行、建设银行、中信银行、中国银联、电信天翼、支付宝、财付通、易宝支付、高汇通、新大陆、银行卡检测中心等。

相关国际标准有 ANSI/AIMBC6-1995《Code 49》、ANSI/AIM BC7-1995《Code16K》、ISO/IEC 16023-2000《数据矩阵码 Data Matrix》、ISO/IEC16023-2000《Maxicode》、ANSI/AIM BC13《Aztec Code》、ISO/IEC15426-2《信息技术-AIDC技术-条码扫描仪及译码器性能测试第二部分：二维条码符号》、ISO/IEC 15423-2《信息技术-AIDC技术-条码检测仪一致性规范 第二部分：二维条码符号》等七项已发布实施。

我国对条码（二维码）技术的研究开始于1993年，目前已被采纳为国家标准的条码码制有以下5种，具体见专题表2-1。

专题表2-1　　　　已被采纳为国家标准的条码码制

码制名称	来源/制定者	国家/部门标准
四一七条码	PDF417	GB/T17172-1997
快速响应矩阵码	QRCode	GB/T18284-2000
汉信码	中国物品编码中心	GB/21049-2007
二维码网格矩阵码(GM)	矽感科技	GB/T27766-2011
二维码紧密矩阵码(CM)	矽感科技	GB/T27767-2011

目前已有5种二维码码制成为我国国家标准，在国内使用上述码制不存在国际专利侵权问题。至于专利付费情况，则视各标准发明/制定者的声明而定。

第三节　条码（二维码）技术在支付领域的应用

目前，在美国、欧盟等地区已经开展了条码（二维码）支付业务，允许二维码加载账户、收款人等支付信息，并制定相关的技术标准和业务规则进行规范。国内已有10余家银行和支付机构推出了数十种条码（二维码）支付产品，业务模式众多、应用环境复杂，由于缺乏统一的技术标准和业务规则，存在一定的安全风险。

一、国外的应用和监管情况

二维码支付业务在国外市场的应用主要在2011年之后。从监管政策来看，为提高二维码支付业务的安全性、通用性，美国、欧盟、捷克等国均已制定行业标准。付款人账户信息模式的风险主要在于如何保护二维码记载付款人账户信息，因此，美国的标准基于美国市场上流行的付款人账户信息模式作出安全指南；商户信息模式的风险主要在于如何保护商户信息通过二维码传递到手机的安全性，因此，欧盟指南和捷克的标准则选择从二维码记载收款人账户信息的角度作出规定。国外的二维码支付服务提供商都选择遵循支付卡行业安全标准协会发布的PCI DSS安全标准。

日本、韩国未将二维码支付视为主流支付方式，因此尚未发布有针对性的标准或监管政策。

各国运用及监管情况总结如专题表2-2所示。

专题表2-2　　各国运用及监管二维码的情况

国别/地区	二维码支付应用	二维码记载信息	安全标准政策
美国	LevelUp/KuaPay	付款人账户	PCI + 美国行业标准
德国	GO4Q	付款人账户	PCI + 欧盟行业标准
捷克	Komercni银行 Raiffeisen、CSOB 和Era银行	商户信息	捷克行业标准
中国香港	ZNAP	商户信息	PCI

二、国内条码技术的应用及条码支付业务发展情况

条码作为便捷性的信息载体，广泛用于电子商务，甚至扩展至支付领域，发展十分迅速。第三方支付公司、银行以及支付设备提供商等机构已针对不同的场景开发了不少条码（二维码）支付产品。根据协会前期调研，目前已使用、推广和正处于研发阶段的相关产品主要涉及"个人对个人"的支付业务以及"个人对商户"支付业务。按照支付业务的功能，一般可以分为收款和付款两种模式；按照交易的流转过程可以分为纯线上和线上线下相结合两种支付业务模式；根据条码承载信息的不同，可分为订单类和账户类两种应用。订单类应用中条码承载的信息是商户端生成的订单信息，账户类条码是作为账户信息的载体。这里所说的承载信息的概念并非指条码中所保存字符串的字面意思，而是指经过服务器端的解码和还原后获取到的实际信息的含义。

由于产品形式的多样性,本报告无法覆盖所有二维码支付应用,仅针对典型的二维码支付产品和应用场景进行了分析和统计。

各相关支付机构已推出和研发的二维码支付产品统计见专题表2-3。

专题表2-3　　　　已推出和研发的二维码支付产品

厂商	产品类型	账户归属	收款/付款模式	应用场景	应用范围	业务描述
支付宝	商户扫描二维码收款	第三方账户支付和银行卡账户	收款	账户类	线上线下相结合	在实体商户中,用户付款时通过支付宝手机客户端展示一个二维码,商家扫描后到支付系统后台扣款(需要用户确认)
	用户扫描二维码支付	第三方账户支付和银行卡账户	付款	订单类	线上线下相结合	在实体商户中,用户用支付宝手机客户端扫描商户展示(由支付宝生成)的订单二维码,到支付后台查询该订单后在手机上确认付款
财付通	商品扫码支付	第三方账户支付和银行卡账户	付款	商品信息类	线上线下相结合	在自动售货机,每个商品都有一个唯一的二维码,用户用微信手机客户端扫码后跳转到商品信息页面,并点击页面的下单按钮进入支付流程
	手机扫码支付	第三方账户支付和银行卡账户	付款	订单类	线上线下相结合	商户根据财付通的规则,生成订单二维码,用户扫描后支付后台系统完成二维码校验和订单生成。用户通过确认推送到微信客户端的订单信息完成付款
	手机被扫支付	第三方账户支付和银行卡账户	收款	账户类	线上线下相结合	业务流程类似于支付宝的"商户扫描二维码收款"类型
易宝支付	哆啦宝二维码支付	银行卡账户	付款	订单类	线上线下相结合	在餐饮行业中,哆啦宝将订单信息以二维码的形式嵌入到业务水单中,用户通过合作银行的手机银行客户端扫描后得到后台验证的订单信息,在手机银行客户端完成支付

续表

厂商	产品类型	账户归属	收款/付款模式	应用场景	应用范围	业务描述
天翼电子商务	付款类业务	第三方账户支付	付款	账户类	线上线下相结合	用户通过翼支付客户端的扫码功能扫描商户二维码（天翼电子生成的固定二维码），并输入交易金额、交易密码等信息即可完成线上支付，商户通过交易短信提醒等手段确认收款成功
	收款类业务	第三方账户支付	收款	账户类	线上线下相结合	用户使用翼支付客户端生成一次性的加密二维码，商户使用扫描设备扫描用户二维码完成扣款
高汇通	微乐付业务	第三方账户支付	收款	账户类	线上线下相结合	基于微信的公众账号实现。客户的个人识别号码以二维码的方式来展现，商户扫描该二维码并验证通过后，用户通过POS输密完成交易确认
	预付卡APP业务	第三方账户支付	付款	订单类	线上线下相结合	用户通过高汇通APP（登录账户已绑定预付卡）扫描商户端生成的订单二维码，并在手机端确认付款后完成交易
中国银行	个人转账类	银行卡账户	付款	账户类	纯线上	付款人通过中国银行手机客户端扫描收款人展示的个人账户二维码（由中国银行后台系统生成，并展示在手机银行客户端），完成收款人的快速填单操作，输入金额后确认转账
工商银行	线上商城购物转手机支付	银行卡账户	付款	订单类	纯线上	工商银行电脑版网上商城在用户提交订单后展示该订单对应的二维码，用户通过工行手机客户端扫描后获取该订单信息，并于手机客户端完成付款操作
中信银行	异度支付之二维码支付	银行卡账户	付款	订单类	线上线下相结合	商户设备生成二维码订单，客户借助中信银行手机客户端扫描订单二维码，实现在中信银行指定收单商户中使用中信银行借记卡、中信银行信用卡的二维码支付。该业务仅支持中信银行卡

第四节　条码支付典型应用的系统架构及交易流程

一、条码支付的系统架构

系统架构主要描述条码支付中移动终端、商户系统以及条码支付系统等实体之间的涉及条码的业务环节。根据业务的需求，支付可以从移动终端发起也可以从商户系统发起。系统架构如专题图2-2所示。

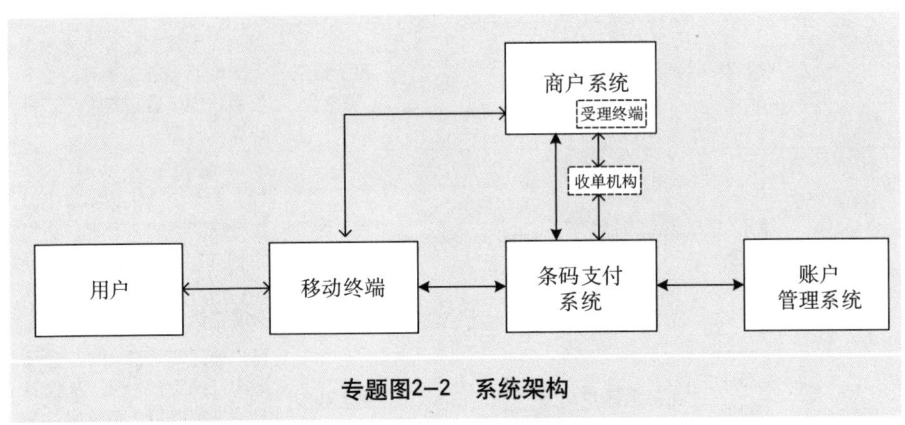

专题图2-2　系统架构

该系统架构定义条码支付各参与方之间的关系。参与方包括：用户、移动终端、商户系统、条码支付系统、账户管理系统。其中，用户是支付过程中购买商品或服务的个人或企业；移动终端包含客户端程序、条码展示设备、条码识读器等；商户系统包含条码生成程序或者设备、条码展示设备、条码识读器、交易处理系统等；条码支付系统包括条码的生成、条码处理、移动终端和商户系统的交易接入和交易处理等；账户管理系统为银行账户或第三方支付账户提供条码信息管理、资金管理、结算等业务的系统。

二、交易处理流程

付款模式：此模式下，由付款人通过移动终端识读代表收款人的条码（订单或账户信息），并由付款人发出支付指令，实现付款交易。此交易中，订单条码由条码支付系统生成，如专题图2-3所示。

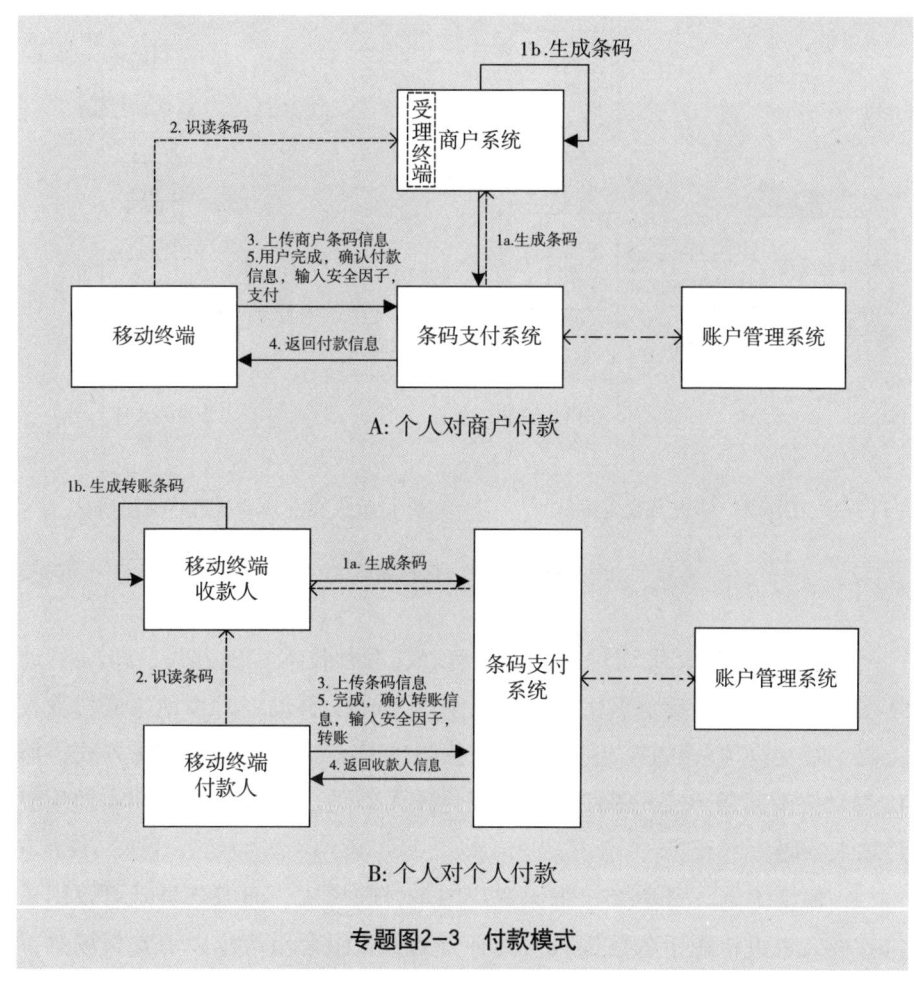

专题图2-3　付款模式

交易流程A中，生成商户条码有a或b两种技术实现方式，即1a商户系统请求条码支付系统生成条码，条码支付系统返回条码，商户系统展示条码，或1b：商户系统生成条码。交易流程B中，生成收款人条码也有a或b两种技术实现方式，即1a：收款人移动终端向条码支付系统请求生成付款人条码，或1b：收款人移动终端本地生成付款人条码。

收款模式：此模式下，由商户扫描代表付款人的条码，并由商户发出支付指令，以完成收款业务。由商户侧提交支付指令，付款人可通过移动终端或者商户系统进行交易确认，如专题图2-4所示。

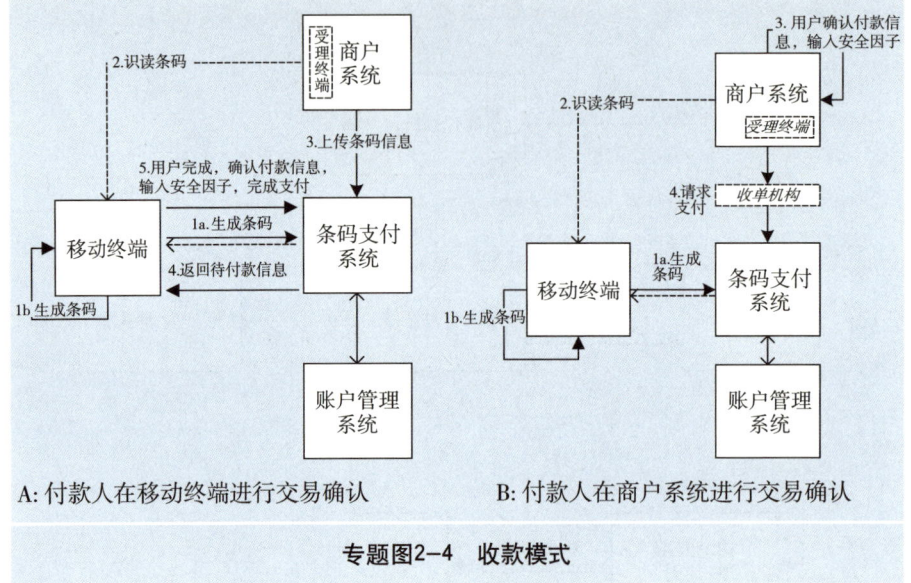

专题图2-4　收款模式

交易流程A中，生成付款人条码有a或b两种技术实现方式，即1a:移动终端向条码支付系统请求生成付款人条码，或1b:移动终端本地生成付款人条码。在交易流程B中，生成付款人条码也有a或b两种技术实现方式，即1a:移动终端向条码支付系统请求生成付款人条码，或1b:移动终端本地生成付款人条码。

一般情况下，订单类二维码对应的是付款模式，而账户类既可以用于付款模式也可以用于收款模式。两种分类方式组合后产生以下支付场景，如专题表2-4所示。

专题表2-4　　　　　　　　　支付场景

	付款模式	收款模式
订单类	1. 手机读取订单二维码完成线下消费	非典型场景
账户类	1. 消费者扫描商户账户二维码，完成消费者指定金额的线下交易； 2. 个人扫描其他个人账户二维码，完成付款人指定金额的线上转账交易	1. 商户扫描枪扫描用户的二维码，完成交易扣款； 2. 个人扫描其他个人账户二维码，完成收款人指定金额的线上转账交易

不同的支付场景的交易流程会存在一些差异。但通过分析业务流程，条码支付本质是以条码为信息载体，通过移动终端或商户终端直接或间接获取支付要素，并利用已有支付渠道完成交易的一种支付方式。它是将原需自动机具读取或手工输入的信息（包括账户信息和订单信息等），通过映射和加密等安全技术处理后编码到二维条码中，然后把信息自动传递给受理设备。二维码只是一种技术手段，用于提高在支付环节中数据展示和传递的效率。信息交换之后的业务流程仍采用目前已有的支付方案，包括手机银行支付、互联网支付、移动支付等。

第五节　条码支付的风险分析和安全可控的防范措施

出于对我国目前条码支付技术应用于支付领域安全方面的担忧，央行拟对该业务提出监管要求，为此，中国支付清算协会在2014年组织专家对国内10余家单位条码（二维码）支付典型应用进行了调研，并依据支付的完整性、唯一性和不可抵赖性"三性原则"，对典型条码支付产品的安全性进行分析研究，针对条码的生成、下发、展示、读取四个交易环节进行安全风险分析，评估采用条码技术导致的信息泄露、隐藏木马病毒、信息被复制和篡改等技术风险点，具体如专题表2-5所示。

专题表2-5　　　　　对典型条码支付产品安全性的分析研究

安全服务	付款模式的风险点	收款模式的风险点
鉴别服务	隐藏木马病毒风险 敏感信息直接编码引起的信息被篡改风险 用户被钓鱼风险 用户下载木马病毒风险	敏感信息直接编码引起的信息被篡改风险
访问控制	不涉及	信息复制风险
数据完整性	敏感信息直接编码引起的信息被篡改风险	敏感信息直接编码引起的信息被篡改风险
数据保密性	敏感信息直接编码引起的信息泄露风险 用户被钓鱼风险 用户下载木马病毒风险	敏感信息直接编码引起的信息泄露风险 信息复制风险
抗抵赖性	敏感信息直接编码引起的信息被篡改风险	敏感信息直接编码引起的信息被篡改风险

分析表明，除两者共存的信息被篡改，信息泄露等风险外，付款模式需着重关注条码的鉴别，收款模式需着重防范条码的被复制和被篡改的风险。

目前，针对相关风险事项，支付机构也采用了成熟风险防范措施，并已取得一些可取经验。参考安全服务模型，提出了强化身份识别和访问控制、采用数据加密、传输链路保护、电子签名，以及设置交易限额、加强商户管理等多项建议和措施，并制定有针对性的技术规范和业务规范以加强管理（见专题表2-6），以满足支付业务的安全性要求。我们认为，只要采取相应的安全防范措施，制定必要的有针对性的技术规范和业务规则加强管理，条码支付业务的安全性是有保障的，条码技术用于支付领域的技术安全风险是可控的。

专题表2-6　　　　　　　　　防范措施一览表

	安全服务	控制措施	应对风险点
技术措施	鉴别服务	实名认证 身份验证	敏感信息直接编码引起的信息泄露风险 隐藏木马病毒风险
	访问控制	二维码有效期限制 黑白名单 权限控制	隐藏木马病毒风险
	数据完整性	跨机构的数据传输应采用https传输； 数据访问控制；	敏感信息直接编码引起的信息被篡改风险
	数据保密性	信息变换（把支付要素映射成一组无意义的串码，将串码编码为二维码用于展示） 数据全程加密 跨机构的数据传输应采用https传输	用户被钓鱼风险 用户下载木马病毒风险 信息复制风险
	抗抵赖性	数字签名	敏感信息直接编码引起的信息被篡改风险
	业务措施	加强用户教育 限额控制 商户入网的安全控制	用户下载木马病毒风险
	整体措施	国家和金融业已制定的信息安全相关的技术标准和规范 国家和行业金融业已颁布制定的相关支付业务相关的监管要求	—

总之，在做好技术风险防范的基础上，条码支付还需从业务管理上进行规范，把握好使用便捷和交易及资金安全之间的平衡，落实行业管理部门的监管要求，合规经营，建立相应的风险防控系统、制度及流程，加强风险管控体系的建设，监控并及时发现交易风险，防范用户资金损失风险。条码支付作为新兴的支付应用方式，面临着一个重要任务，就是要有针对性地制定相应的技术规范和业务规范加强管理，以保证条码支付业务的安全稳定健康发展。

主要业务数据表

表一　　　　　　　　　　2014年新增支付机构列表

公司名名称	预付卡发行与受理	预付卡受理	互联网支付	移动电话支付	固定电话支付	数字电视支付	银行卡收单
西安城市一卡通有限责任公司	陕西省						
新疆一卡通商务服务有限公司	新疆维吾尔自治区						
山东运达电子商务有限公司							山东省
深圳瑞银信信息技术有限公司				全国			全国
重庆联付通网络结算科技有限责任公司			全国				
武汉合众易宝科技有限公司			全国				
深圳市国采支付科技有限公司			全国	全国	全国		
广州商物通网络科技有限公司			全国				
广州市汇聚支付电子科技有限公司			全国				
广州合利宝支付科技有限公司			全国	全国			全国
北海石基信息技术有限公司			全国				
深圳市乐刷科技有限公司				全国			全国
深圳市讯联智付网络有限公司			全国	全国		全国	
金运通网络支付股份有限公司			全国				
北京帮付宝网络科技有限公司			全国	全国			
山东飞银智能科技有限公司	山东省						
北京理房通支付科技有限公司			全国				

续表

公司名名称	预付卡发行与受理	预付卡受理	互联网支付	移动电话支付	固定电话支付	数字电视支付	银行卡收单
北京畅捷通支付技术有限公司			全国				全国
广东盛迪嘉电子商务股份有限公司			北京市、上海市、广东省、海南省、广西壮族自治区				北京市、上海市、广东省、海南省、广西壮族自治区
广东广物电子商务有限公司	广东省						

注：以上数据显示自2014年1月1日以后新增支付机构情况。

表二　　　　　　　　　　　　票据业务主要数据

	业务指标		单位	2013年	2014年
票据业务	支票业务量		笔数（万笔）	66 700	55 200
			金额（亿元）	2 595 600	2 425 700
	商业汇票业务量		笔数（万笔）	1 630.67	1 842.14
			金额（亿元）	182 400	192 800
	银行汇票业务量		笔数（万笔）	377.13	307.56
			金额（亿元）	21 600	16 800
	银行本票业务量		笔数（万笔）	626.17	477.30
			金额（亿元）	60 300	43 600
电子商业汇票系统	出票		笔数（万笔）	52.09	84.49
			金额（亿元）	15 864.34	31 300
	承兑	银行承兑汇票	笔数（万笔）	49.26	76.65
			金额（亿元）	12 957.5	25 400
		商业承兑汇票	笔数（万笔）	4.21	7.13
			金额（亿元）	3 340.22	5 300
		合计	笔数（万笔）	53.47	83.78
			金额（亿元）	16 257.71	30 700
	贴现		笔数（万笔）	13.47	23.53
			金额（亿元）	6 404.73	1 500
	转贴现		笔数（万笔）	25.09	49.11
			金额（亿元）	19 509.65	48 100
	再贴现		笔数（万笔）	0.6	0.57
			金额（亿元）	362.94	240

表三　　　　　　　　　　银行卡业务主要数据

业务指标		单位	2013年	2014年
银行卡累计发卡量	借记卡	数量（亿张）	38.23	44.81
	信用卡	数量（亿张）	3.91	4.55
	合计	数量（亿张）	42.14	49.36
银行卡交易额	存现	笔数（亿笔）	79.42	87.90
		金额（万亿元）	66.61	70.64
	取现	笔数（亿笔）	181.17	199.11
		金额（万亿元）	70.80	74.41
	消费	笔数（亿笔）	129.71	197.54
		金额（万亿元）	31.83	42.38
	转账	笔数（亿笔）	85.66	111.18
		金额（万亿元）	254.12	262.46
	合计	笔数（亿笔）	475.96	595.73
		金额（万亿元）	423.36	449.90
信用卡	授信总额	金额（万亿元）	4.57	5.60
	期末应偿信贷总额	金额（万亿元）	1.84	2.34
	逾期半年未偿信贷总额	金额（亿元）	251.92	357.64
	延滞账户透支余额	金额（亿元）	80.86	114.11
	累计损失类账户透支余额	金额（亿元）	183.42	233.86
银行卡收单业务量	商业银行（含线上线下）	笔数（亿笔）	31.59	44.73
		金额（万亿元）	12.86	18.55
	支付机构（含线上线下）	笔数（亿笔）	107.16	167.75
		金额（万亿元）	11.58	15.60
	合计	笔数（亿笔）	138.75	212.48
		金额（万亿元）	24.44	34.15
银行卡受理环境	联网特约商户数量	数量（万户）	763.47	1 203.40
	联网POS机具数量	数量（万台）	1 063.21	1 593.50
	联网ATM数量	数量（万台）	52.00	61.49

注：1. 支付机构银行卡收单业务量（含线上线下），2013年为81家支付机构数据，2014年为78家支付机构数据。

2. 商业银行银行卡收单业务量（含线上线下），2013年为63家商业银行数据，2014年为69家商业银行数据。

表四　　互联网支付业务主要数据

业务指标		单位	2013年	2014年
银行网上支付业务规模	单位客户业务量	笔数（亿笔）	64.60	86.67
		金额（万亿元）	818.89	1 075.94
	个人客户业务量	笔数（亿笔）	172.14	199.08
		金额（万亿元）	241.89	300.08
	合计	笔数（亿笔）	236.74	285.75
		金额（万亿元）	1 060.78	1 376.02
银行网上支付客户规模	单位客户数量（亿个）		0.15	0.19
	个人客户数量（亿个）		6.26	7.74
	合计	数量（亿个）	6.41	7.93
支付机构互联网支付业务规模*		笔数（亿笔）	150.01	215.30
		金额（万亿元）	8.96	17.05
支付机构支付账户数量（亿个）*			17.46	21.94
支付机构网络特约商户数量（万户）*			79.95	163.20

*数据来源：中国支付清算协会信息统计系统。

表五　　移动支付业务主要数据

业务类型		单位	2013年	2014年
银行移动支付业务规模	单位客户业务量	笔数（万笔）	5.23	22.02
		金额（亿元）	20.91	76.92
	个人客户业务量	笔数（亿笔）	16.74	45.24
		金额（万亿元）	9.64	22.58
	合计	笔数（亿笔）	16.74	45.24
		金额（万亿元）	9.64	22.59
银行移动支付客户规模	单位客户数量（万个）		7.22	152.80
	个人客户数量（亿个）		3.63	5.03
	合计（亿个）		3.63	5.04
支付机构移动支付业务规模*		笔数（亿笔）	37.77	153.31
		金额（万亿元）	1.19	8.24
支付机构移动近场支付客户数量（亿个）*			0.60	1.14
支付机构移动近场特约商户数量（万户）*			8.99	6.86

注：1. 因单位客户业务量与个人客户业务量单位数量级不同，造成合计数与个人客户业务量在四舍五入后数值相同。2. 带"*"号的统计数据来源为中国支付清算协会；其余数据来源为中国人民银行。3. 因天翼电子商务有限公司2014年对长期未发生交易的移动近场特约商户进行了清退，导致移动近场特约商户总数有一定幅度的下降。

表六　　　　　　　　　　　预付卡业务主要数据

业务指标		单位	2013年	2014年
预付卡发行业务规模	135家以发行普通商超卡为主	张数（亿张）	0.99	0.54
		金额（亿元）	486.54	417.44
	24家以发行公交卡为主	张数（亿张）	0.95	0.29
		金额（亿元）	216.07	230.19
	7家仅发行限于自身网络支付账户充值使用的线上充值卡	张数（亿张）	4.47	1.56
		金额（亿元）	167.19	93.25
	合计	张数（亿张）	6.41	2.39
		金额（亿元）	869.8	740.88
预付卡受理业务规模	餐娱类	笔数（万笔）	3 580.61	7 016.73
		金额（亿元）	51.21	84.4
	一般类	笔数（万笔）	253 490.58	102 633.46
		金额（亿元）	407.78	262.44
	民生类	笔数（万笔）	31 203.84	751 636.9
		金额（亿元）	130.41	192.14
	公益类	笔数（万笔）	554 279.8	20.31
		金额（亿元）	70.77	0.26
	合计	笔数（万笔）	842 554.83	861 307.4
		金额（亿元）	660.17	539.24
预付卡交易业务规模	餐娱类	笔数（万笔）	2 396.17	5 539.42
		金额（亿元）	30.87	61.2
	一般类	笔数（万笔）	248 993.01	100 386.08
		金额（亿元）	318.96	7 162.88
	民生类	笔数（万笔）	30 513.81	751 189.57
		金额（亿元）	117.86	184.9
	公益类	笔数（万笔）	781.21	20.01
		金额（亿元）	8.87	0.26
	合计	笔数（万笔）	282 684.2	857 135.08
		金额（亿元）	476.56	7 409.24
预付卡特约商户	特约商户数	家	90 013	95 705
	网店数	家	291 179	306 603
	受理终端数	台	632 705	814 915

注：1."预付卡发行业务规模"数据来源为中国人民银行。其他数据来源为仅限向中国支付清算协会行业运行信息统计分析系统报送数据的预付卡机构。

2.因商户分类变更，2012年各商户类别数据无法展示。

表七　　　　　　　　　　　国内主要支付清算系统业务量

年份 业务指标	2013		2014	
	笔数 （亿笔）	金额 （万亿元）	笔数 （亿笔）	金额 （万亿元）
大额支付系统	5.95	2 060.76	7.13	2 346.89
小额支付系统	10.40	20.32	14.36	22.08
网上支付跨行清算系统	4.76	6.45	16.39	17.79
银行卡跨行支付系统	99.14	27.81	118.09	33.61
城商行资金清算系统	0.01	0.28	0.01	0.35
农信银资金清算系统	1.20	2.34	2.23	2.82
合计	121.46	2 117.96	158.21	2 423.54